万 忆 王 辉 张 明 易正逊 刘晓慧 著

中国边疆省区
国际传播能力建设研究报告

浙江工商大学出版社 ZHEJIANG GONGSHANG UNIVERSITY PRESS | 杭州

图书在版编目(CIP)数据

中国边疆省区国际传播能力建设研究报告 / 万忆等著. — 杭州：浙江工商大学出版社，2019.9
ISBN 978-7-5178-3335-2

Ⅰ. ①中… Ⅱ. ①万… Ⅲ. ①边疆地区－中外关系－传播学－研究报告－中国 Ⅳ. ①G219.26

中国版本图书馆 CIP 数据核字(2019)第 144688 号

中国边疆省区国际传播能力建设研究报告
ZHONGGUO BIANJIANG SHENGQU GUOJI CHUANBO NENGLI JIANSHE YANJIU BAOGAO

万　忆　王　辉　张　明　易正逊　刘晓慧 著

责任编辑	张晶晶
封面设计	林朦朦
责任印制	包建辉
出版发行	浙江工商大学出版社
	(杭州市教工路 198 号　邮政编码 310012)
	(E-mail:zjgsupress@163.com)
	(网址:http://www.zjgsupress.com)
	电话:0571-88904980,88831806(传真)
排　　版	杭州朝曦图文设计有限公司
印　　刷	杭州高腾印务有限公司
开　　本	710mm×1000mm　1/16
印　　张	16.5
字　　数	262 千
版 印 次	2019 年 9 月第 1 版　2019 年 9 月第 1 次印刷
书　　号	ISBN 978-7-5178-3335-2
定　　价	78.00 元

目　　录

绪　　论

一、研究背景

2013 年 9 月和 10 月,中国国家主席习近平分别提出建设"新丝绸之路经济带"和"21 世纪海上丝绸之路"(简称"一带一路")的合作倡议,旨在借用古代丝绸之路的历史符号,高举和平发展的旗帜,积极发展与沿线国家的经济合作伙伴关系,共同打造政治互信、经济融合、文化包容的利益共同体、命运共同体和责任共同体。"一带一路"倡议在平等的文化认同框架下谈政治经济合作,体现和平、交流、理解、包容、合作、共赢的精神,这就需要通过文化和信息的传播加以实现。

2013 年 10 月 24 日至 25 日,习近平在周边外交工作座谈会上强调,做好周边外交工作,是实现"两个一百年"奋斗目标、实现中华民族伟大复兴的中国梦的需要;要更加奋发有为地推进周边外交,为我国发展争取良好的周边环境,使我国发展更多惠及周边国家,实现共同发展。这是中华人民共和国成立以来举行的首次周边外交工作座谈会,会上明确了中国周边外交的基本方针:坚持与邻为善、以邻为伴,坚持睦邻、安邻、富邻,突出体现亲、诚、惠、容的理念。

"一带一路"倡议的实施,首先需要周边沿线国家理解和认同中国理念。由于地缘、人缘方面的优势,边疆省区对周边国家传播的战略价值和重要性进一步凸显。黑龙江、吉林、辽宁、内蒙古、新疆、西藏、云南和广西是中国的边疆省区,同时也是"一带一路"建设的重点区域,承担着向周边国家传播中国文化和信息、服务国家总体外交战略的重任。近年来,边疆省区结合区位特点,充分运用自身与周边国家地理相近、血缘相亲、文化相通等优势,开始在周边外交工作中崭露头角,成为周边外交工作的重要主体之一。边疆省区开展的周边外交具有形式多样、接地气等特点,更加容易跨越语言和文化障碍被对方接受,在我国周边外交战略中的地位和作用也日益凸显。

国之交在于民相亲。"民心相通"是"政策沟通""贸易畅通""设施联通""资金融通"的基础,也是周边外交首先应该达到的目标之一。"讲好中国故事,传递中国声音"成为这一目标的重要前提和保障,而大众传媒在其中发挥的作用不可忽视。如何运用好国际传播等手段,将中国故事、中国智慧、中国方案讲述得更加明白透彻,让更多的国家理解支持中国,为中国营造良好的内外部发展环境,理应成为新闻传播学界和业界共同的研究重点。而边疆省区的周边传播无疑是其中的重中之重。边疆省区的主流外宣媒体,由于其地理的接近性、文化的相容性、语言的通达性,在周边国家拥有较为广泛且较高层次的读者群体,是中国周边传播的主要媒介。然而,当前边疆省区外宣媒体普遍面临着传播力不足、影响力不彰的问题,无法有效地完成"一带一路"背景下国家赋予的周边传播重任。在传统外宣理念的影响下,边疆省区主流媒体的周边传播实践,存在着信息发出与控制、内容建设、渠道建设、受众识别和效果检测等方面的理论与操作问题,已无法满足国家倡议的需要。有鉴于此,学界和业界必须从构建中国国际传播大格局的高度,对边疆省区外宣媒体的国际传播能力建设展开科学系统的调查研究,并有针对性地提出解决对策。

早在 2007 年,本课题负责人参与策划并作为主要记者全程参与了中国国际广播电台、广西电视台、广西人民广播电台和香港凤凰卫视联合组织的"中国—东盟合作之旅"大型广播电视联合采访行动。在历时两个月的采访行程中,采访团从广西凭祥友谊关出境,先后对越南、柬埔寨、老挝、泰国、缅甸、马来西亚、新加坡、印度尼西亚、文莱、菲律宾等国家进行了深入的调查采访。采访团紧紧围绕"合作"主题,宣传报道中国和东盟人民的友谊,中国与东盟国家在经济、文化、旅游等各方面的合作成果、发展经验和美好前景,以及中国—东盟自由贸易区的建设进程;宣传报道泛北部湾经济合作和中国—东盟博览会。采访团共播发新闻、专题 1600 多篇(条),刊发图片 1200 多张,其中,本课题负责人作为主要作者的电视新闻系列报道还获得了第十八届中国新闻奖一等奖。通过采访活动,本课题负责人亲身感受到媒体的宣传报道对于加深国民之间了解和增进国家之间友谊的重要性。

正是基于国家倡议的现实需求和媒体实践的迫切需要,2013 年,本课题负责人向中宣部申报了"边疆省区国际传播能力建设的现状、问题及对策研究"课题,并获得立项资助。

二、研究综述

(一)国内相关研究

从"对外宣传"到"对外传播",中国的新闻传播界和学界走过了一条学习、引进、吸收到自我发展的道路。

中国的国际传播发端于抗日战争时期争取国际同情和支持的对外新闻宣传。中华人民共和国成立后,由于冷战思维的影响,加上严酷的国际环境和东西方意识形态的对立,中国的国际传播长期停留在颇为僵化的"外宣"层面。当时的外宣工作以传者为中心,只重内容,忽视效果,加之财力物力艰难、对外联络不便等因素,使外宣机构了解国际受众困难重重,因而在相当长的一段时间里,业界和学界在国际传播受众研究领域是一片空白,传播实践的开展较为盲目。

从 20 世纪末开始,随着中国整体国力的迅速提升,美国等西方国家在战略上日益将中国视为"潜在的敌人",屡屡在人权、气候、涉疆、涉藏、涉台等议题上挑起与中国的舆论战。为了改变不利的国际舆论格局,1990 年,中央外宣工作领导小组恢复设立,1991 年,国务院新闻办公室成立。从此,在中央和国家外宣部门的领导下,中国媒体积极向国际社会塑造和传播中国"和平、发展、合作"的国家形象,中国的国际地位空前提高。进入 21 世纪,中国等新兴市场国家在国际舆论场中的话语权与日俱增,中国民众参与国际事务的意愿和机会大大提高。以习近平同志为核心的党的新一代领导集体执政后,中国对外传播的根本任务,在于为"实现中华民族伟大复兴的中国梦"争取国际认同,为和平发展营造有利的国际环境。这就对中国对外传播的实践和研究提出了更高的要求。

中国的对外传播研究始于 20 世纪 90 年代。师承中国对外传播奠基者刘尊棋先生的段连城和沈苏儒先后撰写出版了《对外传播学初探》和《对外传播学概要》,成为中国对外传播研究的开山之作。这一时期,中国外文局主办的期刊《对外传播》成为外宣研究的主要学术阵地。中国国际广播电台、中国新闻社、文化部对外文化联络局等单位则整理、出版了相关外宣资料。之后,中央外宣办朱穆之、曾建徽、赵启正分别撰写出版了《风云激荡七十年》《融冰·架桥·突围》《向世界说明中国》,成为中国对外传播学的早期经典论著。

21 世纪以来,以高校为主的科研人员逐步将对外传播的研究推向了新的理论高度。刘继南、程曼丽、郭可等引进了西方的国际传播理论;赵启正、韩方明、史安斌等引介了西方的公共外交理论;胡正荣、关世杰等梳理了中国对外传播研究的发展历程;张昆、陈卫星等论述了对外传播与国家形象的关系;程曼丽、毕研韬等对"战略传播"理论进行了初步探讨……在研究方式上,传统的分散研究、个体研究正在向合作研究和团队研究方向转变。近年来,北京大学国家战略传播研究院、清华大学伊斯雷尔·爱泼斯坦对外传播研究中心、中国传媒大学国际传播研究中心、北京外国语大学公共外交研究中心和中国外文局对外传播研究中心等一批关注国际传播、对外传播、公共外交的科研机构纷纷建立。这些机构的工作,一是致力于对外传播理论的本土化,二是对中国媒体的对外传播实践展开实证研究。

国内学界和业界所提的"对外传播",一般就是指"单向的国际传播"。当前,国内学界关于"对外传播"的研究主要取得了四个方面的重要共识和成果:一是明确了当前对外传播的目标应是传播当代中国价值观,倡导构建人类命运共同体;二是在实践中应强调传播主体的多元化、内容的多样化和角度的全面化;三是学术上应尝试构建全球传播研究新范式,探索建立全球传播能力新模式;四是在传播理念上实现了从对外宣传到公共外交,再到战略传播的创新与发展。

北京奥运会以后,由于中国和平发展的需要,中国传媒的国际传播能力建设逐渐成为国际传播学研究的热点。起初,由于关注点不同,业界大多主张"传播力决定影响力",强调传播基础的建设;而学界则认为"影响力是关键",强调传播效果的提升。随着实践与研究的深入,双方逐渐取得共识,认为应当同时从"夯实传播基础"和"提升传播效果"两个方面来推进中国传媒的国际传播能力建设。刘笑盈(2009)认为,国际一流媒体应具有强大的国际影响和基础规模以及运营能力;唐润华、刘滢(2011)认为,国际传播是以媒介渠道的发展为依托的传播活动,媒介的发展水平决定着国际传播的发展水平;胡正荣(2011)则结合媒介经营管理和国际传播理论,分析了世界主要媒体的国际传播战略,为中国外宣传媒的建设提供了有益的参考;李希光、郭晓科(2012)认为,主流媒体是对外传播中国事务、向世界说明中国、塑造中国国际形象、提高中国国家软实力的重要媒介;清华大学 2014 年主办的"中国传媒走向全球"学术论坛,重点关注中国传媒的全球传播策略,探讨传播内容与渠道、平台的匹配问题;中国传媒大学 2014、2015 年度连续发布的《中国国际传播发展报告》全面系统地分析了中国国际传播的行业动态、发展趋势和理论前沿……这些成果,为中国传媒的国际传播能力建设提供了有益的学术指引。

(二)国外相关研究

中国的"国际传播"和"公共外交"理念均源于美国。美国的国际传播理论与实践从"二战"时期的"对敌宣传"发展到如今的"公共外交"乃至"战略传播"。法国学者阿芒·马特拉(2005)指出:西方的所谓国际传播从来就是一种战争话语,服务于战争和冷战。美国学者拉斯韦尔、拉扎斯菲尔德、施拉姆等对两次世界大战期间国际传播活动的研究,建构了这一学科的理论范式。

1965 年,埃德蒙德·古利恩(Edmund Gullion)首次提出"公共外交"的学术概念。"9·11"事件之后,以重塑美国形象为目标的公共外交受到重新关注。《外交季刊》《华盛顿季刊》《华盛顿邮报》《纽约时报》等报刊发表了大量文章,从各个角度论证美国开展公共外交的重要性和紧迫性。近年来,美国的公共外交实践与研究逐渐转向"战略传播",2006 年将其定义为:美国政府集中努力来理解并接触关键受众,通过国家权力机构各部门协调一致的信息、主题、计划、项目和行动,来创造、强化或维持有利于美国国家利益和目标的整体持续的行动过程。显而易见,"战略传播"在对外传播的实践中比"公共外交"的目的性与进攻性更强、对资源的整合更为有效。

国外学界对媒体的国际传播研究总体上秉承美国传播学研究的传统,以传播效果为主。邵培仁通过对近十年《传播学刊》的论文研究,提出"国际传播学研究与整个国际社会生态保持一致,显示出积极互动、有机协调的样态",在全球传播方面,注重对国际间突发性危机事件传播效果的跟踪研究。

当前,国际学界,特别是华人学者对"一带一路"背景下中国的国际传播研究较为关注。孙彦然(2017)梳理的"近五年海外国际传播研究"报告指出,西方学界对"中国国际传播"的研究主要集中在当前的战略和实践层面;李金铨(2015、2016)站在境外学者的立场,提醒中国业界和学界,应避免以西方经验和理论为全球标准,既要具有"国际视野",又应关注"在地经验"。

(三)研究简评

本课题组认为:当前,中国传媒的国际传播能力建设应当围绕"一带一路"倡议的实施向纵深发展。具体来说,应当关注两个问题:一是媒介融合环境下的全球传播;二是地方媒体的周边传播。第一个问题学界和业界多有论述,较有代表性的成果当数吴飞(2016)等对所谓"超媒体时代"国际传播战略的研究。但是,对于地方媒体的周边传播,大多仅限于编辑记者的业务讨论范畴。即便郑保卫、范以锦等学者提出国际传播要注意发挥地方政府和媒体的作用,也鲜见学界以成熟的国际传播理论为工具,运用科学规范的研究方法,对承担着国家周边传播重任的边疆省区的外宣传媒进行全面系统的调查研究。

三、研究方法及调研过程

(一)研究对象

本课题是中宣部资助立项的应用型研究,因此,课题组着重考察以边疆省区党委、政府为传播主体,以大众传媒——包括报纸杂志、广播电视以及新媒体为传播媒介,面向周边及重点国家开展的对外传播活动,也就是学术研究上所谓"狭义的国际传播"。

本研究定义的边疆省区主要是指与邻国陆地接壤的边疆省区,包括黑龙江省、吉林省、辽宁省、内蒙古自治区、新疆维吾尔自治区、西藏自治区、云南省、广西壮族自治区8个省区。甘肃省北与蒙古国接壤,境内的国界线不足80公里,而且,省会兰州距离国境线近1000公里,距离国境线最近的地级市酒泉也将近 370 公里,国境线附近更是没有县镇级别的行政区中心,1992 年曾设立马鬃山口岸,但 1993 年关闭至今。鉴于特殊的地理和行政状况,国家并没有过多地赋予甘肃省周边传播的重任。因此,本课题在考察边疆省区的对外传播时,选择性地忽略了甘肃省。

综上所述,本课题的研究对象是黑龙江、吉林、辽宁、内蒙古、新疆、西藏、云南、广西 8 个边疆省区的主流外宣媒体——报纸、期刊、图书、广播电视以及主流媒体创办的新媒体,考察它们在对外(国际)传播力建设和影响力发挥方面的现状和问题,并提出相应的对策。

(二)研究方法

本研究从边疆省区对外传播的现实需求出发,在继承和汲取国内外相关研究成果经验的基础上,运用国际传播学和媒介管理学的理论和方法,通过考察分析边疆省区外宣媒体的建设发展和周边传播现状,对存在的问题及其原因进行深入探讨,最终实现从"传播力"与"影响力"两个方面提出边疆省区外宣媒体国际传播能力建设对策的研究目标。

本研究首先采用文献分析法,对有关理论文献进行研究分析,掌握国内外学者关于"对外传播能力"建设的基本观点和分析方法;然后运用实地调研法、问卷调查法、深度访谈法和案例分析法,分析研究中国边疆省区外宣媒体对外传播的现状,考察其内容、形式、渠道、受众和效果检测等传播过程中的成功和不足之处;最后运用系统分析和动态分析的方法,归纳总结出符合"构建人类命运共同体"要求的对外传播规律,提出具有可操作性的应对策略。

各种方法的综合运用,在各地的实地调研过程中酌情实施。

(三)调研过程

课题组对每一个边疆省(区)的调研,具体行程安排如下:首先去该省(区)的政府外宣办进行调研,以了解当地整体的对外传播形式与特点;然后再到当地的各主流媒体了解对外传播工作的具体情况;最后,选择一个该省(区)最具代表性的边境口岸城市,开展"边境外宣"工作调研,调研行程和内容与省级调研一致。

1. 第一阶段的调研情况

2015 年夏,课题组完成了对东北三省的调研工作。

（1）对黑龙江省的调研

2015 年 8 月 4 日，课题组正式踏上调研之旅，首站是黑龙江省。参加调研人员有万忆、王辉、易正逊，以及广西大学新闻传播学院研究生孙锦卉和徐乐。

8 月 5 日上午 9 点，我们到黑龙江省外宣办调研。秘书处和干部处两位处长首先向我们介绍了黑龙江省外宣办的整体架构以及各部门负责的具体工作，其次向我们重点推荐了《伙伴》杂志、东北网、黑龙江电视台国际部、黑龙江通讯社等外宣媒体和机构。课题组还就黑龙江全省近年来开展的对外传播活动及取得的效果对两位负责人进行了专题访谈。

下午，在黑龙江省外宣办，课题组与《伙伴》杂志社社长房瑞、东北网国际部主任毕晓红等几位外宣媒体和机构负责人，就他们当前开展的对外传播活动、效果，展开了访谈调研。

第二天，课题组对黑龙江广播电视台和黑龙江通讯社进行了实地调研，并通过省外宣办对报刊和图书的对外传播情况进行了调研。

在完成了对全省和省级主流媒体的调研之后，在省外宣办的推荐下，课题组到位于中俄边境的黑河市进行"边境外宣"工作的调研。

（2）对吉林省的调研

课题组完成对黑龙江省的调研后，随即赶赴吉林省调研。

在长春，课题组第一个走访的仍然是省外宣办。省外宣办媒体联络处的相关领导向课题组介绍了吉林省对外传播的整体情况。

在吉林日报社，报社领导以及《吉林朝鲜文报》社长、《长白山》杂志编辑向课题组介绍了对外传播工作的开展情况。中国吉林网负责人以 2014 年为例，向课题组介绍了该网站全年的点击情况，这对于课题组进行传播受众和效果的分析具有重要的参考价值。

课题组调研的吉林省边境口岸城市是延边朝鲜族自治州首府延吉市。在延吉，课题组主要对延边电视台、延边日报社、延边出版社和延边教育出版社进行了详细调研。在州委外宣办的引荐下，课题组还驱车前往"一眼望三国"的珲春市，与《图们江报》社长进行了有关边境外宣工作的访谈。

（3）对辽宁省的调研

完成对吉林的调研后，课题组即前往辽宁。

在沈阳,辽宁省外宣办对外联络处的相关负责人向课题组介绍了辽宁省对外传播的整体情况。课题组还走访了辽宁日报社、辽宁广播电视台、东北新闻网和北方联合出版传媒(集团)股份有限公司,了解他们的对外传播工作情况。

丹东是辽宁省重要的边境口岸城市,与朝鲜新义州隔鸭绿江相望。在丹东,课题组走访了市外宣办和丹东人民广播电台、丹东电视台、丹东日报社等媒体,还对丹东口岸的边境外宣工作进行了实地调研。

大连是辽宁省乃至整个东北对外开放的标志性城市,也是课题组第一阶段调研的最后一站。8月24日,在调研工作完成后,课题组乘飞机返回南宁,结束了东北的调研之旅。

2. 第二阶段的调研情况

2016年,由于课题组负责人的工作变动,调研工作也耽搁一年多。在这一年间,课题组对东北的调研材料进行了初步整理,并提出了一些新的问题。

2017年7月18日,课题组再次出发前往云南、西藏、新疆和内蒙古调研。这次调研的人员包括张明、刘晓慧、易正逊,以及广西大学新闻传播学院研究生代敏。

(1)对云南省的调研

在昆明,课题组首先对省外宣办开展了调研工作。省外宣办有关部门负责人分别就外宣办的职责分工、云南省的外宣战略、外宣实践以及相关研究工作向课题组进行了介绍。课题组还对云南广播电视台、云南日报社和云南省社会科学院进行了调研。在云南省社科院,课题组同《吉祥》《高棉》《湄公河》《占芭》等外宣期刊的主编和编辑记者进行了座谈,详细了解了"四刊"的办刊情况及在周边国家的发行情况;云南省新华书店向课题组介绍了"国门书店"的运行情况;云南省社科院的相关专家则向调研团队介绍了云南对外传播的研究成果。

课题组原计划前往德宏州进行边境外宣工作调研,但因碰上德宏州州庆放假和天气变化等原因,最终放弃,改为在省外宣办进行文字调研。

(2)对西藏自治区的调研

结束云南的调研,课题组的下一站就是西藏。

在西藏,课题组对自治区外宣办、西藏日报社和西藏广播电视台进行了调研,并用了一天时间实地走访了边境城市日喀则。

（3）对新疆维吾尔自治区的调研

在拉萨完成调研工作后,课题组沿青藏铁路到了青海的西宁,再从西宁转赴乌鲁木齐。

在乌鲁木齐,课题组走访了新疆日报社,两次向总编室负责人详细了解新疆对外传播的整体情况。在《当代传播》杂志社,课题组与这家位于西北边疆的著名新闻传播类期刊的主编和编辑进行了座谈,了解对外传播的研究情况。课题组还走访了新疆大学新闻传播学院,并与相关研究人员座谈,了解新疆媒体的对外传播情况。

由于新疆情况较为特殊,课题组原计划赴南疆口岸城市考察,未能实现。

（4）对内蒙古自治区的调研

新疆调研工作完成后,课题组从乌鲁木齐去往呼和浩特。

课题组在呼和浩特调研期间,正值内蒙古自治区成立 70 周年大庆,整个呼和浩特笼罩在一片节日的氛围中。接下来的几天时间里,课题组见缝插针,通过自治区法院系统的同志牵线,完成了对自治区外宣办和主要媒体的调研。

（5）对广西壮族自治区的调研

本课题组成员大部分为广西大学新闻传播学院教师,结束了对内蒙古的调研工作后,他们回到广西,就地完成对广西的各项调研工作。

3. 调研总结

两次调研时间总计接近两个月,课题组既对各个边疆省区主流媒体对外传播的现状进行了实地调研,也对它们之间的各种差异进行了横向比较,进一步加深了课题组对当前我国边疆省区主流媒体国际传播能力建设的认识和思考。

经过汇总,课题组整理的相关调研材料总计 100 多万字。其中,广西大学新闻传播学院王辉副教授参与了对黑龙江、吉林、辽宁和内蒙古四省区的调研,具体负责东北三省资料的整理和研究报告的初步撰写;广西大学新闻传播学院张明副教授参与了云南、西藏、新疆、内蒙古四省区的调研,并负责西藏、新疆、内蒙古三省区资料的整理和研究报告的初步撰写;广西大学新闻传播学院刘晓慧副教授参与了云南、广西两省区的调研,并负责云南省资料的整理和研究报告的初步撰写;上海交通大学易正逊老师全程参与了调研,并负责广西的资料整理和研究报告的初步撰写。课题组长、上海交通大学万忆教授全程领导参与了调研工作,并负责材料的汇总整理和研究报告的通写通改工作。广西大学新闻传播学院研究生孙锦卉、徐乐、代敏参与了部分调研工作,并对资料的整理有重要贡献。

毋庸置疑,各个边疆省区外宣办和主流外宣媒体给予的大力支持是课题组能够完成调研的最大保证——他们不厌其烦地带领课题组四处走访,耐心地介绍本部门的外宣情况。没有他们的热情接待,调研任务不可能顺利完成。在此,全体课题组成员要向他们表示由衷的感谢!

四、研究报告体例

研究报告的体例关系到本书的编写格式和内容的组织形式。具体来说,它关系到本报告如何阐述和呈现调研成果。

如前所述,本课题研究的是主流媒体的对外(国际)传播能力建设。关于媒体的"国际传播能力",其内涵在学界论述颇多,但较为主流的说法一来自于北京大学教授关世杰,他认为"国际传播中的软实力,大致由传播力和影响力两者构成"。其中,"传播力是指大众传媒将信息向全球扩散的能力",而"影响力则指落地的信息是否能被当地的受众接收(入眼),并对其认知(入脑)、情感和态度(入心)、行为(入行)产生影响的能力"。有些学者认为,"公信力"也应是媒体传播能力的一部分。本课题组认为,"公信力"本质上是"传播力"和"影响力"长期作用于受众的结果。因此,本报告主要从"传播力"和"影响力"两个角度来呈现考察和研究的成果。

本报告的上篇为:各省区传播力建设的现状、问题与对策。第一节为该省区对外传播的形势和概况。第二、三、四节根据"传播力"的理论内涵,分别论述各类媒体对外传播的内容生产能力和投送能力——以电视媒体为例,主要包括内容生产、栏目设置和渠道拓展等的建设现状和问题。各类媒体分别指印刷媒体、广电媒体和新媒体。每章最后一节,对该省区对外传播能力建设主要问题进行分析,并尝试提出相应对策。

本报告的下篇为:影响力提升的问题与对策。对外传播影响力的提升主要来自于对外传播各环节的全程优化。本篇从信息控制、手段使用、内容建设、受众分析以及效果测量五个方面,对边疆省区主流媒体对外传播存在的共性问题进行分析,并提出相应对策。

本报告主要聚焦 21 世纪中国边疆省区的国际传播能力建设,部分资料更新到 2018 年,有些地方为了叙述完整,适当追述前事。除注释外,所有资料来源于课题组的实地调研和访谈。由于当前媒体环境变幻莫测,加上课题组成员能力有限,对相当一部分省区外宣媒体渠道建设的调研存在疏漏或缺失。课题组只能尽可能将各地有代表性的国际传播能力建设举措和案例搜集、整理和呈现出来,错漏之处在所难免,还望读者和当事媒体谅解。

最后需要说明的是,本报告在论述边疆省区主流媒体的"国际传播"能力建设时,有时酌情使用"对外传播"或"周边传播"的提法,这两者均属于"国际传播"的范畴。从理论上说,"对外传播"属于"单向的国际传播",而"周边传播"则是指针对"周边国家"的"国际传播"。

上篇

传播力建设的现状、问题与对策

第一章　黑龙江省

第一节　对外传播的形势与概况

一、对外传播的形势

黑龙江省位于中国东北部、东北亚区域腹地。

黑龙江省所在的东北亚地区一直以来就是大国力量交汇、冲突之地。特别是"冷战"之后,苏联解体,中国振兴,日本要走向所谓"正常国家",再加上朝鲜半岛问题,使东北亚地区的大国关系变得愈加复杂。广泛的地缘利益,激起了大国的争夺,东北亚局势的演变,对亚洲乃至整个世界政治经济格局都有结构性的影响。

近年来,黑龙江省一直在努力打造中国对俄传播的"桥头堡"。

黑龙江省东部和北部以乌苏里江、黑龙江为界河,与俄罗斯为邻,与俄罗斯的水陆边界长约 3045 千米。中俄 1996 年建立战略协作伙伴关系,2001 年签署《中俄睦邻友好合作条约》,2011 年建立平等信任、相互支持、共同繁荣、世代友好的全面战略协作伙伴关系,2014 年中俄全面战略协作伙伴关系进入新阶段。当前,中俄关系处于历史最好时期。中俄伙伴关系发展推动两国人文交流蓬勃发展,世代友好的理念深入人心,民众间的了解与友谊不断加深。这些给黑龙江对俄传播提供了极大的便利,黑龙江客观地理环境等因素也决定了其对外传播主要面向俄罗斯远东地区。

二、对外传播的特点

(一)传播对象:以俄罗斯远东地区和韩国为主

黑龙江省在对外传播的实践中,把俄罗斯远东地区作为主要传播对象,这是由黑龙江省自身的区位优势和国家利益这两个关键因素决定的。从对外传播的区位优势来讲,黑龙江地处中国东北、东北亚腹地,周边主要与俄罗斯远东地区接壤,这些天然优势使得黑龙江对外传播的目标十分明确。[①] 从国家利益来讲,俄罗斯远东地区对中国以及黑龙江具有重要的作用:首先,中国希望与俄罗斯保持北部边境的和平与稳定;其次,中国经济发展需要远东地区的自然资源。考虑到区位优势和国家利益这两个关键因素,不管是国家层面还是黑龙江省,比较早就已明确:在黑龙江对外传播的实践中,俄罗斯远东地区是其主要的传播对象。

由于历史地理和民族文化的关系,黑龙江省也很重视对韩国的传播。黑龙江新闻社是目前中国最大的、面向全球传播的韩文媒体,同时也是中国行政级别最高的官方韩文媒体机构(副厅级),更是除朝鲜半岛以外在全球韩语使用(朝鲜族)圈中规模及影响力最大的韩语媒体。

黑龙江外宣机构与朝鲜对外交流协会(朝鲜对外展览总局)保持着经常性的协商交流。朝鲜对外交流协会每年都在中国开展活动,开展图书、工艺品、艺术品和文化作品的展览。相对而言,黑龙江外宣机构与朝鲜交流较少,主要原因是朝鲜的封闭政策。例如,黑龙江广播电视台曾想与朝鲜广播电视机构取得联系,但至今未能成功。

(二)传播手段:呈现出多语种、全媒体的态势

黑龙江对俄罗斯远东地区的传播,常年坚持有针对性地使用俄语,取得了良好的传播效果。近年来,在中央和地方政府的支持下,黑龙江相继兴办了俄语报刊、电视节目以及互联网站等。这些媒体包括黑龙江省政府新闻办

---

① 郑亚楠.黑龙江地方媒体对俄罗斯远东地区的传播战略研究[J].现代传播(中国传媒大学学报),2014(5):43—46.

公室《伙伴》月刊以及"伙伴网"、东北网俄语频道、黑龙江电视台的《你好，俄罗斯》栏目、中俄边境重镇绥芬河市委机关报的《朋友》、绥芬河电视台的《俄语 15 分》，以及黑龙江大学的《远东经贸导报》等。目前，这些俄语报刊和电视节目通过赠送、零售、携带、邮寄、交换和无线传输等多种形式，面向俄罗斯远东地区居民以及在黑龙江省工作、学习、旅游、经商的上百万俄罗斯人开展传播工作。

对韩国传播方面，黑龙江省主要依托黑龙江新闻社，这是一个全媒体平台，传统媒体与新媒体相融合。1994 年成立韩国分社，2000 年开通《黑龙江新闻》日刊网站，服务器在韩国首尔。2010 年，增设了影像部并正式开通视频频道。凭借其语言、人脉等优势，黑龙江新闻社平均每年被韩国联合通讯社直接采用上千篇稿件，成为黑龙江乃至中国对韩传播的主要媒体之一。

（三）传播内容：以时政、经济为主，文化内容不断增多

黑龙江省对外传播的内容不仅包括时政、经济等新闻性信息和服务性信息，还包括纪录片、旅游节目等文化娱乐信息。虽然目前新闻性信息和服务性信息的比重仍然很高，但是文化信息的比重逐年增长。像黑龙江电视台《你好，俄罗斯》栏目，内容涉及中国的民风民情、传统文化、中俄民间往来、经济文化交流等，节目播出后在俄罗斯远东地区取得了良好的反响。

三、对外传播的目标

2018 年 10 月，黑龙江全省外宣工作会议提出：加强全省外宣工作，是新时代国家扩大对外开放的内在需要，是实现黑龙江全面振兴、全方位振兴的重要一环。外宣部门和外宣媒体要紧紧围绕省委省政府决策部署，把握大局大势，明确目标任务，增强做好外宣工作的责任感和使命感；要按照向世界展示真实、立体、全面中国黑龙江的总要求，讲好黑龙江故事，传播好黑龙江声音，保持不变热度，找准最佳角度，秉承客观态度，增加宣传锐度，进一步塑造黑龙江良好的国际形象；要加强改革创新，在创新对外传播理念、形态、方式方法上下功夫，提高对外舆论宣传的传播力、引导力；要依托地缘优势，打好边境口岸牌、文化企业牌、民间交流牌，增强中华文化的国际影响力、感染力；

要以一体化的"大宣传"思维和"一盘棋"理念,不断增强整体合力,提高专业水平,全面开创外宣工作新气象新局面,为实现全面建成社会主义现代化新黑龙江的目标提供有力的外宣支撑。

第二节　印刷媒体的对外传播能力建设

一、外宣报刊

(一)《黑龙江经济报》(汉文版)

《黑龙江经济报》创刊于 1983 年,由黑龙江日报报业集团主管,是黑龙江省唯一的大型权威经济类综合性报纸,是东北亚地区最具影响力的中文专业财经媒体。该报面向国内外公开发行,在国内外拥有较高的影响力和知名度,尤其在东欧、东南亚等国家和地区颇具影响并拥有部分读者。《黑龙江经济报》的传播方式主要有二:

一是自建传播平台。

《黑龙江经济报》创办的中俄经贸信息化共享平台是立足于"一带一路"倡议和俄罗斯远东开发开放大背景,利用新技术和传统媒体的优势,率先在全国构建的、一个面向中国和俄罗斯全境的中俄经贸资讯共享大通道、大平台。这个独特的平台项目起源于 2012 年 3 月创办的《黑龙江经济报·对俄周刊》。经过五年多时间,这个平台由一份报纸的周刊,衍生发展成《对俄经贸周刊》、"直击俄罗斯快讯"与"对俄经贸通"手机移动终端、"中俄经贸资讯"微信公众号以及对俄经贸网等多个子平台。

目前,《黑龙江经济报》已与俄罗斯十几家主流媒体合作共建此平台,服务"一带一路"建设。例如,2016 年 7 月,《黑龙江经济报》与俄罗斯叶卡捷琳堡市相关通讯社、报纸、电视台等主流媒体达成合作,为中方第三届中俄博览会的参展参会企业、机构开展资讯和广告发布服务,为中方政府部门宣传推介提供公共平台,并开展广告代理合作。

为保证经贸信息的数量和质量,黑龙江经济报社实施"南联北开"战略,即与俄罗斯多家主流媒体进行资讯互换的同时,与国内十几家经济类媒体展开资讯交换合作,构建一个南至港澳台地区,进而贯通全国,北到俄罗斯全境的中俄经贸资讯共享大通道、大平台。①

2015年5月,平台进一步向经贸实体化发展——由黑龙江经济报社、哈尔滨中小企业服务中心有限公司和俄罗斯"华夏之桥"中俄教育、文化、商务交流有限责任公司三家共同合作,成立"中俄经贸信息合作服务联盟",为中俄两国中小企业"走出去"和"请进来"提供全方位服务。②

二是开展媒体合作。

黑龙江经济报社与俄罗斯远东地区一些媒体有着较多的合作。以2014年2月第三次"中国东北地区与俄罗斯远东地区媒体定期交流"项目为例,报社与俄罗斯国际文传电讯社签订合作协议,形成"对俄经贸周刊"与"对俄经贸通"手机客户端、"中俄经贸资讯"官方公众微信平台、对俄经贸网四个不同层面、针对不同受众群体的传播渠道,为中俄经贸信息化共享平台汇总和传播海量资讯奠定坚实基础。黑龙江经济报社还先后组织了"走基层·龙江口岸行""走基层·俄罗斯境外园区行"等大型跨境新闻报道活动,受到中俄各界广泛关注和好评。

(二)《远东经贸导报》

《远东经贸导报》是由黑龙江大学主办的中国第一份俄文报纸,1988年创刊发行,每周1期,发行量10000份,采取赠送的方式,经中国对俄口岸工作站投送到俄远东及西伯利亚地区主要城市。该报编发的国内经贸资讯受到俄罗斯读者的关注。

《远东经贸导报》依托大学资源,主要采编人员大都是新闻传播、国际经贸和俄罗斯问题的专家学者,人才优势明显。同时,报社还在国内外聘有专职记者20余名,为经贸信息的收集、报道和解读提供了有力的保障。报纸以介绍整个远东地区(包括中国、俄罗斯等国家,日本、朝鲜、韩国等东北亚国家

---

① 《黑龙江经济报》搭建平台 中俄共享[N/OL].黑龙江日报,2015-12-1:http://epaper.hljnews.cn/hljrb/20151201/162224.html.

② 同上。

以及越南、缅甸等东南亚国家)的经贸信息,推进中国与上述国家和地区的经贸合作为宗旨。目前,《远东经贸导报》为每周1刊,四开十六版,国内外发行。开辟的主要栏目有《时政新闻》《经贸要闻》《东欧中亚》《市场价格》《域外采风》《九州巡礼》《供求信息》《社会之窗》等。

俄罗斯驻华大使及商务代表,南斯拉夫、白俄罗斯、匈牙利等国驻华大使先后为《远东经贸导报》题词、撰文。《远东经贸导报》发表的文章多次被中外报刊转载、引用。俄罗斯、美国、日本、韩国、朝鲜及其他周边国家的研究机构、新闻机构代表团多次到报社访问,交流信息。不少国家的驻华机构通过多种方式订阅或索取该报。

近年来,《远东经贸导报》不断加强与俄罗斯远东地区的媒体合作。早在2011年11月举办首次"中国东北地区与俄罗斯远东地区媒体交流"活动时,就与俄方达成协议——双方开展信息交流合作,《远东经贸导报》负责提供稿件,俄罗斯《远东国际文传电讯社》《太平洋之星》《金角报》等媒体负责刊登涉及中国东北地区的新闻报道。

(三)《黑龙江朝鲜文报》

黑龙江省有50万左右的朝鲜族。朝鲜族是跨境民族,黑龙江的朝鲜族主要来自韩国,文化水平较高,有独立的语言文字系统,这使《黑龙江朝鲜文报》在内宣的同时承担着外宣的重任。

早在解放战争时期,黑龙江省的朝鲜族就在牡丹江和哈尔滨创办了《民主日报》《解放》《建设》《晓钟》《新青年》《教育通讯》等朝文报刊。中华人民共和国成立后,中共黑龙江省委委托牡丹江地委在1957年3月1日创办《牡丹江日报》(朝鲜文)。1961年,由于国家政策原因,《牡丹江日报》(朝鲜文)于1月29日停刊,共发行643期。《牡丹江日报》(朝鲜文)停刊后,全省30多万朝鲜族强烈要求创办面向全省发行的朝鲜文报纸。1961年4月30日,中共中央同意黑龙江省委将《牡丹江日报》(朝鲜文)改为省级朝文报。1979年12月12日,经黑龙江省委宣传部批准,《黑龙江日报》(朝鲜文)更名为《黑龙江朝鲜文报》。

十一届三中全会后,《黑龙江朝鲜文报》不断进行新闻改革,逐渐建立起以本民族新闻为主体的宣传报道格局,反映朝鲜族的报道逐渐达到了发稿总数的70%以上。1983年,黑龙江朝鲜文报社单独立户,独立经营,由中共黑龙江省委宣传部直接领导。1986年,《黑龙江朝鲜文报》更名为《黑龙江新闻》(朝鲜文),成为黑龙江省唯一的少数民族文字报纸。1995年3月,黑龙江朝鲜文报社更名为"黑龙江朝文日报社",2001年再次更名为"黑龙江新闻社"。

《黑龙江新闻》(朝鲜文)发行覆盖黑龙江、吉林、辽宁三省和朝鲜、韩国、日本等国,是目前中国整体规模最大的朝鲜文报纸,在国内一些主要城市设立了记者站,并在东京、海参崴、巴黎及首尔等地设立了国外支社。

(四)《商务指南报》

《商务指南报》成立于1999年12月26日。它是黑河日报社与俄罗斯阿穆尔州的华人企业家联合创办的,也是中俄合办的第一家报纸,以维护在俄华人权益为宗旨,利用俄罗斯刊号,服务于中俄经贸大通道的建设需要。该报的宗旨是:"追踪全球经贸热点,汇集八方商业信息,探索边贸旅游奥秘,关注社会现实生活"。[①] 该报每周一期,四开八版,四版中文,四版俄文。栏目有:《经济论坛》《环球经贸扫描》《新闻速递》《经商之道》《海关信息》《法律顾问》《政策解答》《人物专访》《信息窗》等。

《商务指南报》一面世就受到两国企业界的青睐,也引起了俄罗斯新闻媒体的关注——俄罗斯《事实与论据》报、莫斯科电视台25频道、阿穆尔《真理报》等多家新闻媒体先后对《商务指南报》进行了专访和报道。特别是俄罗斯总统办公厅从该报创刊起就按期索阅,对这一中俄双语报纸给予了极大的重视。遗憾的是,2001年下半年因俄有关政策的调整而停办。

(五)边境城市党报——《黑河日报》

除了省级专业外宣报纸,黑龙江省边境城市的党报也承担着一些外宣任务,《黑河日报》就是其中的代表。

近年来,《黑河日报》与俄罗斯远东地区阿穆尔州报业建立合作机制,开展新闻、广告业务交流。黑河日报社与俄阿州报业的交往始于20世纪50年代后期,恢复于80年代。90年代末曾与俄罗斯有关方面合办《商务指南报》。

---

① 　姚世国.中俄合办的第一家报纸——《商务指南报》[J].东欧中亚市场研究,2001(8).

2006 年 3 月,经省市有关部门批准,黑河日报社与俄阿州的新住宅报社就印务合作达成协议,在全国地市级党报中首开代印境外报纸的先河,广受社会各界关注。

近年来,《黑河日报》与俄方进一步深化新闻稿件互换刊发、广告互换刊发、互派采编人员交流学习等合作机制,极大地促进了两国两岸报业交流合作的发展。《黑河日报》开设了"两岸媒体互动——来自阿州的报道""双子城故事"专栏,向俄罗斯《阿穆尔真理报》提供反映中国、尤其是黑龙江省和黑河市经济社会发展、建设的稿件;组织、邀请俄罗斯媒体记者参加中俄文化大集、哈洽会等重大活动报道;与《阿穆尔真理报》互派记者团组开展采访活动;与《阿穆尔真理报》《一周论据报》等多家报社合作,互相为对方企业代理、刊发各类广告,及时沟通黑龙江两岸商务信息,有效地促进了中俄两国两岸报业间的合作与交流。

(六)外宣期刊——《伙伴》杂志(俄文)

《伙伴》杂志(俄文)是由国务院新闻办主管,黑龙江省政府新闻办主办的全国十大边境期刊之一,2002 年创刊,主要以俄罗斯境内媒体、企业、社团、院校及富人社区为受众,是一份面向俄罗斯读者介绍当今中国社会和中国人生活的杂志,也是黑龙江省第一份俄文杂志。[1] 2005 年,《伙伴》取得了在俄发行权和使用权为 100 年的国家刊号,2006 年 1 月进入俄罗斯国家发行主渠道,2012 年实现了在远东地区本土印刷发行的目标。每月 1 期,每期 5000 册。近年来,《伙伴》的影响力不断扩大,接待俄驻华大使、驻沈阳总领事、媒体同行及读者来访 400 多人次,被俄中友好协会授予"俄中文化的友好使者"荣誉称号。

当前,《伙伴》杂志社与俄罗斯相关媒体签订了《信息资源合作协议》,还就共同举行黑龙江两岸媒体采风系列宣传活动达成具体意向;与海参崴新闻网、勘察加半岛网、萨哈雅库特新闻网等远东网站合作链接,使俄网民通过当地网站即可浏览伙伴网的页面内容;借助俄罗斯文化产业公司的发行渠道,实现了在俄发行和市场开发的目标;与俄罗斯文化旅游公司就中俄两国青年

---

① 房瑞和.《伙伴》杂志的对俄传播探索[J]. 对外传播,2014(12).

儿童语言交流、民俗风情、文化生活常识等方面的学习培训开展交流合作。此外,《伙伴》杂志社、东北网络台和《远东经贸导报》还联合向俄罗斯相关媒体提供稿件,由其开辟专栏和专版,刊载有关中国及东北地区的新闻报道,刊发来自双方官员、学者、商人等以不同视角分析中俄经贸活动的评论文章,并共同策划中俄媒体之间的其他系列合作活动。

二、图书出版

黑龙江出版集团"走出去"的重点是俄罗斯。

2011 年,黑龙江出版集团在俄罗斯远东联邦大学乌苏里斯克师范学院设立了中国语言文化中心,初期无偿投入了 1500 种、共计 5000 余册图书,供当地教师、学生和市民免费借阅,成为该市了解中国文化的一个重要窗口。几年来,黑龙江出版集团与该校的合作不断深入,在乌苏里斯克市和哈尔滨市互设文化中心,免费投入 1 万余册的历史、文化和科技类图书,每日接待读者近百人,成为在俄读书的中国留学生和热爱中国文化的俄罗斯学生相互学习和交流的平台。黑龙江出版集团还计划在俄罗斯远东政治、文化中心哈巴罗夫斯克开办书店,同时在书店设立具有强大辐射力和影响力的中国文化中心。

2014 年 7 月,首届中国—俄罗斯博览会在哈尔滨市举办,借此机会,黑龙江出版集团有限公司邀请俄罗斯远东地区出版社、俄罗斯远东联邦大学乌苏里斯克师范学院、俄罗斯滨海边疆区工会联合举办了中俄精品图书展,并签署相关合作协议。黑龙江出版集团以博览会为基础,积极组织中俄两国出版机构举办出版战略合作论坛,展示图书,开展版权贸易,从而加快了对俄出版"走出去"的步伐。值得一提的是,此次精品图书展上,黑龙江出版集团所属北方文艺出版社与俄罗斯岛出版社签署联合出版大型画册《和平丰碑》的协议,以纪念中俄两国共同取得世界反法西斯战争胜利 70 周年。

2015 年 1 月,由黑龙江出版集团与俄罗斯滨海边疆区图书馆联盟共同创办的"中俄青少年阅读联盟"正式签约,黑龙江出版集团旗下果戈里书店将成为首家联盟成员,成为国际文化交流的新载体。"中俄青少年阅读联盟"将在五年内吸收 100 家中俄两国著名图书馆和书店加入,在中国与俄罗斯青少年阅读文化交流以及教育出版等方面深入开展合作。由黑龙江教育出版社出版的《晨读经典——中俄经典文学艺术名著导读》为联盟项目之一,是国内首套为中俄青少年定制的中俄经典名著导读图书,并且纸质版图书与数字版图书并行。这套图书由中俄双方专家学者共同编译为中俄双语版,在中俄两地同时发行,对促进中俄青少年文化艺术交流意义非凡。①

黑龙江各地新华书店也充分发挥对俄传播优势,积极打造国际文化交流平台。黑河市新华书店打造了中俄边境最美国门书店——"普希金书店",为读者及中俄游客提供温馨舒适的阅读环境,也为黑河市与俄罗斯布拉戈维申斯克市搭建起文化互动交流的平台;牡丹江市新华书店与俄罗斯远东联邦大学合作成立了中俄汉语教育教学基地,开展针对俄罗斯大学生在华就业的语言技能培训。

近三年来,黑龙江省积极实施新华书店升级改造工程,陆续打造了哈尔滨果戈里书店、牡丹江书城、黑河普希金书店、齐齐哈尔鹤之魂绿色书店等边疆省份特有的国门书店。随着"一带一路"倡议在俄罗斯逐步落地,学习中文和喜欢中国文化的俄罗斯民众越来越多。黑龙江省通过深入挖掘地方历史文化资源,有针对性地开发跟俄侨文化、中东铁路、犹太历史等题材相关的出版物,传播中国声音,展现中华文化,截至目前,已向俄罗斯成功输出《哈尔滨犹太人图史》《白夜:贯通亚欧文化的生活志》《风雨中东路》等20余种精品出版物。

2018年,黑龙江版图书《森林里的路灯》入选中国"2017年度输出版优秀图书",《人的家园——新文化论》日文版入选国家"图书版权输出奖励计划"。

第三节　广电媒体的对外传播能力建设

一、黑龙江电视台

(一)传播基础

黑龙江电视台成立于1958年12月20日,是中国创建最早的三座电视台

---

① 中俄青少年阅读联盟将成立 果戈里书店成为首家成员[EB/OL]. 东北网,2015-1-7;https://heilongjiang.dbw.cn/system/2015/01/07/056249066.shtml.

之一。黑龙江卫视频道通过中星 6A、中星 6B 卫星传输,覆盖中国全境及亚太 50 多个国家和地区。2007 年,黑龙江电视台发挥优势,全面超越中央电视台,成为黑龙江省内最强的收视军团。在全国 27 家省级卫视排名中,黑龙江卫视已经跨入收视十强行列,频道竞争力和影响力日渐突出。2015 年 1 月 28日,黑龙江电视台与黑龙江人民广播电台合并为黑龙江广播电视台。

黑龙江电视台的外宣节目主要由国际部制作,包括一档俄语栏目和一档英语栏目,都在黑龙江卫视播出。外宣节目多次获得中国新闻奖和中国广播影视大奖。

近年来,黑龙江电视台充分利用《你好,俄罗斯》《这就是黑龙江》两个外宣平台——"讲好中国(黑龙江)故事,传播好中国(黑龙江)声音"。同时,为进一步加强国际传播能力建设,电视台还积极发挥"俄罗斯黑龙江电视周"这一成熟高端平台的引领作用,积极提升黑龙江在俄罗斯以及东北亚的知名度和影响力,促进黑龙江省的对外合作。

(二)外宣栏目

1.《你好,俄罗斯》

黑龙江电视台于 1993 年 6 月 1 日正式开办《俄语节目》,现更名为《你好,俄罗斯》。节目成立的时代背景是国家要求在边境省份黑龙江成立一个对俄宣传平台。1993 年,该栏目与俄罗斯三家广播电视公司建立了友好合作关系,后由于 1998 年俄罗斯媒体改革、人事变动较大而与其失联。2015 年,黑龙江省政府在哈巴州举办黑龙江活动日,通过"中俄媒体座谈交流"活动,与俄远东国家广播电视公司重新开展合作。

《你好,俄罗斯》是中国省级电视台中开办最早,也是目前唯一的俄语电视专栏。这是一档集新闻、专题、文艺、教育于一体的综合性对外宣传栏目。该栏目每周日 6:30 在黑龙江卫视和黑龙江高清频道播出,时长 20 分钟。节目信号通过亚洲 3S 卫星覆盖俄罗斯的亚洲全境和欧洲部分地区,俄罗斯远东地区可以直接收看到黑龙江卫视播出的《你好,俄罗斯》节目。节目与俄罗斯远东、萨哈林、萨哈(亚库几亚)、符拉迪沃斯托克、阿穆尔、伊尔库茨克这 6家州级广播电视公司建立了友好合作关系。

节目宗旨是全方位、多层次、多侧面地宣传和介绍中国改革开放的新形势、经济建设的新成就、人民生活的新变化,增进俄罗斯人民对中国、特别是对黑龙江的了解,推进两国人民的友好交往和合作关系。节目观众群主要是俄罗斯观众和在华的俄罗斯专家、学生、侨民,来华旅游、经商和购物的俄罗斯朋友以及国内的俄语爱好者。

近年来,《你好,俄罗斯》增加了专题片的自采量,由过去单纯的编译类节目向采编合一过渡——比如自制的反映俄罗斯远东地区副州长专程来黑龙江省中医药大学附属医院接受康复治疗的专题片,在俄罗斯远东很有影响力,巧妙地宣传了中国的中医文化。

从 2014 年 2 月份起,黑龙江电视台国际部每周一次向俄罗斯国家广播电视公司远东分公司和符拉迪沃斯托克分公司传送 20 分钟的《你好,俄罗斯》节目,以新闻、专题以及汉语教学等丰富的节目形式,向俄罗斯远东观众宣传黑龙江和中国。

《你好,俄罗斯》栏目的传播效果不断提升,据调查反馈,俄方观众喜欢收看《你好,俄罗斯》节目。中国驻哈巴罗夫斯克总领事也在给中央外宣办领导小组的报告中写道,《你好,俄罗斯》节目不仅题材丰富,形式新颖,而且信息量大,是了解中国、了解黑龙江的重要窗口,在俄远东地区产生了良好的影响。在全国外宣节目评选中,《你好,俄罗斯》栏目被评为优秀外语节目,并获得外宣栏目一等奖(同年度评比中,中央台栏目仅获二等奖)。

2.《这就是黑龙江》

《这就是黑龙江》是一档英语新闻栏目,宗旨是"报道黑龙江,连接世界!"节目的前身是 2003 年 6 月首播的《英语新闻》,迄今已有十多年的历史,这是目前黑龙江省和东北地区唯一一档英文新闻资讯类节目。栏目积极通过央视英语新闻频道等国家级外宣平台,对外宣传报道黑龙江,取得了较好的效果。

十几年来,黑龙江电视台通过这个窗口,与俄罗斯和欧美国家建立了稳定联系,致力于传播黑龙江省从"老工业基地改造"到"中国梦"的发展过程和相应成果,与国家外宣总体方针契合,传播中国声音,讲好中国故事。栏目依托黑龙江电视台强大的新闻、专题和纪录片资源,从政治、经济、文化、社会、旅游等多个视角,以易于外籍受众接受的传播方式全面展示黑龙江省的经济社会发展成就。

栏目主要面向在华居住和工作的外籍人士和大中专院校师生以及广大中、高级知识分子。节目每周播出六期,每期 10 分钟,在凌晨(周一至周六 03:20)时段播出,受到播出时段和传播方式的限制,传播效果受到一定局限。但是,以该栏目为依托,黑龙江电视台配合了国家整体大外宣概念的实践,促进了外宣人才的积累和国际节目交流的发展。

(三)外宣节目

纪录片的制播是良好的国际传播手段和平台。纪录片在俄罗斯以及欧美国家也有广阔的市场。

近年来,黑龙江电视台国际部精心选择适合外宣的纪录片,重新编辑制作英文版,在本台外宣栏目和国内外各大电影、电视节中播出、展映,有效地彰显了黑龙江的文化软实力,用英文作品传递中国声音,表达中国态度。

黑龙江电视台拥有国际一流的纪录片导演,众多海内外电视公司纷纷与黑龙江电视台联合出品大型纪录片。例如,黑龙江电视台与德法公共电视台、GEORAMA 制作公司、日本放送协会、法国麦高夫影视制作公司联合出品了大型历史题材纪录片《致命深海》。节目主要讲述了"二战"之后人类对化学武器的处理方式就是将其扔在海里,70 年后,这些化学武器逐渐泄露并开始危害人类的生存这一主题。该片涉及中国、日本、欧洲、北美几个国家和地区,历时 3 年拍摄制作。该片曾在亚洲、欧洲、北美近 30 个主流频道播出,其中包括 NHK 和 ARTE FRANCE 这样具有全球影响力的公共电视台。在 2014 年的蒙特卡罗国际电视节上,《致命深海》获得"雷尼埃三世"特别奖,摩纳哥国王阿尔伯特二世亲自颁奖。在 2014 广州国际纪录片节上,该片荣膺"金红棉"大奖。

黑龙江电视台的纪录片还屡获国际大奖。如获 2014 年俄罗斯远东广播电视一等奖、俄罗斯人与海国际电视奖、俄罗斯与乌克兰共同举办的共同胜利纪录片奖等。

据统计,2011 年至 2018 年,黑龙江广播电视台积极"走出去",连续在境外 30 余家主流电视机构累计播出 400 余部集纪录片,得到了境外观众的广泛喜爱和高度赞誉。今天,黑龙江电视纪录片以其强大的生命力和感染力,已成为中外文化交流的一张靓丽名片,为进一步促进"一带一路"沿线国家间拓展媒体合作空间、搭建丝路信息共享平台以及深入开展经贸合作,起到了积极的推动作用。

(四)外宣活动

共同举办大型活动,也是黑龙江电视台对俄合作的一种有效方式。

2011年至今,黑龙江电视台与俄罗斯欧亚广播电视协会每年联合举办黑龙江电视周,在俄罗斯主流媒体播放宣传介绍黑龙江省以及双方经贸、文化往来交流的专题片。电视周每次连续播出5天,每次15分钟。电视周结束后,还举办系列电视交流活动。黑龙江电视台不仅重视与俄罗斯远东地区的合作交流,更把视角伸向俄罗斯腹地,在莫斯科、圣彼得堡等欧洲城市举办电视周,讲述中国故事,传播中国声音。

此外,黑龙江电视台每年还在乌克兰和白俄罗斯等国举办电视周活动,在相关国家进行电视节目展播。目前,黑龙江海外电视周活动已经发展成为黑龙江对外宣传的一张名片,为"中国电视走出去"蹚出了一条新路,实现了与境外主流媒体受众的零距离接触。白俄罗斯国家广播电视公司还主动在其主要电视频道展播黑龙江省的推介节目,并希望播出中国电视连续剧。

电视周的传播效果显著。2014年11月,中国驻俄大使李辉对黑龙江电视台俄罗斯电视周活动给予高度评价。他说,黑龙江省在与俄罗斯的合作交流中一直走在前面,黑龙江电视台几年来重视与俄罗斯的合作,用电视周的形式开拓了与俄罗斯合作的新领域。[①]

2018年7月10日,俄罗斯"2018中国黑龙江电视周"在俄罗斯叶卡捷琳堡国际展览中心华丽启幕,反映黑龙江风貌的系列纪录片在俄罗斯多家主流电视台隆重献映。本届黑龙江电视周以"行走的黑龙江"为主题,于7月9日至15日电视周期间,在俄罗斯斯维尔德洛夫斯克州广播电视公司(叶卡捷琳堡市)、网络24频道(叶卡捷琳堡市)、TPO电视频道(莫斯科市)、教育电视频道(莫斯科)和圣彼得堡电视台(圣彼得堡市)等多家主流媒体连续7天展播22部累计507分钟的推介黑龙江省的电视纪录片,向俄罗斯多角度立体展现精彩黑龙江、魅力中国。

---

① "黑龙江电视周"在俄罗斯举办[EB/OL]. 人民网,2014-11-6:http://world. people. cn/n/2014/1106/c1002-25982892. html.

7月11日,亚美尼亚"2018中国黑龙江电视周"在埃里温举行了开幕式。电视周期间,亚美尼亚电视第三频道播出黑龙江广播电视台制作的展现黑龙江冰雪旅行、森林、湿地和健康、美食的五集纪录片,向亚美尼亚展现新时代黑龙江的魅力,节目首播后引发亚美尼亚观众的广泛关注。

二、边境城市电视台

边境城市电视台中,黑河电视台与绥芬河电视台是两个主要的外宣窗口。

(一)黑河电视台

近年来,黑河市把本地主流媒体作为对俄宣传的重要窗口和阵地,有效扩大了中俄两岸媒体的交流与合作,通过电视、广播、报纸等多种渠道传播中国文化、传递黑河声音。

黑河广播电视台利用与布拉戈维申斯克的广播电视信号能够互相覆盖的优势,在认真转播好中央台和省台广播电视外宣节目的同时,积极探索开办俄语电视节目,并与俄方开展节目交流。

2004年开始,黑河广播电视局跟阿穆尔州文化局和阿州电视台进行了多次联系、互访,双方开始在广告传播等方面展开交流与合作。

2007年1月12日,黑河电视台《俄罗斯信息》栏目开播。每天一期,一年365期。栏目开办初衷是帮助到对岸做生意的中国人了解俄罗斯的经济信息和法律法规。栏目主要播出阿穆尔州布拉戈维申斯克的新闻,内容包含经济、社会和法律等。电视台把当天晚上接收到的俄罗斯新闻翻译之后,经过审稿,第二天晚上面向黑河播出,同时栏目在俄罗斯也能观看。

2009年,黑河电视台开办了《跟我说俄语》栏目,通过这个栏目,俄罗斯人可以学汉语,中国人可以学俄语。栏目主持人来自俄罗斯。

2010年,黑河广播电视台还以俄阿穆尔州电视台、阿尔法电视台为节目源,在新闻综合频道整合资源开办了电视板块《俄罗斯视窗》,每天播出30分钟的俄罗斯时政、经贸和旅游信息。板块由《俄罗斯信息》《乐动俄罗斯》《美食每刻》《跟我学俄语》以及周末版的《一周扫描》(俄方免费供稿,社会新闻为主)等栏目构成。其中,《跟我学俄语》栏目由中俄两国主持人共同主持。

2012年,节目进行改版,新加了一档旅游节目,叫《边走边看——带你游遍俄罗斯》(央视提供素材,每周一期,每期20分钟),介绍俄罗斯风景名胜。

节目交流方面,黑河电视台跟对岸来往最多的3家电视台是阿州电视台、阿尔法电视台(私立电视台,机制灵活,社会新闻较多),以及"莫斯科之声"分台。如果对岸有重大活动,黑河电视台可直接派员赴俄拍摄。2011年3月,黑河广播电视台与俄阿州州长时间电视公司合作,由黑河提供新闻源,在州长时间电视公司播出每天5分钟的汉语版《黑河新闻》(因对方经费问题三个月后停播)。目前,黑河电视台的对俄节目与对方电视台进行常规的互换和交流,采编方面双方互相支持,重大事件发生时双方互派人员进行采访报道。

传播效果方面,阿尔法电视台与黑河电视台共同做过一次受众调查,黑河委托阿尔法台发放了120张问卷,问卷对象包括学生、电视台员工,以及其他单位工作人员,问卷全部收回,调查显示,120人中大概有70多人收听过黑河的广播,看过电视栏目的更多,看电视节目的以学生居多,因为他们可以跟着学汉语。2012年,黑河电视台配合黑龙江台与阿尔法电视台合作拍摄《狂舞俄罗斯大赛》节目,节目得到俄共主席久加诺夫的亲笔签名表彰证,称"该节目为两岸媒体交流做出了贡献"。

截至2018年,黑河广播电视台的外宣渠道建设主要有:与俄罗斯阿穆尔州电视台联手成立远东媒体联盟,推动两岸广播电视媒体的合作;与中国国际广播电台签订《俄语中国新闻》栏目转播协议,扩充"俄语黑河新闻"容量;以《俄罗斯信息》栏目为载体,推动两岸媒体联合摄制和节目互换。

(二)绥芬河广播电视台

1991年,中俄(前苏联)关系初步改善,绥芬河广播电视台就开办了俄语节目《邻里之间》,曾受到中央外宣办的关注和好评,并得到俄驻华大使的高度评价。但从2000年至今,该节目由于缺少资金已两度停办。绥芬河市和抚远县虽然实现了央视俄语频道在本地有线电视网的"落地"播出,但对俄传播效果和影响十分有限。

三、对外广播和民族广播

（一）对外广播

黑龙江省的对外广播主要是利用边境城市广播电台的地域优势，开展对外传播工作。

从媒介使用偏好的角度来看，俄罗斯人特别喜欢听广播。俄罗斯人建造的房屋有些可能没有预先设置电视线插口，但一定有一个广播插口，他们早起第一件事就是先把广播打开。

2005年，为了向俄罗斯宣传黑河的经济发展和旅游资源，黑河广播电视台每周两次通过103.8兆广播向俄罗斯播出黑河新闻，内容主要涉及经贸、旅游、文化和体育等方面，由俄方翻译成俄语播出。俄罗斯官方也重视这个栏目，栏目改版、换背景都能上阿尔法新闻网站的头条。节目既有视频又有音频。

从2009年起，黑河广播电视台开始与部分中央外宣媒体探讨合作事宜，并积极筹备在黑河开设调频台、设立俄语广播工作室事宜。目前，黑河广播电视台的软硬件准备工作已经就绪，希望国家外宣部门能给予政策支持，早日开办中俄双语广播节目。由于缺少资金，黑河广播电视台与中国国际广播电台计划合作开办"东北亚之声"俄汉双语广播，至今没有落实。

（二）民族广播

黑龙江省现有朝鲜族人口50万左右，他们是朝鲜半岛人民的同根民族，宗教信仰、民族风情、文化传统相通或相似，联系十分紧密。

黑龙江朝鲜语广播成立于1963年2月20日，波段AM873，是黑龙江人民广播电台系列台之一，也是全国唯一的省级朝鲜语广播。1979年9月，黑龙江人民广播电台朝鲜语组升格为朝鲜语部；1993年，升格为黑龙江朝鲜语广播电台。电台频率覆盖包括俄罗斯远东地区、朝鲜半岛一部分、吉林省延边地区，还有一部分短波覆盖美国、澳洲。

黑龙江朝鲜语广播每天播出8小时，内容涉及新闻、社教、文艺和服务类等，对象节目有少儿、老年和乡村类节目，体裁除了新闻、专题节目外，还有广播剧和法律、保健类的访谈节目。其中,文艺节目比重较大,主要借用成形节目,文学类节目主要播放朝语诗歌、散文和小说,音乐类节目近年来引进韩国节目比较多。新闻每天 20 分钟,除了本台的共享节目资源,还有吉林延边台和韩国的新闻内容。

1999 年,朝鲜语广播建立了数字化音频工作站,节目效果和工作效率大大提升。2000 年以后,黑龙江人民广播电台对节目进行了全面改版,朝鲜语广播更具鲜明的时代气息和浓郁的民族特色,成为国内朝鲜族听众政治、经济和文化生活的重要组成部分,在国内外朝鲜族同胞中享有盛誉。2009 年,黑龙江省制定规划重点扶持朝鲜语广播的发展,提出扩大朝鲜语广播节目的有效覆盖。近年来,由于新媒体的冲击,传统媒体举步维艰,由于经费不足,黑龙江朝鲜语广播节目始终没有明显增加和改善。

朝鲜语广播的对外交流以韩国为主。中韩建交前合作过寻亲栏目。1994 年开始与韩国广播公司(KBS)合作制作新闻节目,合作形式为电话传稿,每 2 周 1 次,内容为黑龙江当地新闻。从 2011 年开始,传稿频率由每 2 周 1 次变为 1 周 2 次。朝鲜语广播电台还与韩国共同开展业务培训,韩国的播音员、编辑记者来传授节目策划、新闻采访的经验,交流心得。朝鲜语广播的音乐节目也已经传播到韩国以及俄罗斯、日本和朝鲜等国家。在韩国广播公司每年举办的世界韩国语广播电视优秀节目评选中,朝鲜语广播电台的获奖数目在全球六十多家韩语广播电视机构中名列前茅。

朝鲜语广播电台与韩国各界的互动活动较多。从 2002 年开始,由韩国企业赞助的全国朝鲜族少年儿童广播艺术节每年举办,面向全中国的朝鲜族学生,北京、青岛、广州等地的学生也有参加。朝鲜语广播电台还成立了朝鲜族少儿合唱团,2010、2012 年两次去韩国演出,促进了中韩文化交流,但由于经费问题,2012 年之后没有再去韩国演出。

第四节　新媒体的对外传播能力建设

一、黑龙江新闻社

在新媒体方面,黑龙江新闻社是对韩传播的主力军。

黑龙江新闻社的前身是 1957 年成立的朝文版《牡丹江日报》,1961 年停刊。同年,《黑龙江日报》朝文版——《黑龙江新闻》创刊。1983 年 1 月 1 日,经过黑龙江省委批准,《黑龙江新闻》成为由省委直接管理的省级新闻单位。

1994 年,黑龙江新闻社成立韩国分社。2000 年 2 月,黑龙江新闻社在国内朝鲜语媒体中率先开通"黑龙江新闻网",服务器设在韩国首尔,编辑人员负责上传新闻内容。2005 年 12 月 20 日成立电子新闻部,对原有的黑龙江新闻网进行改革,增设了《头条链接》《滚动新闻》《当日图片》等多个栏目。2007 年,黑龙江新闻网加大了对新华网等主流媒体新闻的编译工作,"韩国联合通讯""KBS"《朝鲜日报》《世界日报》"FOUCS"等国外媒体直接采用黑龙江新闻网稿件达 1000 多条。[①] 2008 年 9 月,黑龙江新闻社全面改版黑龙江新闻网,网站名称由"黑龙江新闻网"改为"邻邦网"。2009 年 7 月 8 日,"邻邦网"以全新的面貌展现在包括韩国在内的世界韩(朝)民族网民面前,"黑龙江新闻日刊""周日特刊""韩国版""招商网"等专业频道纷纷上线,还率先在中国朝鲜语新闻媒体中开通了电子邮件和博客、咖啡屋、论坛业务。2010 年,"邻邦网"正式更名为"朝文黑龙江新闻网",增设了影像部,全面调整了网站所有栏目和页面,激活了博客、论坛等互动板块;视频频道正式开通,《韩民族新闻》《今日中国》《观光》《料理》等一批自制的新闻和综艺节目与网友见面。这些举措,拓宽了黑龙江新闻社的外宣影响面,突出了朝文新闻网站的外宣特点,扩大了外宣声势,已初步形成全媒体、全方位和多样化的外宣新局面。此外,2010 年《黑龙江新闻》(韩国版)获得国家民族文字出版专项资金 51 万元资助,用于在韩国扩大发行范围和发行量,提高报纸在韩国主流媒体中的地位,扩大报社的经济效益和社会效益。2011 年 6 月,黑龙江新闻社和中国网络电视台共同创办"中国网络电视台韩语台",并于 2011 年 11 月 25 日正式开播。目前,黑龙江新闻社正在形成"三报一网"的全媒体格局,努力打造中国对韩国传播的最大媒体。

到境外办媒体,是黑龙江新闻社加强对韩传播的新举措。2009 年 4 月,黑龙江新闻社设立韩国支社,为正处级编辑部,创办韩语版《黑龙江新闻》周刊,主要面向韩国本土政界、工商界及媒体,深入报道中国及黑龙江省的政

---

① 齐辉.黑龙江少数民族新闻事业的发展现状[J].新闻论坛,2013(2):17.

治、经济、文化政策和发展成就。2012年3月,该刊更名为韩文版《中国周刊》,由黑龙江省政府新闻办主办,黑龙江新闻社承办,在韩国相关部门注册登记。韩文版《中国周刊》为新闻类周刊,发行2万份。其主要特点有:

一是采取本土化策略。该刊创刊于韩国,面向韩国本土发行。采编流程是由黑龙江新闻社负责编辑、排版,在韩国印刷厂印刷,由韩国支社负责发行。在读者定位上,把韩国政界、工商界人士定位为第一读者群,把包括朝鲜族在内的在韩华人定位为第二读者群。目前,该刊在广告市场占有率、订阅率以及读者认可度等方面位于10多家韩国同类报刊的首位。

二是积极引导韩国舆论。该刊以刊发时事类新闻为主,围绕国内的时事政策、重大活动、突发事件,及时编发新华社、人民日报和中央电视台的新闻报道和评论文章,在对韩舆论引导中发挥了重要作用。如,2012年9月,在中国首艘航母正式服役期间,针对韩国媒体纷纷发表评论表示忧虑的情况,及时编译刊发了《中国不会用航母去世界惹是生非》的评论文章;在钓鱼岛问题上,编译刊发了《日本"购岛"闹剧源自于缺乏正确的历史观》《钓鱼岛问题该给日美补补历史法理课》等文章;围绕国外关注的中国人权、收入分配、莫言获诺贝尔奖等一系列事件及话题,刊发了《究竟谁在践踏人权》《对中国人权事业不能总存偏见》《"诺贝尔伦理"不适用于莫言》等文章。这些文章刊发后,联合通讯社、东亚日报等韩国主流媒体都及时予以转发。目前,韩国主流媒体的转载量从初期的每月10多篇已经增至每月40多篇。

三是维护在韩华人正当权益。近年来,中国到韩国打工及旅游人数逐渐增多。2012年,在韩国常年打工的中国人达100万,到韩国旅游的近300万。为全力维护在韩华人的利益,周刊发挥舆论监督作用,刊发了《法律盲区的困惑》等报道,反映了一些华人在韩就业、打工时面临的各种不公正待遇,为维护在韩华人的正当权益发挥了应有作用。2009年,周刊刊发的《海林市790名劳务人员受骗案》在韩国引起了巨大轰动,韩国10多家媒体设专题集中转发,韩国KBS国家电视台派两位记者赴海林进行专访,于正月初一在重要新闻时段集中播放了40分钟的节目。在舆论压力下,韩国警察厅不久便将此案的韩国诈骗嫌疑人抓获。2010年,针对在韩中国人频繁发生传销受骗的案例,周刊先后刊发了17篇跟踪报道,用大量生动、确凿的事实,揭露韩国最大非法传销公司的经营黑幕。在整个报道及法院公判期间,韩国总统办公厅、大检察厅、大法院、公平交易委员会等政府部门先后给编辑部发来公文,对周刊的报道表示高度关注与支持。

四是与韩国各界建立广泛联系。黑龙江新闻社已与韩国 KBS、SBS 等主流电视台,韩国日报社、韩民族新闻社、东亚日报社等主流报纸建立了良好合作关系。与韩国第一媒体——朝鲜日报社(全媒体)的合作事宜也在顺利推进。在韩国国会、企业界及文化界,黑龙江新闻社也都建立了广泛联系渠道。黑龙江省在韩国的各种重要活动,大多是通过该社邀请韩国政界、工商界、文化界及媒体朋友参加。凭借其语言、人脉的优势,黑龙江新闻社积极给文化部门和企业搭台,协助他们赴韩举办经济文化交流活动,与韩国有关方面签署多项合作协议。

二、东北网

东北网成立于 2001 年 7 月,是黑龙江省唯一的重点新闻网站,也是黑龙江省影响力最强、访问量最大的官方综合性网站。

2011 年 11 月,东北网与俄新社符拉迪沃斯托克每日新闻网联合开办专门向俄罗斯网友介绍中国的栏目《神奇的中国》,为俄方提供新闻信息和资料。

2012 年,东北网策划了"俄罗斯人在黑龙江"外宣专题报道,中俄双语页面,稿件全部原创。该专题通过俄罗斯人介绍自己在黑龙江的生活和感受,宣传了黑龙江人民豪爽热情、大度包容、开拓创新、诚信待人的文化风貌,展示了黑龙江省自然环境、经济社会、历史文化、民俗风情等,体现了浓郁的地域特色。专题上线一个月,IP 访问量已达 30 万,其中国外网民占三分之一以上,取得了良好的外宣效果,外媒也多次转载。此外,东北网与俄阿尔法电视台合作拍摄的《生活在黑龙江的俄罗斯人》,介绍了黑龙江逊克县小丁子村的俄罗斯后裔生活情况,因内容生动、形式新颖,当年获全俄地区网络电视作品一等奖。

2014 年 2 月,"中国东北地区与俄罗斯远东地区媒体定期交流"活动时,东北网与国际文传电讯社签订合作协议,东北网直接向该社上传俄文稿件,经终审后在其网站刊发,有的稿件直接以该社电讯稿发出。

三、哈尔滨网络广播电视台俄语频道

2014年1月,蓝网·哈尔滨网络广播电视台暨哈尔滨网络广播电视台俄语频道全面上线。蓝网·哈尔滨网络广播电视台由原哈尔滨电视台的蓝网和哈尔滨人民广播电台的声网合并而成,可实现对5个电视频道、6个广播频率的在线直播和回看,实现对10档自办重点电视节目的点播。[①] 蓝网还推出微电影等新锐频道。哈尔滨网络广播电视台还与中国网络广播电视台、黑龙江省对外交流协会、俄罗斯远东地区广播电视公司、俄罗斯远东博物馆签订了战略合作协议。

四、伙伴网

《伙伴》杂志主办的"伙伴网"以俄汉双语发布中俄经贸、科技和旅游信息,日均自译稿件8000字左右,日均访问量5000余人次,受众遍及世界各大洲的30余个国家和地区。在塔斯社、俄新社、俄罗斯报、全额姆斯克网、天线-7广播电视网、网上看中国、区域通讯社、独立摩尔多瓦报等40余家中外媒体及其官网上都能看到源自"伙伴网"的新闻资讯。

第五节　对外传播能力建设的问题与对策

黑龙江省在对外传播能力建设方面除了面临着资金不足、人才缺乏等其他边疆省区的共性问题,还有以下三个特性问题值得关注。

一、如何突破东北亚各国严格的境外媒体准入制度

国际传播是一种跨文化的传播行为,世界上大多数国家对此十分敏感,

---

① 哈尔滨对俄网络广播电视台正式运营［EB/OL］.东北网,2014-2-10:https://heilongjiang.dbw.cn/system/2014/02/10/055481117.shtml.

认为国际传播关乎意识形态安全和抵御文化渗透,对境外广播电视节目、境外报刊的准入有着严格的法律和政策限制。

在东北亚,朝鲜根本不允许外国媒体进入本国市场。俄罗斯和韩国则主要通过法律和政策对国外媒体的进入设置了重重障碍。

解决的对策,从根本上说,主要是提高中国与传播对象国的政治与文化互信,在具体操作层面,根据黑龙江媒体的实践,可以从三个途径尽量消除传播障碍。

一是内容互换。例如,目前对俄传播的《伙伴》杂志在俄罗斯远东地区及部分西伯利亚地区的传阅,就是通过与地方媒体进行内容交换的方式实现的。

二是借船出海。例如,《你好,俄罗斯》节目最初直接打进俄罗斯媒体市场非常艰难,后来是通过俄罗斯6家广播电视公司的时段实现了在俄播出。

三是逐步推广。例如,黑龙江新闻社在韩国发行的《中国周刊》目前进入韩国主流阅读市场还比较困难,可以先在韩国华人群体中传阅,特别是利用在韩的中国朝鲜族同胞与韩国社会的广泛接触,通过热点新闻或突发事件的报道,逐渐打入韩国主流市场。

二、如何使对外传播的内容更适合国外受众的需求

黑龙江媒体对外传播的内容,自我意识较为明显,较少站在国外受众的角度去选择信息。对外传播如果不能从国外受众的关注点和兴趣点切入,只是单方面地从我方角度去传播信息,就会造成我们传播的信息不合国外受众的口味,这样就达不到对外传播的效果。

目前,黑龙江媒体对俄罗斯、韩国传播的时政、经贸内容较多,风情文化等国外普通受众喜闻乐见的内容偏少。原中央电视台台长胡占凡就曾建议黑龙江广播电视台更加深入地研究海外受众,推出更多俄罗斯人喜闻乐见的节目与活动。同样,随着近年来中韩文化交流的深入,中国的影视剧、网络小说等在韩国受到追捧。因此,黑龙江对俄罗斯、韩国的传播应加强研究俄罗斯、韩国受众对中国传播内容的需求,不断改进传播内容,把中国优秀的传统文化和现代文明作为主要传播内容,通过媒体传播让中医在俄罗斯"火起来",让中国影视剧在韩国"热起来"。

三、如何使对外传播更好地服务于国家的外交战略

俄罗斯作为传统大国,在全球具有较大影响力。近年来,中国提出的"一带一路"倡议也受到俄罗斯媒体较多的关注,但"一带一路"倡议与俄罗斯"向东看"的欧亚经济联盟战略有可能重构欧亚大陆的地缘政治,究竟是竞争还是对接,俄罗斯媒体既有质疑,也存肯定。部分俄罗斯媒体担心中国将取代俄罗斯成为欧亚"老大",认为"一带一路"可能存在安全隐患等等。同样,由于朝鲜半岛政治状况不断变化,韩国对中国在朝鲜半岛发挥怎样的作用比较敏感,进而对中国媒体的对韩传播疑虑重重。

黑龙江媒体作为中国对俄罗斯、韩国传播的桥头堡和主力军,理应主动服从与服务于国家的周边外交战略,加强相关议题的对外舆论引导,通过加强文化软实力,消除俄罗斯、韩国对我国地缘政治战略的疑虑,这样才能更好地提升传播效果,实现传播目标。

第二章 吉林省

第一节 对外传播的形势与概况

一、对外传播战略的制定与规划

(一)周边国际形势

吉林省位于中国东北地区的中部,是东北亚的地理中心,处于日本、俄罗斯、朝鲜、韩国、蒙古与中国东北组成的东北亚几何中心地带。东与俄罗斯接壤,东南部与朝鲜隔江相望。吉林省"沿边近海",边境线总长 1438.7 公里,其中,中朝边境线 1206 公里,中俄边境线 232.7 公里。最东端的珲春市最近处距日本海仅 15 公里,距俄罗斯的波谢特湾仅 4 公里。

近百年来,吉林省所处的东北亚地区一直是大国力量交汇、冲突之地。特别是"冷战"之后,随着苏联解体、中国振兴、日本走向"正常国家"、朝核问题纷争不断⋯⋯东北亚地区的国际关系变得愈加复杂。

这些客观因素决定了吉林省在中国对外传播大格局中的重要作用以及面临的巨大挑战。

（二）对外传播战略的目标与功能

1. 塑造吉林形象

吉林省是"一带一路"倡议圈定的重点省份之一。加强吉林省的对外形象传播，是吸引国际化发展资源聚集、更好促进国际交流合作的重要保障，有助于吉林在参与"一带一路"建设中发挥比较优势，推动各领域各行业深入合作交流，促进吉林企业更好更快"走出去"。面对新一轮对外开放面临的新形势、新任务，位于东北亚几何中心的吉林省应放眼全球，主动将自身的发展放到全球化背景下国际竞争的大格局中去思考。让世界更多的国家和地区认识和了解吉林，汇聚资金、技术和人才，在更大范围和更高层次上参与国际竞争与合作，从而赢得新一轮对外开放的发展先机。

2. 提升吉林影响

近年来，吉林通过对外传播，向世界讲好吉林故事，不断扩大吉林在国外的影响。"中国吉林广播电视周"活动就是吉林省对外形象传播的著名品牌。媒体搭建平台，文化传递友谊，交流促进合作。2016—2017 年，中国吉林电视周分别在澳大利亚、新西兰和加拿大等国举办。通过电视纪录片、专题广播节目、图片展等，聚焦一汽、长客、长影、长白山等吉林品牌，展示吉林经济社会全面发展的良好形象。"中国吉林广播电视周"以其精心的策划、精彩的内容、精准的定位、精湛的传播，向世界讲述吉林故事，传播吉林声音，展示吉林魅力，对越来越多的国家产生了深远的影响。

3. 服务吉林发展

近年来，吉林省高度重视对外传播工作，工作的一个重要目的就是为全省经济社会的发展服务。省内各外宣媒体坚持围绕中心、服务大局，坚持改革创新、务实重行，在宣传推介吉林方面发挥了重要作用，为吉林经济社会又好又快发展，稳中求进、好中求快营造了良好的外部舆论环境。省外宣管理部门强调：外宣媒体今后应不断加大对吉林的宣传推介力度，大力宣传吉林面临的发展机遇、吉林省的经济社会发展成就特别是老工业基地全面振兴、开发开放等方面的显著成果，以及宣传吉林省良好的投资环境、产业优势和发展潜力，不断扩大吉林的影响力和美誉度，为吉林的发展营造浓厚的舆论氛围。

三、对外传播实施概况

(一)明确重点,对韩传播

吉林在对外传播实践中,把朝鲜半岛特别是韩国作为主要的传播对象,这是由吉林省的区位、民族和语言文化等优势决定的。吉林与朝鲜接壤,有着上千公里的边境线,但由于某些原因,对朝鲜传播困难很大。吉林省内朝鲜族人超过百万,主要在清末和东北沦陷时期从朝鲜半岛迁移过来,他们与朝鲜半岛有着千丝万缕的关系。中韩关系正常化后,众多吉林朝鲜族同胞赴韩国工作,加上中韩经济文化交流密切,这些都为吉林开展对韩传播提供了重要的物质基础和人文优势,也显示其对韩传播的必要性。目前,吉林省有一个朝鲜族自治州和自治县,有近 120 万朝鲜族同胞。

(二)技术创新,媒介融合

吉林省对外传播手段丰富,注重技术创新与媒介融合。目前,吉林省的外宣媒体主要通过报纸、广播电视、网络等开展全天候、全媒体的传播。报纸方面,主要采取与境外媒体版面互换的方式开展对外传播,如《吉林日报》与韩国《江原日报》互换版面,传播对方的经贸、旅游等信息;广播方面,吉林人民广播电台通过与国内外的广西北部湾之声广播、内蒙古人民广播电台、新疆人民广播电台、俄罗斯电台等合作,加强对东盟、蒙古、土耳其、俄罗斯等国家和区域的传播,延边的朝鲜语广播也开展了对内对外传播;电视方面,主要通过在国外举办中国吉林电视周和吉林卫视、延边(朝鲜语)卫视进行对外传播;新媒体方面,主要通过吉林朝鲜文报网站、延边日报朝鲜文网站等开展对外传播。

(三)拓宽渠道,借船出海

吉林省对外传播善于"借船出海",拓宽传播渠道,通过与中国日报社、中国国际广播电台等中央外宣媒体,以及兄弟省市的外宣媒体合作,加强自身的对外传播能力建设。例如——

2010 年 7 月 28 日,吉林人民广播电台与内蒙古人民广播电台举行对外广播宣传战略合作协议签约仪式,协议的主要内容为:在内蒙古人民广播电台开办对蒙古国传播的经济类板块节目《中国吉林之声》(蒙古国版),不定期开办两地热线节目,不定期开展两台联合直播,两台合作共同策划运作服务内蒙古和吉林听众的文化大篷车活动等等。同年,吉林人民广播电台与广西北部湾之声广播合作,通过北部湾之声的频率资源,向东盟国家受众讲述吉林故事,传播吉林声音。同年,吉林人民广播电台还通过新疆人民广播电台开办的维吾尔语《中国之声》节目向土耳其传播吉林的节目内容。[1]

2013 年 12 月,吉林省外宣办与中国日报社签署《国际传播战略合作框架协议》,具体内容包括:外宣合作,《中国日报》(英文)将根据吉林省政府新闻办公室全年对外宣传工作的整体规划和重点任务,对吉林省重要新闻和日常动态进行发布和传播,配合吉林省在海外举办的诸如文化周、电视周、投资说明会等重点活动,加大吉林新闻资讯在国际上的报道量和落地率;网络合作,合作建设吉林省官方英文新闻网站,内容涉及新闻报道、文化产业、经贸旅游等;专题合作,合作出版《中国日报·吉林特刊》,利用海外版《中国国家形象专刊》(China Watch)增强外宣实效;人才合作,中国日报社为吉林省培训外宣专门人才。此外,合作框架还涉及舆情交流和传播渠道、工作机制等方面的内容。

2018 年 6 月,吉林人民广播电台与俄罗斯联邦符拉迪沃斯托克 FM 广播电台签约,共同开办外宣节目《中国故事·吉林之声》(俄罗斯远东地区版),节目通过俄罗斯联邦符拉迪沃斯托克 FM 广播电台的频率资源播出。

---

[1] 内蒙古电台与吉林电台签订对外广播宣传战略合作协议[J].内蒙古广播与电视技术,2010(S1):24.

第二节　印刷媒体的对外传播能力建设

一、外宣报纸

(一)《吉林日报》

1. 媒体外交

吉林省与韩国江原道地缘相近、人缘相亲、文缘相通。《吉林日报》和《江原日报》作为中韩两国具有代表性的地方主流媒体,有着 20 多年的友好交往历史。1994 年 6 月,吉林省与韩国江原道建立友好省道关系。当年 7 月 7 日,在热心人士的积极推动和不断努力下,吉林日报社与江原日报社在长春缔结友好关系。20 年来,两社一直保持频繁的书信及业务往来,双方隔年互访 20 次,参访人员达 150 余人次。通过互访,双方探讨新闻业务,交流办报经验,沟通报社发展,增进友谊,加深了解,促进合作。通过每年举办的东北亚地方媒体代表研讨会,两家报社的交流合作进一步加深,两社的交流互访也拓展到促进吉林省与韩国江原道之间的经济社会交往方面。

2. 渠道互换

2015 年 11 月 24 日,“中国吉林日报—韩国江原日报版面交流协议”正式签署。根据协议,两家报社每月定期交流报纸版面,刊发对方图文报道。2015 年 12 月 18 日,《江原日报》刊发题为《以吉林省为中心辐射中国 13 亿人口的宣传平台正式启动:滚烫的江原道资讯将从这里传播到全中国》的专题报道,对两家报社签署的《版面交流协议》给予了充分肯定和重视,报道指出:“江原道的最新资讯将通过中国吉林省《吉林日报》《城市晚报》《吉林朝鲜文报》传播到以吉林省为中心,辐射 13 亿人口的中国全域。《吉林日报》的版面在《江原日报》及其官网刊发;《江原日报》的版面在《吉林日报》刊发的同时,吉林日报报业集团所属子报刊《城市晚报》《吉林朝鲜文报》《吉林朝鲜文报》

(海外版)及"中国吉林网"《吉林日报》官方微博和微信等新媒体平台也会发布。①

以交流版面为窗口,《吉林日报》使用当地语言,借力当地媒体,向韩国读者呈现了一个日新月异的吉林风貌。同时,韩国的美食、美景、民俗、民风,也通过《吉林日报》介绍给中国读者。合作以来,两家报社共交流版面近 50 个,很好地将两地形象推介出去,对吸引境外资源、扩大对外交往、增强两地民众的理解和友谊,起到了很好的推动作用。

(二)《吉林朝鲜文报》

《吉林朝鲜文报》创刊于 1985 年 4 月 1 日,30 多年来,报社员工克服人员少、条件差、朝鲜族居住分散、交通不便等困难,经过不懈努力,发展成为东三省三家省级朝鲜文报纸中唯一的省级党报。为了适应改革开放以及对外传播的需要,1999 年起报纸增加副刊版《东北指南》,主要向来华投资经商的韩国人提供吉林省的经济文化信息。当年 9 月 1 日开通了中国吉林网吉林朝鲜文报频道,向吉林省内外特别是韩国、朝鲜的读者提供了丰富的吉林资讯。2008 年 10 月创办副刊《韩国语村》。目前,报纸网络版、手机报,经过多媒体的联营,报社、报纸、网站的知名度和影响力不断扩大,已涵盖朝鲜族社会中的 200 万人,并扩展到国外使用朝鲜语的国家和社会当中。

按照国家实施"走出去"的战略部署,经韩国文化体育观光部批准,《吉林朝鲜文报》(海外版)2012 年 3 月 20 日在首尔正式创刊,同时吉林朝鲜文报社首尔支社也于同日成立,该报是在韩国正式发行的报纸,目前隔周出版一期,每期出版 12—16 个版面,同时通过中国吉林网发布网络新闻。《吉林朝鲜文报》(海外版)发行范围为韩国全国,同时,对韩国青瓦台、首尔市政厅、警察厅等区域机关实行邮件传递,对首尔以外地区托运传递,对读者邮件发行。

《吉林朝鲜文报》(海外版)还与韩国的《联合新闻》《人权新闻》《江源日报》《先驱经济》《京人日报》等 20 多个媒体机构结成协作关系,传递好中国声音,让世界更好地了解了吉林,了解了中国,由此也成为中韩两国政治、经济、文化等各领域交流的一个窗口。在韩国有很多对中国感兴趣的企业家和企

---

① 张春英.探索媒体国际交流新模式——以《吉林日报》《江原日报》的版面交流为例[J].青年记者,2017(14):35.

业,他们对中国的经济、文化信息需求很大,《吉林朝鲜文报》(海外版)为他们传递中国的相关信息,为引进韩国投资起着重要作用。对于国外受众对中国的误解,《吉林朝鲜文报》(海外版)还针对歪曲事实、编造谣言的情况,准确报道中国的真实情况。报纸策划的系列报道《韩国人眼里的中国》,消除了韩国人对中国农产品的误解,促进了中韩经济贸易往来。同时,该报还从不同角度报道中韩政治、经济、文化等方面的交流合作,取得了良好的社会效果。2014年,《吉林朝鲜文报》的通讯《一位在韩老华侨的拳拳中国心》获得第24届中国新闻奖国际传播二等奖,创造了地方少数民族语言媒体连续4年获得中国新闻奖(国际传播奖)的佳绩。这是《吉林朝鲜文报》改革创新、不断增强国际传播能力的结果。

(三)《图们江报》(中文、俄文、朝文版)

《图们江报》是2008年由国家新闻出版总署正式批准创刊,是全国唯一一家同时拥有中、俄、朝三种文字,三个独立刊号,面向国内外公开发行的报纸。报纸为对开四版,彩色印刷,每周六刊。《图们江报》全方位报道珲春暨图们江区域开放开发进程、政策走向和经贸信息,为大图们江区域的国际交流、合作与开发服务提供了丰富有用的信息。报纸通过长春南航、延吉国航和南航航线传阅,发行到俄罗斯、韩国。《图们江报》还与俄罗斯《俄罗斯报》《哈桑消息报》,韩国《雪岳报》《忠清日报》《大田每日新闻》《新闻快报》、MBS放送会社等媒体建立了友好合作关系,共同宣传长吉图的开放开发,促进双方采编人员互访、学习与交流。

近年来,图们江报社以筹划建立东北亚媒体联盟为契机,以"宣传推介、搭建平台、谋划机制、引领合作"为宗旨,强化与东北亚各国媒体间的交流协作,建立东北亚媒体联盟组织,建立相应机构和相关制度,开展相关的交流活动,加快国内媒体"走出去",国际媒体"请进来"的活动步伐,形成境内外媒体联动互通新格局,展示吉林,让国内外媒体聚焦吉林,建立起外宣的长效机制和有效平台。

对俄传播是《图们江报》的主要外宣任务。

《图们江报》(俄文版)以时政、旅游、文化、商贸等内容为主。俄文版发行分为两部分,一部分是在珲春本地赠阅发行,在各口岸设立免费阅报栏,主要对象是进出口岸的俄罗斯人；另一部分是通过与俄罗斯媒体合作，以附带赠阅的形式发行俄文版报纸。

《图们江报》（俄文版）积极开展与俄罗斯媒体的合作，在资讯交流、互派记者、定期互访、交换选题等领域不断实现突破，为图们江开发、东北亚区域合作营造良好的舆论氛围。报社先后同俄罗斯主流媒体《俄罗斯报》《哈桑消息报》签订了互辟版面、互相宣传的合作协议，共在俄罗斯刊发宣传稿件100余篇，开辟宣传版面（主站网页）近40余个，开展境外业务交流、共同采访、宣传推介活动40余次。其中，《俄罗斯人在珲春购房居住》的整版报道在俄罗斯产生了极好的反响，新华社还进行了转发。图们江报社还与《太平洋杂志》达成了联合办刊的合作协议，内容包括定期出版专刊、定期组织两国有影响力的专家学者开展交流探讨、共同搭建旨在促进俄罗斯远东与中国图们江区域国际合作开发的舆论平台。

图们江报社打破传统纸媒的宣传模式，借助自身三文三号的跨文化传播优势，不断扩大《图们江报》在俄远东地区的影响力。

2014年7月，图们江报社邀请《俄罗斯报》记者，对珲春市委书记、珲春国际合作示范区党工委书记、示范区管委会主任高玉龙进行了专访，并在《俄罗斯报》刊发；邀请俄罗斯国家广播电视有限公司二台到珲春采访拍摄，并在俄远东地区电视台进行播放；同时与《俄罗斯报》合作，促成俄罗斯滨海边疆区企业家访问团访问珲春，并与珲春市工商业联合会签订信息交流共享和项目合作书，26家俄罗斯企业与珲春企业成功对接；同年9月承办了中国吉林省媒体与俄罗斯远东媒体为期6天的交流活动，共邀请11家俄罗斯官方媒体参加了此次活动，在珲春集中采访了国际人才服务联络中心，并在俄罗斯多家纸质媒体、电视、网络进行发布。活动促成了3项贸易洽谈，与6家媒体达成信息交流协议。

2015年，图们江报社协助省外宣办开展了吉林电视周活动，全程参与协助参加活动的俄罗斯媒体记者对电视周活动的宣传报道工作。并在电视周期间，参加了在俄罗斯滨海边疆区召开的中俄远东媒体交流合作研讨会，与俄罗斯远东主流媒体共同探讨加强合作事宜。受俄罗斯媒体邀请参加了在滨海边疆区举办的俄罗斯远东媒体峰会，参加了俄罗斯国内组织的媒体交流活动。图们江报社还积极组织俄罗斯主流媒体参加中国东北地区与俄罗斯远东地区的媒体定期交流活动。

2016 年,图们江报社在《俄罗斯报》开设了专版,进一步加大在俄远东地区的宣传力度,第一时间宣传吉林省经济社会的发展,扩大本地区乃至吉林省的对外影响,搭建起中俄合作的舆论桥梁。同年,图们江报社成立驻俄罗斯滨海边疆区记者站,主动策划好图们江报俄文版在俄远东地区的采编及发行事宜。

二、图书出版

吉林出版集团是 2003 年成立的国有大型出版传媒集团。近年来,集团版权贸易数量逐年上升,自 2007 年起连续四次被评为"年度中国文化出口重点企业"。

吉林出版"走出去"主要依靠国际展会平台和电子交流平台,积极向海外推荐重点产品和项目,通过图书的海外发行销售让世界了解中国。[1] 集团还开设图书出版及新媒体方面的版权贸易培训班,聘请国内外著名版权经理人进行讲座和交流,让中国文化更适应海外市场,推动中国文化更为有效地走出去。2016 年,借助"中国吉林广播电视周"文化活动,吉林出版集团在澳大利亚悉尼澳中中国书店设立"吉林出版集团图书专架",这是吉林省首次在境外书店设立图书专架,标志着吉林成品图书正式进入澳大利亚销售市场。

吉林出版集团还通过与国际著名出版机构建立长期合作关系,为文化走出去提供了稳固的渠道资源。到 2017 年,吉林出版集团已与 30 多家海外著名出版机构建立了合作关系,合作伙伴包括美国的麦克劳·希尔出版公司、哈珀·柯林斯集团、培生·朗文公司,日本讲谈社、小学馆,韩国中小出版协会等。通过与这些出版机构合作,仅 2015、2016 年两年,吉林出版集团各出版单位就输出图书版权近 300 项,输出范围涵盖韩国、美国、越南、俄罗斯、英国、法国、印度、澳大利亚、葡萄牙、南非、奥地利、马来西亚等国家和地区。[2]

吉林出版集团积极推出优势分类图书的外文版,实现成品图书"走出

---

① 吉林出版集团 走出去,让世界"悦读"中国[EB/OL].中国新闻出版广电网,2017-5-4:http://wap.cnki.net/touch/web/Newspaper/Article/XWCB201705040061.html.

② 同上。

去",为文化走出去提供了多样的合作模式。集团计划在"十三五"期间分三批向海外销售300种外文版成品图书,首批推出英文版图书19种、阿文版图书22种、俄文版图书4种、西班牙文版图书4种。这些成品图书以集团优势分类的少儿类图书中的拳头产品——"小小孩"系列童书品牌为突破口,选取其中具有中国特色的产品和少量外国经典童话,向全世界提供具有中国特色的文化产品,传达中国特有的文化底蕴。

目前,吉林出版集团不仅拥有一批熟悉海外读者需求与出版业务,以及熟练掌握英、法、德、日、韩、俄等各门外语的专业版权贸易人才,同时也积累了包括贾平凹、沈石溪、伍美珍、黑鹤、杨鹏等一批具有广泛海外影响力的原创作者队伍,以及一批高端文化类图书翻译领域的优秀译者资源,这为吉林出版"走出去"提供了一支优秀的专业团队。

韩国是吉林出版"走出去"的重点国家。

2014年8月,为落实原国家新闻出版广电总局"走出去"发展战略,在北京国际图书博览会上,吉林出版集团与韩国中小出版协会联合举办"走出去"推介会。推介会有超过40家出版社参与,吉林出版集团旗下近20家出版单位与韩国20余家中小出版社建立了战略合作关系,实现了从单品种走出去到出版群体走出去,从平面媒体走出去到数字多媒体走出去,从单体出版社走出去到群体出版社走出去,从单向走出去到双向走出去(进来)的历史性转变。推介会圆满达成推广中华文化、推动东北亚文化圈交流的预期目标,进一步扩大了中国出版的海外影响力。

2018年10月19日至21日,第七届中国国际版权博览会在苏州国际展览中心举办。吉林出版集团利用本届博览会的绝佳机会,充分展示了集团积极落实国家出版"走出去"战略的优秀成果和整体水平。集团展出了包括荣获国家输出版、引进版优秀图书奖的《我要做好孩子》《牛津西方哲学史》;中国图书对外推广计划资助图书《国家地理系列》;入选国家"丝路书香"重点项目的《母狐换子记》《八月桂花》《鼹鼠的月亮河》等;获得国家出版基金资助的《铁证如山》英、俄、韩、日文版,《大中华文库》日、韩文版,《旗驼》中文版、阿语版等多种中外文精品图书。

第三节　广电媒体的对外传播能力建设

一、吉林电视台

吉林电视台主要通过举办电视周开展对外传播工作。2012年以来,吉林省先后在日本、法国、德国、美国、俄罗斯、澳大利亚、新西兰、老挝、泰国、新加坡等国成功举办了中国吉林广播电视周活动。活动期间举办的开播仪式、电视纪录片展播、图片展、电视广播媒体座谈交流、吉林省民乐表演等活动,得到外国友人的广泛关注和高度赞誉,为到访国观众进一步认识和了解中国吉林打开了新的窗口。

目前,广播电视周已成为吉林省在境外举办的大型文化推介品牌活动之一,每年在重点交往国家举办。活动旨在以广播电视等媒体为渠道,以广播电视等影像声音产品为载体,向世界介绍中国吉林省,讲述吉林故事,也从不同的角度展示中国多元文化的丰富性,同时推动吉林省广播电视等媒体与外国广播电视媒体加强交流合作。

(一)日本吉林电视周

2013年,为庆祝吉林省与官城县缔结友好关系25周年,进一步增进日本人民对吉林省的了解和双方的友谊,4月1日,吉林省与官城县结好25周年纪念活动暨吉林电视周在日本仙台市拉开帷幕。① 自吉林电视周开幕以来,日本"东北放送"对活动进行了高密度的宣传报道。4月1日至2日,连续播出6条关于此次活动的报道,日本《河北新报》刊发活动消息2条,在当地营造了吉林省与官城县友好交往的浓厚氛围。

作为本次活动的重头戏,从4月2日开始,"东北放送"连续播出由吉林电视台制作的五集电视风光片《多彩吉林》,向日本观众展现吉林的大草原、黑

---

① 邱兆敏.吉林电视周在日本[J].对外传播,2012(7):50.

土地,特别是长白山的自然风光,以及长白山从冰雪融化、天池开冰到大雪封山、万物俱藏的全景,以诗一般的画面铺陈长白山的四季更迭、生命轮回。让日本观众不仅饱览了吉林省四季多变的高山美景,还领略了长白山作为少有的物种基因库和天然博物馆的风采。

依托电视周,吉林电视台和日本"东北放送"签署了长期合作协议,在人员互访、节目互播、合作摄制、协作采访等方面建立了长期合作机制。

(二)俄罗斯吉林电视周

2015年5月21日,"中国吉林电视周"在俄罗斯远东城市符拉迪沃斯托克启动,活动期间同时在俄罗斯滨海边疆区公共电视台、符拉迪沃斯托克CTC电视台和远东州长时间电视台播放4部纪录片和一部29集的电视剧。[①]4部纪录片分别是《长白山》《长白仙草》《最后的渔猎部落》和《爱上吉林》。家庭伦理亲情剧《好歹一家人》由吉林电视台、吉林省影视剧制作集团联合拍摄。该剧秉承了吉林电视剧的一贯特色,具有浓郁的关东风情。这是吉林省制作的电视剧首次在俄罗斯电视台播出。

中俄两国于2016年和2017年连续举办"中俄媒体交流年"。作为其中重头戏的"吉林电视周"活动,就是希望通过讲述吉林故事,介绍吉林风土人情,让俄罗斯观众进一步认识和了解吉林,活动成效显著。

(三)东南亚国家吉林广播电视周

2017年7月3日至10日,由吉林省政府新闻办公室、吉林省政府外事侨务办公室主办的"2017中国吉林广播电视周"系列活动在老挝、泰国、新加坡成功举办。本次"中国吉林广播电视周"系列活动围绕吉林特色,聚焦吉林品牌,着力打造吉林形象名片,讲好吉林品牌故事,让东南亚民众充分感受吉林文化的魅力。

在境外8天的时间里,吉林省新闻代表团先后举办了"中国吉林广播电视周"启动仪式、吉林省电视纪录片展播、吉林省专题广播节目展播、"我是'吉林'"图片展、吉版图书赠送及吉林出版项目推介等系列活动。老挝国家电视

---

① 吉林在俄罗斯办"电视周"首次播出吉林电视剧[EB/OL]. 中新网,2015-5-12:http://mil.chinanews.com/gn/2015/05-21/7292045.shtml.

台一台、泰国民族传媒集团 NOW26 频道两家电视台先后播出了《科恩眼里的中国》《长白仙草》《最后的渔猎部落》等系列电视纪录片,向东南亚地区人民展示了吉林迥异的自然风光和独特的地域文化。

活动期间,吉林省新闻代表团先后访问了老挝国家电视台、泰国民族传媒集团、泰国国家电视台、新加坡报业控股集团等 11 家单位。期间,吉林电视台与老挝国家电视台签署合作协议,双方将在人员互访、节目互换、人才培训等方面开展多种形式的交流与合作。

"中国吉林广播电视周"系列活动得到了老挝、泰国、新加坡及中国驻当地媒体的广泛关注和报道。① 报道既介绍了"中国吉林广播电视周"系列活动在当地的举办情况,也把现代的吉林、美丽的吉林、鲜活的吉林展现在了东南亚国家民众面前,增进了当地民众对吉林的了解和认识。

(四)加拿大吉林广播电视周

为进一步增进加拿大民众对吉林省的了解,展示吉林文化,推动交流合作,2017 年 9 月,"中国吉林广播电视周"活动在加拿大温哥华举办。吉林省外宣办负责人热情洋溢地向加拿大媒体和各界人士推介大美吉林,讲述吉林文化故事。中国驻温哥华总领事馆文化组组长胡晓领事在致辞中说:"吉林省通过广播电视等对外讲述中国故事,这是一种很好的交流形式。吉林文化是中国灿烂文化的重要组成部分,吉林省与加拿大 BC 省在文化上有很多共性,2018 年是中加两国旅游年,希望可以以此次活动为序曲,推进两国两省更多领域的交流合作。"

活动期间,能够充分展现吉林发展成就和人文风貌的《科恩眼里的中国》《追逐雪线》《走向世界的中国高铁》《最后的渔猎部落》《长白仙草》等纪录片在加拿大城市电视台温哥华区和多伦多区等平台播出,向加拿大观众讲述鲜活生动的吉林故事。

双方媒体代表还就媒体合作进行了座谈。加拿大新时代电视台、城市电视台、Omini 加西台、星岛报业、加西周末、大华商报、环球华报、明报、温哥华在线、高度周刊、维维道来等当地媒体代表和华侨代表参加座谈会,部分媒体

---

① 吉林:"2017 中国吉林广播电视周"在老、泰、新举办[EB/OL].国新网,2017-7-18:http://www.scio.gov.cn/dfbd/dfbd/Document/1558545/1558545.htm.

负责人做交流发言。加拿大新时代传媒集团新闻总监叶一滔在发言中说，短短一周时间的展播并不能完全呈现吉林的精彩，但希望以此为开始，在更多具体的项目上深入合作。温哥华中华会馆副理事长朱展伦先生说，外界对中国缺乏真正的了解，这次吉林媒体把中国博大多元的文化向世界展示，这种责任感和使命感让人感动。座谈会上，吉林电视台与加拿大城市电视台签署了合作协议，双方将在节目交换、拍摄制作、人员交流互访等方面建立合作机制。座谈会后，吉林代表团还访问了加拿大新时代传媒集团，对接吉林省与加拿大在广播电视和文化领域的交流合作事宜。

二、吉林人民广播电台

"借船出海"是吉林人民广播电台开展对外传播的主要方式。

2011 年 9 月，吉林省与中国国际广播电台签署了外宣战略合作协议。双方通过建立信息通报共享、业务沟通协调、人员交流培养等合作机制，有效地向全世界宣传推介吉林省，协助吉林省提高外宣的有效覆盖，提升吉林省的国际知名度和影响力。

广西北部湾之声是由中国国际广播电台、广西人民广播电台对外广播联合开办的中国首个区域性国际广播频道，2009 年 10 月 23 日在南宁正式开播。它用粤语、普通话、越南语、英语和泰语面向东盟国家广播。吉林人民广播电台与北部湾之声签署合作协议，按照资源共享、功能互补的原则，开展全方位合作。借助北部湾之声开办了经济类板块节目，内容包括招商引资信息、面向东盟的出口商品信息等，进一步扩大了吉林在东盟地区的影响力。其中《中国吉林之声》（东盟版）在北部湾之声每周播出 3 期。北部湾之声还开办了《跨区域经济合作联播》专栏节目，内容包括吉林省的招商引资信息和面向东盟的出口商品信息等，同时也将东南亚各国的商品信息、文化旅游信息介绍给吉林听众。此外，双方还不定期地开办连线节目，进行联合直播，互相组织艺术团体进行跨国演出或旅游活动。2017 年 7 月，为配合"2017 中国吉林广播电视周"在老挝、泰国、新加坡的活动，吉林人民广播电台制作的《寻脉大长白》系列专题广播节目在北部湾之声播出，内容涵盖吉林省的森林文化、渔猎文化、游牧文化、农耕文化以及快速崛起的现代文化，为东盟听众打开了一扇了解吉林文化的窗户。

此外,吉林人民广播电台还分别与新疆、内蒙古和俄罗斯联邦符拉迪沃斯托克的广播电台等合作,加强对土耳其、蒙古国以及俄罗斯的传播。

2018年6月,吉林人民广播电台与俄罗斯联邦符拉迪沃斯托克FM广播电台合作的外宣节目《中国故事,吉林之声》(俄罗斯远东地区版)在符拉迪沃斯托克FM广播电台开播,每周一期,内容涵盖吉林的对外开放、经贸合作、项目建设、文化旅游、民俗风情、音乐舞蹈、民间技艺、戏剧文学等。节目分为五个板块:《游在中国》《多彩中国》《中国故事》《音乐中国》《跟我学汉语》。《中国故事,吉林之声》在俄罗斯远东地区的成功落地,填补了吉林省在俄罗斯远东地区主流媒体进行本土传播的空白,成为中国面向俄罗斯远东地区的外宣新平台,意义重大。双方约定,今后还将就"丝绸之路经济带"建设、"中俄地方合作交流年"等系列重大活动以及中俄双边重大事件和纪念活动开展联合报道活动。

三、延边朝鲜语卫视

延边卫视是国内唯一一家朝鲜语卫星电视媒体。2006年8月10日正式上星播出。覆盖范围包括东北三省、山东半岛、辽东半岛、京、津、沪、粤等部分朝鲜族聚居地区,以及朝鲜半岛、日本、俄罗斯远东地区。节目全天播出时长约为20小时,朝、汉语比例约为1:1。

2004年4月,延边朝鲜语广播电视覆盖项目正式被国家纳入"西新工程",并最终确定了以"地方、民族、外宣"为频道定位的卫星传输方案。这一定位说明,对于国家外宣战略而言,延边电视有着其他媒体无法替代的作用。2006年8月10日,延边卫视正式开通,在国内外引起很大反响。一位女士专门从韩国首尔打来国际电话,表示在韩国收看效果非常好。延边广电局还派遣落地办主任和技术人员前往朝鲜的罗津、先锋两市进行实地调研,发现当地收视效果非常好,电视画面清楚,伴音优美。延边卫视开播以来,受众遍及国内以及朝鲜、韩国、俄罗斯、日本等。

近年来,延边卫视加大了频道境外落地的拓展力度。2009年1月,与在韩国极具影响力的韩国中华电视台达成协议,由其面向韩国全境转播延边卫视的央视《新闻联播》朝鲜语版节目,这标志着延边卫视节目在韩国落地取得实质性突破。同年延边卫视在日本东京通过交互式电视(IPTV)实现全境落地。2011年延边卫视在朝鲜平壤羊角岛国际饭店落地播出,还在2010年12月通过中国网络电视台朝鲜语频道在央视网成功上线,实现了全球传播。

四、延边电台朝鲜语广播

1946年6月,延边朝鲜语广播诞生,它既是中国首个用朝鲜语播音的广播电台,也是中国广播史上第一个用少数民族语言播音的广播电台。1972年10月,在周恩来总理的亲切关怀和国家相关政策的扶持下,延边朝鲜语广播功率由最初的50KW改造提升到200KW,从而真正承担起面向全省及周边国家的朝鲜语广播的宣传任务。当时,延边电台朝鲜语广播可以覆盖到朝鲜、韩国、日本、俄罗斯远东地区,最远曾波及澳大利亚。并在实际工作锻炼中培养了一批广播业务骨干,形成了一些独具特色的节目、栏目。如延边电台朝鲜语中波频率的"寻找离散家属"节目,自从1993年1月1日开播以来,共收到来自朝鲜、韩国的听众信件3000余封,以电波为载体,为双方听众寻找离散家属300多人,克服了诸多人为障碍,体现了人道主义精神,因而受到不同国家和地域听众的欢迎。

第四节　新媒体的对外传播能力建设

一、吉林朝鲜文报网站

吉林朝鲜文报社于2000年1月1日开通新闻网站,2005年9月1日升级为中国吉林网朝鲜文频道。[①] 2010年4月,吉林日报社领导要求将中国吉林网朝鲜文频道建设成为"立足吉林、面向中国、影响世界"的朝鲜文综合网站。

---

① 依托朝鲜文网络平台 增强国际传播能力[EB/OL].人民网,2014-11-25:http://www.xinhuanet.com/zgjx/2014-11/25/c_133812923.htm.

2010 年 10 月 28 日,中国吉林网朝鲜文版(http：//kr. chinajilin. com. cn)开通,极大地提高了新闻的传播力和影响力。网站由中国吉林网和吉林朝鲜文报社共同主办。吉林网主要负责技术开发和管理,吉林朝鲜文报社主要负责采编工作。吉林朝鲜文报社提出"报网融合、先网后报、全员办网"的改革思路,将报纸的网络版与传统版融合成为一个有机整体,实现了从以纸报为主到以网报为主,即从先报后网到先网后报的转变。

此项改革大大增强了媒体的国际传播能力,为把中国吉林网朝鲜文版办成影响全国和世界的朝鲜文门户网站奠定了良好基础。网站还先后与延边图书馆合作开设了网上图书馆,共同开办了朝鲜文全国文化信息资源共享工程《百科信息》;与延边摄影家协会合办了《摄影村》;与延边足球俱乐部合办了《足球》;与省内朝鲜族各企事业单位、社会团体联合开办了《文化产业时代》;与延边归国者创业协会及延边房地产业、信息中介业、旅游业等各界合办了《信息广场》;与延边作家协会合办了文学园地《图们江论坛》等相对独立的频道。

及时有效的新闻报道吸引了国内外众多媒体与网站的关注,国内外朝鲜文网络媒体与综合网站纷纷提出与吉林网朝鲜文版进行合作,现已有 60 余家媒体转载吉林网朝鲜文版新闻信息。目前,吉林网朝鲜文版已成为国外使领馆、民间团体和媒体等国内外主流社会关注的热门网站。韩国最大的通讯社"联合通讯社",最具影响力的报纸《朝鲜日报》《中央日报》《东亚日报》,最具影响力的三家电视台"KBS""SBS""MBC",还有其他全国性报纸《京乡新闻》《每日经济》《韩国经济》等众多媒体经常转载中国吉林网朝鲜文版的新闻,其中,有关吉林省的新闻均来自朝鲜文版。

吉林网朝鲜文版是国内 20 多个朝鲜文网站中,开创最早、访问量最高的网站。目前,朝鲜文版日点击量已超越 100 多万人次(独立 IP 数达到 1.5万),其中省内占 35.31％,省外占 31.35％,国外占 33.34％。

二、延边日报朝鲜文网站

延边日报朝鲜文网站于 2006 年 4 月开通,2013 年经大规模升级改版,在短时间内实现了从数字报到国内最具辐射力的朝鲜文门户网站的跨越。延边日报朝鲜文网站重新改版后,在内容方面冲破地区限制,刊发了丰富多彩的国内外信息,形成了自己的区域和民族特色。延边日报朝鲜文网站每天及时更新几十篇新闻稿件和纯信息稿件,不仅刊发地区新闻,而且还开设了宣传中国政治、经济、文化和改革发展最新成果的《中国之窗》;反映朝鲜族现实生活的《民族之窗》;凝聚全球爱心人士的《爱心广场》;体现民族文化的《朝鲜族足球》等栏目,深受网民欢迎。目前,延边日报朝鲜文网站平均每天IP访问量和VP访问量均已突破上万人次,其中40％为国外读者,网民遍布世界五大洲70多个国家,为世界了解延边、延边走出国门起到了重要的桥梁和平台作用。

三、图们江新闻网

图们江新闻网积极探索传统媒体与网络媒体的资源整合,构建以图们江报为依托的,由电子报、微博、微信等构成的新媒体矩阵,力图将图们江新闻网打造成宣传图们江区域发展的主要平台。同时,网站整合媒体信息资源,与《俄罗斯报》官网在信息互换、境外宣传、新闻采编和媒体论坛等方面实现全方位合作。目前,图们江新闻网正努力将俄文版网站的开设方案纳入吉林省重点支持的外宣网站序列。

第五节　对外传播的问题与对策

吉林省对外传播存在的主要问题主要有以下三个方面,亟需提出和实施相应的解决对策。

一、信息控制亟待加强

吉林省处于东北亚核心地区,地理位置敏感特殊。尤其是延边朝鲜族自治州与朝鲜接壤,境内有朝鲜族人口80多万,他们与朝鲜半岛一直有着密切的来往。近年来,由于朝鲜半岛局势的发展变化,延边特别是中朝边境地区引起了韩国、美国和日本等国家的密切关注。目前,在吉林省边境地区可收听到美国、日本、韩国、俄罗斯等国发送的、以中国听众为对象的朝鲜语广播节目20多个,节目内容多元,形式多样,针对性强,这应当引起我方信息控制部门的警惕。此外,韩方的文化输入问题也值得我方重视。以图书为例,在延边州首府延吉市新华书店经销的朝鲜文图书约3000多种,其中境外出版的竟占到90%,有2700多种。一些韩国出版商以合作出书为名,廉价购买中方作家、学者的著作权,加大了吉林朝鲜文出版业对韩国的依赖,极大地制约了吉林省图书制品的对外传播。

二、文化传播亟待增加

吉林对外传播要改变只重经济合作,忽略文化交流的观念。多做一些文化交流方面的实际工作,让对象国家民众对吉林的历史、风俗、民族等文化方面多一些了解,这会给吉林省的经济社会全面发展创造有利的外部环境。

近年来,这种情况虽然有所改变,但做得还不够。以2009年为例,吉林省全年对外开展的文化交流活动只有3次,其中韩国1次、日本2次,完全无法满足吉林省对外传播推介的需求。这与吉林省对外经贸交流活动的日益增加相形见绌,也与吉林省在"图们江地区国际合作开发项目"中的主导地位不相符。"国之交在于民相亲",经贸合作必须建立在文化相通的基础上,只有"让世界了解吉林",才能真正"让吉林走向世界"。

三、传播基础亟待夯实

由于客观条件限制,吉林省对外传播的物质基础相对薄弱——专项经费不足、人员素质不齐、缺乏战略规划、没有评估标准……其结果是,对外传播体系没有形成合力。

吉林省的边境县市基本上处在边远山区,经济实力不强,财政投入有限,致使边境县市的对外传播基础设施薄弱,有的甚至连传真、电脑等必需设备都没有。不要说边境对外传播工作要上层次、上档次,就是应对突发事件也捉襟见肘。吉林省早在20世纪90年代初,就已建立健全边境县市的外宣机构,但经过几轮机构改革精简,从业人员变动较大,如今有经验的专职人员已所剩不多。全省 9 个边境县市区,目前只有珲春、龙井、集安还保留着专门的外宣机构,但没有专职的外宣干部,没有既掌握新闻传播规律、又通晓外国语言文化的外宣工作者。这是当前吉林省边境外宣工作存在的突出问题。

吉林省的外宣媒体也面临着同样的问题。中国首家口岸对外传播的专业报纸——《图们江报》,由于经费短缺,工作人员待遇低,导致人才流失严重,报纸质量下降,发行量一再下滑。像《图们江报》这样的专业外宣媒体,普遍存在着对外传播经费严重不足的情况,长此以往,将极大地制约吉林省对外传播工作的开展。

第三章　辽宁省

第一节　对外传播的形势与概况

一、对外传播战略的制定与规划

（一）周边形势

辽宁位于中国东北地区南部，南临黄海、渤海，东与朝鲜一江之隔，与日本、韩国隔海相望，是东北地区唯一既沿海又沿边的省份，也是中国最北端的沿海省份，是东北地区及内蒙古自治区东部地区对外开放的门户。辽宁省是中国重要的重工业基地、教育强省、农业强省，是中国工业门类较为齐全的省份，中国最早实行对外开放政策的沿海省份之一，也是中国近代开埠最早的省份之一。辽宁是新中国工业崛起的摇篮，被誉为"共和国长子""东方鲁尔"。

近百年来，辽宁省所处的东北亚地区一直是大国力量交汇、冲突之地。特别是冷战之后，苏联解体，中国振兴，日本努力走向"正常国家"，再加上近年来纷争不断的朝核问题，使东北亚地区的大国关系变得愈加复杂。

辽宁省的地缘特征以及省情、民情决定了其对外传播的主要对象是朝鲜半岛以及日本等邻近国家。

(二)对外传播战略的目标与功能

1. 塑造辽宁形象

近年来,由于经济转型等原因,辽宁发展遇到不少困难,在国内外塑造和传播新时代辽宁的良好形象的必要性凸显。辽宁省外树形象的重大举措就是每年编辑制作外宣手册《中国辽宁》(中英文版)。《中国辽宁》主要面向外国受众出版发行,坚持时效性、实用性、权威性相统一的原则,将具有冲击力的图片和富于辽宁特点的民俗元素有效结合,立足讲好辽宁故事,传播辽宁声音。近 5 年,累计发行《中国辽宁》1.5 万册,《辽宁名品》《辽宁名胜》等外宣画册 1 万余册。各市都制作了大量各具特色的外宣品。同时编辑《中国概况·辽宁卷》,制作辽宁对外宣传提纲,规范全省对外宣传口径。

2. 开展文化交流

近年来,辽宁省政府组织的对外文化交流渠道进一步拓展,在美国、加拿大、澳大利亚、新西兰等国举办"中国辽宁电视周"等活动,展播辽宁电视节目,扩大辽宁的海外影响。辽宁传媒通过"走出去",在海外传播辽宁,展示辽宁风采,接触海外民众,让更多的海外民众全方位、多角度认识中国、了解辽宁,进一步促进彼此民众之间的互相理解和信任,进一步推动辽宁省与美国、加拿大、澳大利亚等国在更多领域上的了解和互动,深化了辽宁省与海外的交流合作。

3. 服务经济发展

辽宁省对外传播的目的是:通过对外传播,扩大辽宁影响,进而服务经济社会发展,实现对外传播与社会进步的良性互动。例如,2015 年,辽宁省在澳大利亚墨尔本举办"2015 澳大利亚辽宁电视周"活动,通过文化交流,使中澳两国民众即使相隔万里,但感情虽远犹近。文化的传播促进了两国政府和民间的频繁往来,更增进了双方人民的深情厚谊。如今,辽宁与澳大利亚各地的交流与合作越来越广泛,在能源、农业、教育、文化等诸多领域都有着密切联系。澳大利亚在辽宁投资注册的企业累计已达 650 多家,双方年进出口贸易总额超过 50 亿美元。双方经贸合作成果的取得离不开新闻传媒在其中发挥的影响与作用,反过来,经济上的合作交往又为文化及媒体方面的交流合作打下了坚实的基础,提供了更为广阔的空间。

二、对外传播实施概况

相较于黑龙江和吉林两省,辽宁的对外传播工作开展得相对较弱。辽宁外宣媒体对外传播的方式主要有两种。

一是"走出国门",扩大传播。

辽宁媒体的对外传播更多的是面向美国、欧洲、澳洲和日韩等。因为辽宁的对外开放度不高,在招商引资、对外及对港澳台交往方面,与辽宁最密切的是日本、韩国、中国香港、中国台湾,也包括东南亚某些国家,其次是美国和欧洲。辽宁希望通过对外传播,扩大开放。近年来,辽宁相继在美国、加拿大、澳大利亚、新西兰等国举办了"中国辽宁电视周",展播辽宁电视节目,以期扩大辽宁的海外影响。以2015年在澳大利亚墨尔本举办的"澳大利亚辽宁电视周"活动为例,辽宁代表团为澳洲观众带去了《中国辽宁》《五女山山城》《京东首关》《一宫三陵纪事》和《辽宁味道》等五部电视纪录片,分别在当地的C31频道和西澳WTV电视台播出。[①]

二是"媒体外交",扩大合作。

以广电媒体为例,目前,辽宁广播电视台大力加强对外交流与合作,与美国38频道、斯科拉电视网、新西兰金水滴中文电视台、比利时布鲁塞尔电视台、日本北海道放送株式会社、日本富山电视台、日本富士电视台、日本NHK放送株式会社、韩国蔚山MBC电视台、澳大利亚国家录制集团、美国WCE银视电视网等数十家境外电视媒体结为业务合作伙伴,取得了良好的外宣效益。辽宁广播电视台制作的电视外宣节目《中国辽宁》通过中国黄河电视台在美国SCOLA电视网及加拿大城市电视台播出;广播外宣节目《精彩辽宁》在美国银视网、澳大利亚3CW中文广播电台和澳大利亚澳洲广播电台播出;大连广播电台与日本爱媛南海放送局互播《你好爱媛》《你好大连》节目,深受国外受众欢迎。

---

① "2015澳大利亚·辽宁电视周"在墨尔本开幕[EB/OL]. 华语广播网,2015-12-10:http://news.cri.cn/gb/1321/2015/12/10/5452s5194545.htm.

第二节　印刷媒体的对外传播能力建设

一、外宣报纸

(一)《辽宁日报》(海外版)

《辽宁日报》(海外版)创办于 1985 年,是国内较早的省级外宣报刊之一。《辽宁日报》(海外版)在立足辽宁的基础上,充分发挥海外版的"窗口"和"桥梁"作用,以服务于整个中国北方的招商引资和外贸出口工作。例如,2001 年 12 月,中国加入世界贸易组织后,《辽宁日报》(海外版)及时推出了《投资与贸易》特刊,深受北方企业的欢迎。

《辽宁日报》(海外版)积极参与辽宁省及中国北方其他省区的重大经贸活动,扩大自身影响,还推出英文版,增强国际竞争力,并不断完善海外发行工作,在总量逐步增加的同时,更注重发行的针对性,增强报纸发行的海外覆盖。报社组织了理事会,积极探索外宣媒体与企业在资本意义上的联合办报模式。《辽宁日报》(海外版)还在境外媒体开辟了辽宁专版,为辽宁的外宣工作拓展空间。

由于经费不足等原因,《辽宁日报》(海外版)目前已停办。

(二)《辽宁日报》(韩文版)

2005 年 11 月 1 日,第一张由辽宁日报报业集团直接领导的、以韩国经济界读者为目标受众的综合性大型报纸——《辽宁日报海外专页》(韩文版),在沈阳和韩国首都首尔同日面世。

报纸创办背景是基于中国已成为韩国最大的出口国和投资对象国,当年(2005 年)两国贸易额突破 1000 亿美元,辽宁与韩国的经贸往来也达到历史最高点。然而,当时韩国国内的众多工商界人士,尤其是一些大型企业集团,对辽宁仍然了解不多。① 对此,辽宁省委省政府明确要求有关部门加大宣传力度,进一步提高辽宁的对外吸引力,让更多的人了解辽宁、了解老工业基地振兴的各项举措和政策,要利用多种形式,特别要采取符合国际惯例、符合对象国习惯的做法,加强组织协调,宣传推介辽宁。创办和发行《辽宁日报海外专页》韩文版的思路就此产生。

《辽宁日报海外专页》(韩文版)创刊之初就将办报目标定为:更贴近、更突出、更有效。它根据韩国读者的需求,及时准确报道中国,特别是辽宁省的改革开放和现代化建设事业进展状况,并根据辽宁的实际情况,提供富有价值的各种经济信息,解读相关政策,介绍投资环境和招商项目,使韩国读者从中受益,让更多的韩商通过韩文版了解辽宁、了解东北,为辽宁对韩招商服务,为振兴东北服务。韩文版明确读者主体是韩国工商界人士、华侨华人和在韩留学生,报纸印刷排版顺应韩国报业发展的潮流,全面采用符合韩国读者阅读习惯和具有当代报纸特点的版面形式,多用照片尤其是大照片,简洁明快,阅读方便。在编辑出版过程中,韩文版又专设报纸审读,专聘资深韩文专家特别是对韩国报纸相对熟悉的新闻界人士对报纸的语言转换和文化对接把关。

(三)《辽宁朝鲜文报》

辽宁有朝鲜族人口 50 多万。《辽宁朝鲜文报》1958 年创刊,一直延续至今,最高发行量接近 2 万份,现在的发行量在 8000 份左右。辽宁的朝鲜族同胞去韩国打工的比较多,他们之间语言互通,而且不少有亲属关系。另据《辽宁朝鲜文报》的读者调查,在沈阳的韩国企业人员和从事贸易工作的韩、朝人士有 5 万左右,这些人基本上居住在城市的中心地带,他们也喜欢看朝文报。《辽宁朝鲜文报》的办报理念是本土化和本民族化,内容上以经济、文化新闻为主,稿件以《辽宁日报》为基础,通过朝鲜族的立场来表述。《辽宁朝鲜文报》隶属于辽宁日报传媒集团,目前的发行量是 8000 份,年年亏损,经营困难。报纸每年所有的经费也就在 280 万元到 300 万元之间,发行费和广告费一共加起来不到 50 万元。庆幸的是,辽宁已把朝文报纳入公益性事业单位,由省

---

① 张薇.新闻广告篇幅并重 国内国外发行同步——辽宁日报海外专页韩文版创办经营的启示[J].中国报业,2006(7):64.

财政进行补贴,但从整个朝文报的现状来看,就是维持生存,发展困难。

辽宁所处的东北亚地区是个"多事之地",因此,《辽宁朝鲜文报》对于国际新闻的刊登有一些具体要求,一般只刊发新华社的稿件,内容上侧重周边国家新闻。在周边国家新闻中,《辽宁朝鲜文报》注重中朝关系、中日关系、中韩关系以及韩朝关系的报道。中朝关系很重要,对于来自韩国的内容需要谨慎对待;中韩关系相对宽松,但是在一些诸如民族和领土等敏感问题上要注意与国家立场保持一致;中日关系比较简单,按照上级领导要求和国家外交政策去做即可;至于中俄关系和中蒙关系的报道,基本上除了领导人之间的互访,就是一些文化或者生态方面的内容。

二、图书出版

图书出版是辽宁对外传播的一大亮点。

辽宁北方联合出版传媒集团股份有限公司是国内第一家上市的出版企业,被誉为"中国出版第一股"。公司从设立以来,把向国际化发展作为公司的经营战略之一,也是"走出去"先进单位,是国家商务部等六部委确定的重点文化出口企业。辽宁出版传媒集团现在有四家国际出版公司,每年的版权输出和实物出口数量在 200 种左右。

公司"走出去"的基本情况与经验:

第一,加强制度建设。2004 年以后,公司对"走出去"逐渐地加以规划和设计,公司认为,应该在体制机制上强化国际出版,这是保证国际出版有序、持续运行的重要环节。所以公司出台了三个重要文件——关于"走出去"工程的指导意见;关于"走出去"工程的奖励细则;设立出版引导基金。其中,"走出去"工程项目占有相当比例。

第二,重视内容建设。最初,公司在辽宁科技出版社成立了一个"国际出版中心"开展"来题加工",利用较低的劳动力成本,把国际图书拿到国内印刷。在此基础上,公司开始加大内容设计。最开始是从建筑设计入手,与国际出版商共同出版具有中国元素的图书,实现了中国元素的国际表达。后来开始做中国园林、中国家居等一系列内容,基本形成了一条"走出去"的产品线。围绕这个产品线,公司在英国和美国设立了"设计传媒出版有限公司",

由原来低端的来题加工向中、高端转变,内容方面发展到中国传统文化、国学经典,以此传播中国主流价值。公司"走出去"的另一个重要产品是《中国儿童文学经典》,这本书用 20 多种语言出版,输出到不同的国家和地区。此外,还做了一些有关中医养生内容的国际出版,也建立了一条产品线。

第三,强调经济效益。公司认为,出版社是一个企业,不论做什么,除了强调社会效益之外,必然要强调经济效益。所以,公司实施"走出去"工程,既要传播中国文化,实现社会效益,又要适当追求盈利。因此,公司一开始采取商贸手段而不是"出版赠阅"等宣传手段推进国际合作。公司"走出去"的目标是兼顾两个效益,实现社会效益与经济效益相统一。虽然现阶段还在不断地探索,尚未形成成熟的发展模式,但从现在辽宁科技出版社国际出版中心运营的情况来看,每年基本上能够实现自负盈亏,略有盈余。

第四,注重国际接轨。目前,公司"走出去"的产品目录开始根据国际市场的需求来设立。现在国际出版中心出版的图书基本上都是中、英文两个版本,在语言、版面设计等方面已经与国际接轨,迎合国外需求。公司每年都派人参加国际书展,将国内出版的图书和国际出版的图书做对比,除了版面设计,在内容选择和编辑思维上也进行深入的比较和思考。例如,德文版的《中国读本》,德国人希望以故事的形式来了解中国历史,编辑必须采取一种比较生动活泼的方式,即让德国驻上海领事的夫人把《中国读本》改成故事的形式。

第五,发挥媒介特色。公司认为,图书作为一种媒体,在对外传播方面与广播电视、报纸相比,有自己独特的优势——一是积淀性,图书是文化积淀的产物,与广播电视、报纸相比,人们想对有些东西深入细致地了解就需要读书;二是国际性,图书没有国界限制,不能说它没有意识形态,但给人感觉宣传的意味没有那么浓;三是合作性,不能说电影电视没有合作意识,但是图书可以供版,在符合国家对图书的审查制度前提下,可以根据市场需要双方供版,合作障碍较少。

截至 2018 年,辽宁出版集团将"走出去"重大选题、国家级大奖图书、AR/VR 融合出版项目等 200 余种图书组成集团精品阵容,与数十家国际出版与版权机构广泛沟通交流,推出了一批以中国文化为内容,以国际需求为依托的原创性"走出去"图书。其中,《丝绸之路全史》在上市之初便同步签订埃及阿拉伯语版和罗马尼亚语版两个语种的海外版权;春风文艺出版社近年来共达成《满山打鬼子》《小布头奇遇记》《寄小读者》《土鸡的冒险》等17种图书的韩文版版权交易,近期还新增尼泊尔文版、泰文版、越南文版等;集团以《小王子》作为 AR 技术童书起点,陆续推出的 AR/VR 童书出版发行已超过25个国家、销量近30万册;万卷出版公司与沈阳故宫博物院精选2000余件有代表性的藏品,推出"沈阳故宫博物院院藏精品大系",将沈阳故宫的历史与文化完美呈现;《中国古典小说和日本怪异小说的比较研究》《生态中国/海绵城市设计》入选"经典中国国际出版工程",《佛教艺术经典》入选原国家新闻出版广电总局"丝路书香工程";建筑设计类图书已成辽宁叫得响的"走出去"品牌图书,《民宿在中国》所编辑案例代表了当下中国民宿设计的最高水平,因此该书英文版成为2018年度最受海外客户欢迎的、反映中国建筑设计题材的图书。

第三节　广电媒体的对外传播能力建设

一、辽宁广播电视台

作为辽宁省的主流媒体,辽宁广播电视台担负着为辽宁老工业基地全面振兴营造更加有利的外部舆论环境,宣传辽宁发展先进装备制造业、建设"五点一线"沿海经济带、以县域经济为载体的新农村建设、构建"和谐辽宁"取得的新进展等重要外宣职责。辽宁广播电视台实行三台(电台、电视台、教育台)合一的体制。辽宁广播电视台国际交流部是省编委设定的一个机构,承担着用广播电视节目对外传播辽宁的重任。目前,国际交流部的外宣节目主要分为两部分,一档是电视专栏《中国辽宁》,另一档是广播类的《精彩辽宁》。

(一)合作交流

辽宁广播电视台国际交流部担负着与友好台——美国 WCETV 银视网、美国 SCOLA 有线电视网、加拿大城市电视(Fairchild Television)、澳大利亚国家录制集团、澳大利亚国家传输集团、澳大利亚健康之路发展有限公司、新西兰金水滴中文电视台(Golden Raindrop Chinese TV Station)、日本富山电视放送株式会社、日本(HBC)北海道电视放送株式会社、日本 NHK 电视台、韩国蔚山(MBC)放送株式会社、韩国 KBS 电视台等十多家境外广播电视媒体的友好往来、业务交流与合作共赢的工作。

对外合作方面,辽宁电视台与日本富山台建立了 25 年友好台的关系,双方从 1986 年起互派人员进行学习。1992 年与富山电视台合作拍摄的纪录片《辽河》获得了联合国教科文组织的金奖。2008 年以后,由于日本的经济形势不佳,辽宁台也陷入财务困难,目前这种交流呈现不稳定状态。另外,辽宁台还与韩国 KBS、蔚山台有交流合作,基本上每年都有活动。

(二)《中国辽宁》

《中国辽宁》栏目作为辽宁广播电视台唯一一个电视外宣栏目,创办于 1992 年,由国际交流部制作,节目主要通过文化、生活、旅游、饮食等方面的内容向境外观众介绍辽宁,为外国受众提供一个认识辽宁、了解辽宁的窗口。节目积极贯彻省委、省政府倡导的总体对外宣传战略,充分利用特有的资源平台,统筹国内外两个大局,努力营造客观友善、于我有利的国际舆论环境,将具有地域特色的电视外宣节目呈现给境内外的电视观众。《中国辽宁》节目来源主要依托台内各部门现有符合外宣宗旨的专题节目,同时携手省内各市级电视台,共同研究拟题、制作精品外宣节目,并不定期自采、自拍一些主题性与时效性较强的选题。节目形式灵活多样,每期一至两个主题,开篇精彩提示采用中英文双语字幕,更加迎合境外受众群体的收视习惯。

目前,《中国辽宁》每周向境外友好媒体提供时长 20 分钟的电视专题节目。《中国辽宁》栏目的境外播出平台均是视频转播平台和有着多年节目交流与合作的境外主流媒体。经过近二十年的发展,《中国辽宁》在境内外培养了大批固定收视群体,收视反馈良好,经常收到来自北美地区观众的信件。《中国辽宁》栏目在"辽宁省优秀电视对外新闻奖评奖"中连续数年获"优秀电视对外栏目奖"一等奖。

(三)《精彩辽宁》

从 2005 年开始,辽宁人民广播电台与美国洛杉矶洛城中文广播电台

67

AM1370、澳大利亚墨尔本 3CW 中文广播电台和澳广中文台签订合作协议，通过这三个中文广播电台播出外宣栏目《精彩辽宁》。[①] 栏目涉及的内容十分丰富，涵盖了辽宁的自然文化、风土民俗、历史变迁、百姓生活、旅游资源、教育发展和经济投资等方面。目标听众是在海外的华人以及与华人关系密切或者是对中国语言、历史、文化感兴趣的国际友人。其中，华侨华人和中国留学生也是传播的重点对象。现在境外有数千万华侨华人，他们中的不少人已进入所在国的主流社会，甚至成为颇有影响的精英人物。而且，外国人往往通过华侨华人了解中国，他们可以起到独特的桥梁和辐射作用。《精彩辽宁》将辽宁日新月异的精彩变化及时地传递给海外的听众，使之成为连结海外朋友和祖国同胞心灵的纽带。

二、丹东广播电视台

(一)对外广播

丹东市是辽宁省毗邻朝鲜的边境城市。2008 年，国家广电总局领导来丹东视察工作，提出由广电总局和省、市财政共同投资建设，在丹东开设对朝、韩传播的广播电视节目。同年，国家和省财政投资 200 多万元，市财政由于资金困难没有投入，丹东广播电视台用这笔经费开办了朝语广播《朝韩时间》。这个节目是在丹东电台 2007 年开办的《朝韩十分钟》栏目基础上改版而来，每天早晨播出 15 分钟，中午重播一次，设有《朝韩人文知识》《朝韩印象》《天天跟我学》等子栏目，内容丰富，寓教于乐，并可在丹东广播网点播收听。节目的目标受众主要是丹东本地听众以及在丹东工作生活的朝鲜人和韩国人。

《朝韩时间》的节目定位是社教类节目，面对丹东百姓和朝韩人士对语言文化知识的需求，通过广播媒体进行交流学习。节目内容由栏目组编辑制作，有些内容也会选用教材。节目形式也在不断寻求变化，不定期地邀请韩国老师和外教来上节目。丹东有韩国人画院、朝鲜族艺术馆、朝鲜族学校等丰富的语言文化资源。2014 年开始，电台还每年组织、带领节目听友去韩国

---

① 赵彤漱.地方媒体如何办好外宣节目——从辽宁电台创办的外宣节目《精彩辽宁》节目想到的[J].记者摇篮,2007(1):49.

开展语言学习和文化体验活动，听友们反馈良好，也扩大了节目在韩国的
影响。

(二)电视外宣

目前，丹东电视台共有四套有线节目，通过无线转播台可以覆盖朝鲜的
新义州。1995年，丹东电视台曾赴朝鲜参加中朝边境地区无线电视转播台谈
判，当时朝鲜从丹东进口的电视机可以收看到丹东电视台5频道。由于朝核
问题的影响，丹东的对朝广播和电视时断时续。作为边境口岸的主流媒体，
丹东电视台在重要外事报道中发挥了传播主渠道作用，近年来较好地完成了
《金大中访问丹东》《中朝友好年启动》等重要外事报道任务，对丹东市赴韩
国、日本的经贸招商活动和中朝经贸文化旅游博览会等重大对外交流活动进
行了全方位的跟踪报道。值得一提的是，2012年，吉林朝鲜语延边卫视在朝
鲜族聚居的辽宁丹东落地，成为丹东口岸新闻外宣的又一重要渠道。

(三)大连广播电视台

大连是辽宁省对外开放的窗口城市。近年来，大连主流媒体也积极开展
国际传播能力的建设工作。

目前，大连广播电视台建立了北京全媒体高清演播室、韩国首尔演播室、
驻东京工作事务所、驻美国中文电视台记者站等驻外采访报道机构，与新华
社、中国国际广播电台、美国地球生活电视台、美国中文电视台、日本NHK电
视台、朝日电视台、香港凤凰卫视、台湾东森电视台以及上海广播电视台、深
圳广播电视台、杨澜工作室等多家媒体签订了战略合作协议，并与原有的40
多家境内外友好广播电视机构开展全面合作，搭建立足大连、面向全国、放眼
世界的大连广播电视外宣报道新格局。例如，大连电台与日本爱媛南海放送
局合作互播的《你好,爱媛》《你好,大连》栏目，深受两国两地听众欢迎。①

海外华文媒体是大连广播电视台的主要外宣合作伙伴。例如，大连电视
台利用与日本华文媒体合作,提高国际话语权,提升国际传播力。2012年1
月,《日本新华侨报》与大连广播电视台签署协议,结成战略合作伙伴关系,联

---

① 张代会.对外宣传报道中的"度"与"适度"[J].新闻爱好者(理论版),2007(5):57.

合开办东北亚国际时事类电视节目。根据合作协议,大连广播电视台负责制作播出,面向中国市场推广;《日本新华侨报》定期刊发,面向日本市场推广。与此同时,《日本新华侨报》总编辑蒋丰应聘为大连广播电视台事务顾问。

第四节　新媒体的对外传播能力建设

一、东北新闻网

东北新闻网(http://www.nen.com.cn/)于 2003 年 1 月 1 日正式开通,是中共辽宁省委宣传部主办的地方重点新闻网站。网站英语频道 2006 年开通,面向国内外使用英语的受众,浏览该网站的网民有相当一部分来自境外。东北新闻网英语频道介绍辽宁历史文化,传播本地新闻,向国外受众介绍辽宁的投资环境和生活资讯。

二、辽宁朝鲜文报网站

随着国际传播格局和世界地缘政治的变迁,东北三省的《黑龙江朝鲜文报》《吉林朝鲜文报》和《辽宁朝鲜文报》在对外传播,特别是在对韩传播中的战略地位有较大提升。近年来,面对日新月异、蓬勃发展的新媒体格局,传统媒体的发展空间和传播优势受到严峻挑战。面对新的传播任务和形势,《辽宁朝鲜文报》适时调整发展战略,主动出击,积极改造采编流程,转变传统办报理念,通过报网融合、开发移动终端等多种途径,将中国的新政策、新变化通过生动、鲜活的"故事"讲述出去,不仅提高了媒体的国际传播能力,还有效地提升了国家形象,维护了国家利益。

《辽宁朝鲜文报》进一步扩充网站的容量,先后开设了手机报、微博、微信等新媒体,由原来的"先报后网"转化为"先网后报",第一时间将本地最有价值的新闻,通过新媒体向海内外传播,有效弥补了传统纸媒时效性差、受众面窄的传播缺陷。

《辽宁朝鲜文报》还通过多种形式和途径逐渐扩大与境外媒体的联系合作。目前,报纸网站已经成为韩朝等国使领馆、民间团体和新闻媒体关注的热门网站。韩国最大的通讯社《联合通讯》,最具影响力的报纸《朝鲜日报》《中央日报》《东亚日报》,最具影响力的三家电视台 KBS、SBS、MBC,还有其他全国性报纸《京乡新闻》《每日经济》《韩国经济》等经常转载朝鲜文报网站的新闻,转载量逐年增长,提升了辽宁媒体在韩国乃至海外的影响力。

三、大连天健网

大连是东北开放开发的门户。大连天健网(www. runsky. com)是立足于东北亚地区的综合性新闻网站和区域性门户网站。大连天健网 2003 年开通英语频道,2006 年开通日语频道。英语频道和日语频道在对外宣传方面不断创新,网站点击率节节攀升,读者群遍布世界各地。

根据大连天健网的调查,有 82% 在大连工作、学习的外国人把天健网英语频道作为他们关注大连信息的首选,79% 的受访者认为频道提供的信息能够满足他们工作、学习的信息需求,他们会频繁地浏览该频道以获取所需信息。[①] 许多海外网友也纷纷发邮件表示,他们来大连之前都会通过天健网英语频道了解大连的情况。继大连市成功举办"中国夏季达沃斯"年会之后,许多大型国际会议也落地大连,天健网英语频道对这些活动都进行了及时而详尽的英语报道并推出英语专题,频道已经成为大连市对外宣传的重要窗口。世界经济论坛媒体总监马克·亚当斯说:"网络媒体,尤其是天健网英语新闻网站在宣传报道国际性会议和大型活动中发挥着越来越重要的作用。"

第五节 对外传播的问题与对策

辽宁省近年来经济发展遇到很多困难,导致对外传播的基础建设不足,而且,相对黑龙江、吉林两省,辽宁外宣工作的思路不够清晰,应对困难的方

---

① 王倩,戴显龙.辽宁省新闻网站英语频道特色及其改进路径[J].沈阳农业大学学报(社会科学版),2013,15(6):751.

法不多,其结果是国际传播能力建设相对滞后,对外传播面临的问题较多。

一、应对乏力,对外传播难以开展

从区域、语言和文化等来看,辽宁对外传播的重点应该是朝鲜半岛,特别是丹东与朝鲜一江之隔,具有互相交流的地理优势。但由于近年来朝鲜半岛的局势变化,辽宁开展对朝传播难度很大,收效甚微。辽宁省丹东市与朝鲜新义州市隔着著名的鸭绿江相望,具备对朝鲜传播得天独厚的优势,但受朝核问题的影响,对朝传播工作很难开展。目前的对朝传播只能将对象锁定在沈阳、丹东、大连等地经商生活的朝鲜人群中,对朝传播无法达到预期效果。

但是,同处东北亚地区,黑龙江、吉林两省的对外传播却开展得有声有色。黑龙江新闻社以全媒体的形式进入韩国,加强对韩传播,在韩国本土产生了较大影响。吉林省"借船出海",通过外国和外省(区)的广播电视、平面媒体开展对外传播,影响远及欧美、中亚和东南亚。同样是朝鲜文媒体,黑龙江、吉林两省的平面媒体、广电媒体和新媒体,其传播力和影响力也要远胜于辽宁省的同类媒体。

二、投入不足,对外传播基础薄弱

近年来,由于辽宁经济转型以及媒体环境的变化,辽宁省外宣经费的投入连年下降,外宣媒体面临着较大的经济压力。

辽宁电视台 2015 年欠债达 20 多亿元,台里既要保证节目的质量,还要养活 4000 多职工,因此,创收难的外宣节目就很难获得台里更多经济上的支持。原来辽宁电视台在美国有专门的传播渠道银视网,但从 2013 年开始,银视网每期节目要收 1 万元人民币播出费,每年 50 多期就是 50 多万元,因为台里没有经费支持,这个渠道就没有了。辽宁电视台的外宣主打栏目《中国辽宁》,按照原来的规划是每周 1 期,但现在却变成不定期播出。这是因为,当初这个栏目由辽宁台国际部和省内 14 个市台合作拍摄,可现在地方台效益下滑,许多优秀的编导跳槽,而国际部共有 11 人,其中 3 名领导,3 名负责外事工作,3 名负责做广播,只有两名专职电视编导,根本无法保证节目按时制作播出。

1988 年创办的辽宁电视台《英语新闻》栏目,2006 年 12 月 31 日停播。据介绍,停播的主要原因是台里认为节目没有经济效益,划拨的经费无法支撑节目播出。

辽宁电台也面临同样的问题。当初台领导找到澳大利亚、新西兰几家电台确立了合作关系,每年要给对方两万美金播出费用。后来辽宁广播电视台体制改革,三台合一,不再向对方提供费用,合作关系也时断时续。

辽宁日报传媒集团所属的《辽宁朝文报》由于经费投入不足,很难招到既懂朝鲜语,又有办报经验的采编人才。报纸连年亏损,工资福利很低,报社需要的朝鲜族采编人才,到韩资企业工作每月工资可达七八千元,而到报社工作每月基本工资加稿费也就两三千元,人才的去留可想而知。

三、语言难通,跨文化传播障碍重重

从 1957 年开始,《辽宁朝鲜文报》的文字表述一直按照朝鲜的语法语序,当时主要面向省内的朝鲜族读者,问题不大。几十年过去了,朝鲜语相对变化不大,但韩语接收西方的外来语较多,如今的《辽宁朝鲜文报》新增了许多韩国背景的读者,他们要真正读懂报纸比较困难。对此,韩国读者意见很大,他们表示文章内容虽然勉强可以阅读,但有时却不能确切地理解文章的真正含义。

其实,对于朝鲜族语言文字的使用,东北三省有专门的规范机构来统一管理,但由于诸多原因,在人才培训和语言推广等方面还存在不少问题。虽然现在朝鲜语和韩语有同化的趋势,但在语气表述和习惯用词方面还有很多不一样,报社的编译人员往往跟不上实际使用语言的词汇更新。例如,2017年,朝文报派人翻译省政府工作报告,其目的一方面是增强报道参与度,另一方面是想借机提高采编人员的编译素质。但编译人员翻译出来的是两个版本,一个是朝语版,一个是韩语版。此外,由于朝文报发行量相对少,报社需要办网站、手机报等新媒体扩大读者面,这方面也需要引进精通双语的新媒体人才,这对报社也构成了一大挑战。

第四章　内蒙古自治区

第一节　对外传播的形势与概况

一、对外传播战略的制定与规划

（一）周边形势

内蒙古自治区地处祖国的北部边疆,东西直线距离 2400 多千米,南北跨距 1700 多千米,总面积 118.3 万平方千米,约占全国总面积的 1/8。边境线狭长,与俄罗斯联邦、蒙古国接壤。全区现有口岸 19 个,其中对俄罗斯开放的有 6 个口岸,对蒙古国开放的有 10 个口岸,其中 3 个为国际航空口岸。独特的地理位置和边境线使内蒙古自治区在国家对外传播战略中处于重要地位。

作为联接俄罗斯、蒙古国的边疆省区和"草原丝绸之路"的重要节点,内蒙古自治区在向北开放上具有不可替代的作用。近年来,中国政府高度重视与俄罗斯和蒙古两国的关系往来,不仅建立了一些合作组织,并签订了一系列多边友好条约,通过双边和多边机制奠定了与俄罗斯、蒙古国经济和政治、国防安全等方面的合作基础。但俄罗斯和蒙古的安全形势仍然复杂多变,对内蒙古地区乃至整个中国都产生着较大影响。尤其是近十年来,美国、日本、韩国等国家通过经济援助、政治和军事合作,对蒙古国进行积极渗透,对中国北部安全构成新的威胁,影响着国家安全和内蒙古地区的稳定。

"一带一路"倡议实施以来,内蒙古自治区行动迅速,举措频频。2014 年,习近平总书记考察内蒙古自治区时要求内蒙古自治区在三项工作中"先行先试",其中一项就是完善同俄罗斯、蒙古国的合作机制,把内蒙古自治区建成向北开放的重要窗口。[①]

(二)对外传播战略的目标与功能

1. 维护国家安全

目前中国与俄罗斯、蒙古国之间虽然建立了长期稳定、健康互信的睦邻友好合作关系,但彼此间在政治、经济、外交、国防等方面依然存在一些不确定因素。内蒙古自治区作为边疆少数民族地区,是祖国北疆重要的战略边防前哨,是首都北京的安保屏障,必须把维护国家安全因素摆在更加突出的位置。经贸合作是国家安全的稳定剂和推进器。从长远发展来看,内蒙古自治区与俄罗斯、蒙古有着扩大贸易合作的良好愿望和基础。一是俄、蒙自然资源丰富。俄罗斯、蒙古国已被世界公认为 21 世纪全球最具开发潜力的能源宝库,油气资源富足是其最大的亮点。二是内蒙古自治区与俄、蒙两国经贸往来合作成效逐步显现。目前对俄、蒙两国贸易已占到内蒙古自治区对外贸易总额的近 50%。三是口岸资源潜力巨大。内蒙古自治区与俄、蒙沿线分布有满洲里、二连浩特等 18 个对外开放的口岸,已形成了铁路、公路、水路和航空等多种运输方式的全方位开放口岸格局,年过货能力为 4000 多万吨。因此,内蒙古自治区主流媒体的国际传播能力建设,首先必须确立服务于国家利益和国家安全的新理念、新思想和新战略。

2. 塑造内蒙古自治区形象

对于一个省、自治区或直辖市而言,良好的区域形象传播是一种宝贵资源,既折射出该地区的自然魅力和人文历史、文化教育等吸引力,又能形成一种强大的对外传播辐射力。根据 2017 年内蒙古自治区传播大数据研究中心与暨南大学传播大数据实验室联合推出的《内蒙古全球媒体形象报告》,全球媒体对内蒙古自治区的新闻报道中经济类信息居多,社会文化类信息偏少,

---

① 张兴茂,白斯古冷,杨俊平.发挥区位传播优势 讲好中国故事——内蒙古台"一带一路"报道的实践与思考[J].中国广播,2018(1):12.

据词频统计,涉及的高频词汇组合包括"经济增速""经济回暖""能源减排""新能源开发""农牧区建设""棚户区改造""农牧业创新"等,反映出内蒙古自治区在经济发展中的现状、问题与困境,但现代化的形象元素相对缺乏。外媒对内蒙古自治区的正面报道极少,负面报道主要集中于能源开发与生态环境冲突、草原退化、突发灾难事故三大领域,其中还有少量新闻报道是涉及民族关系和宗教信仰的,这对内蒙古自治区国际形象的建构造成了很大干扰。因此,内蒙古自治区对外传播的战略目标之一就是向外宣传、推介内蒙新形象。

2017年7月,在内蒙古自治区成立70周年的外交部推介会上,外交部部长王毅热情地向在场来宾介绍内蒙古自治区的壮美风光。130多个国家的驻华使节、国际组织驻华代表、高级外交官及工商界代表、中外专家学者和媒体记者等约500人出席。内蒙古自治区党委书记李纪恒也在会上做了专题发言,传播内蒙古的良好形象。

3. 推动文化交流

内蒙古自治区拥有悠久的历史和灿烂的文化,尤其是与蒙古国具有同源的文字、语言、历史、文化和宗教信仰。俄罗斯远东地区的部分民族文化、宗教信仰等也与内蒙古自治区相通,这些条件为三国之间的文化交流打下了良好基础。内蒙古自治区的对外传播不仅要把中国的优秀文化传递出去,还要将俄罗斯、蒙古国的优秀文化介绍到中国来。改革开放以来,尤其是21世纪以来,内蒙古自治区的民族文化有了进一步发展,将这些新变化传播出去,会提升蒙古、俄罗斯人民对内蒙古自治区的好感度,加强中国与两国之间的友谊、互信,为三国之间深入合作奠定基础。新闻媒体既是文化的载体,又是文化传播的工具。推动国际间的文化交流,新闻媒体责无旁贷。

4. 深化经贸合作

国际贸易是"一带一路"倡议的经济基础,其目的是推动沿线国家和地区经济要素有序自由流动、资源高效配置和市场深度融合,促进沿线当地投资和消费,创造需求和就业,为当地人民带来看得见、摸得着的实惠。在"一带一路"倡议中,内蒙古自治区的主要"功能"是对接俄罗斯与蒙古国。内蒙古自治区与俄罗斯、蒙古国的合作起始于苏联时期,而自1991年俄罗斯独立以来,双方的贸易额从无到有,双方合作的水平不断提升,合作的方式呈现多样性,合作的领域日益拓宽,由最初的服务业、饮食业、商业转向能源、交通、高科技行业,目前已涉及十多个领域,其中双方在矿产业、能源、木材加工、石化领域的合作尤为突出。合作的主体趋于多元化,由最初的个体"倒爷"、私营公司、私人购物团为主,逐步转向以官方及民营大公司、大企业为支撑,目前已形成国有、集体、外资、私营等齐头并进,国家、自治区、各盟市旗县及各部门共同参与,多成分、多层次的对俄、蒙贸易大格局。经贸合作的深化,有赖于新闻媒体的对外经济信息传播。

二、对外传播实施概况

(一)成立专业机构,整合外宣资源

2010年10月20日,内蒙古索伦嘎新闻中心成立。这是一家受国务院新闻办公室和内蒙古自治区政府新闻办公室领导,隶属于内蒙古日报社的对外宣传机构。该中心充分利用内蒙古日报社丰富的新闻资源,秉承"中国立场、国际表达、民间姿态"的传播理念,以多语种、多类型、多终端的全媒体形态,面向蒙古国、俄罗斯客观公正地介绍中国,传播中国声音。2014年9月10日,内蒙古日报社索伦嘎新闻中心蒙古国办事处在蒙古国首都乌兰巴托成立,并且与蒙古国MGLnews网签署合作协议,进一步加强内蒙古与蒙古国的友好往来,传播更多内蒙古与蒙古国的经济、文化交流信息。

内蒙古广电媒体积极发挥蒙古语广播电视优势,统筹推进广播电视外宣工作,进一步做好广电信号在周边国家的落地覆盖工作。内蒙古电台蒙古语广播每天向蒙古国播出新闻260多条;内蒙古电视台在乌兰巴托成立了工作站,使蒙古语卫视更加贴近蒙古国受众,在乌兰巴托的收视率稳步上升。中蒙合资桑斯尔有线电视公司网络覆盖乌兰巴托90%的街区,全天接收转播CCTVl、4、5、9频道及内蒙古蒙古语卫视等国内8套节目,入网用户已达到8万多户,公司成为蒙古国的百强企业之一。中俄合资贝加尔有线电视信息网络有限公司用户数量已超过4万,俄罗斯布里亚特蒙古自治共和国首府乌兰乌德市市民可收看到CCTV4、CCTV-NEWS、CCTV-俄语频道和内蒙古电视台的蒙古语卫视节目。

(二)明确传播对象,制定传播目标

内蒙古在对外传播实践中,把蒙古国、俄罗斯作为自己主要的传播对象,是由自身对外传播的地缘优势和国家利益这两个关键因素决定的。从对外传播的区域优势角度来讲,内蒙古自治区地处中国北疆,主要与俄罗斯和蒙古国接壤,对外传播的区域目标十分明确。从国家利益角度来讲,俄罗斯和蒙古国具有重要的战略作用,因为俄罗斯、蒙古国拥有丰富的天然气和石油资源,是中国重要的能源进口地区。

内蒙古"一带一路"建设的主要合作伙伴是相邻的俄罗斯和蒙古国,这一条贸易通道又被称为"草原丝绸之路"。近年来,内蒙古自治区举办了"乌兰巴托·中国商品展览暨投资贸易洽谈会""二连浩特·中蒙俄经贸洽谈会""满洲里中俄蒙科技展暨高新技术产品交易会""中俄区域合作论坛""中俄蒙商会联合论坛"等大型对蒙、俄经贸活动。以这些活动为平台,内蒙古广邀蒙、俄媒体,以新闻报道、新闻发布、网络宣传、播放多媒体光盘和发放宣传资料等多种形式,广泛宣传内蒙古经济社会发展成就和良好的投资环境,增进双方的相互了解,为经贸活动营造了良好的舆论氛围。

(三)重视语言转换,加强文化对接

蒙古语言文字是内蒙古自治区的通用语言文字,是行使自治权的重要工具。自治区各级国家机关执行职务时,同时使用蒙汉两种语言文字的,可以以蒙古语言文字为主,以正蓝旗为代表的察哈尔土语为蒙古语标准音。而蒙古国80%是喀尔喀蒙古人,所以蒙古国官方语言是喀尔喀蒙古语,也借用了很多俄语、英语词汇。蒙古国最初使用回鹘式蒙古文,也就是传统蒙古文,采用竖式书写。1941年,蒙古国以斯拉夫字母为基础创制斯拉夫蒙古文,也称新蒙文,采用横式书写。与传统蒙古文相比,由于斯拉夫蒙古文具有书面语与口语一致、便于印刷等优点,所以在蒙古国、俄罗斯等国家使用比较广泛。因此,对俄罗斯和蒙古国的文字传播,必须以新蒙文和俄语为主。

内蒙古自治区近年来加快文化"走出去"战略,将草原文化作为一个重点,强化跨境旅游合作机制,以"草原丝绸之路"为纽带深入开发中俄蒙三国的跨境旅游线路。2015年7月,中俄蒙三国旅游部长峰会在呼和浩特市成功

举办,并成立了"万里茶道"国际旅游联盟,以"茶叶之路"开辟国际旅游文化交流;10月,在呼和浩特市成功举办首届中国—蒙古国博览会暨中蒙俄文化交流会,通过文化交流,为内蒙古与蒙古国和俄罗斯的经贸合作打造平台。近年举办的其他旅游文化产业盛会还包括中蒙俄国际选美大赛、中蒙俄国际冰雪节等活动。2017年德国·中国内蒙古文化年活动于4月14日晚在柏林中国文化中心开幕,除了民族风情歌舞表演,内蒙古摄影展和当地非物质文化遗产手工制作等也在开幕活动上亮相。2017年7月6日,内蒙古科右中旗国际赛马文化旅游活动周在兴安盟启动,主办方特邀请英国、澳大利亚、新西兰、蒙古国、俄罗斯、泰国等国家的嘉宾出席。

(四)开展公共外交,提升内蒙影响

近几年来,内蒙古先后邀请10家蒙古国主流媒体、蒙古国新闻代表团、蒙古国报业联盟代表团共73名记者,及俄罗斯布里亚特共和国总统办公厅与政府信息分析委员会办公室主任、新闻社社长等7人前来考察采访。蒙、俄记者通过录音报道、记者连线、网络视频等多种形式进行了即时报道,有效地扩大了内蒙古的对外影响,同时也加大了与蒙古国媒体高层的交往互动。组团赴蒙古国进行考察调研,建立了与蒙方新闻文化合作交流新渠道。近期,蒙古国媒体对内蒙古自治区的正面报道显著增多,就区经济、社会、生态、文化、高层互访等领域和话题进行多次报道。通过蒙古媒体引导,内蒙古对蒙古的外宣工作取得突破性进展。

迄今已举办了两届内蒙古自治区政府奖学金蒙古国留学生毕业典礼暨全区外国留学生中国歌曲演唱、中文诗歌朗诵大赛;对留学优秀毕业生进行表彰,并颁发荣誉证书和奖品;在留学生中间开展"我眼中的内蒙古"汉语征文大赛活动;组织三批蒙古国留学生开展了"感知内蒙古·蒙古国留学生夏令营"活动;组织蒙古国留学生赴呼和浩特、包头、鄂尔多斯、锡林郭勒等地参观了文化场馆、企业公司、名胜古迹,留学生对活动大加赞扬,对内蒙古的发展成就表示认同、佩服。

(五)创新口岸外宣,扩大传播网络

习近平总书记考察内蒙古时强调,要通过扩大开放促进改革发展,发展

口岸经济,加强基础设施建设,完善同俄罗斯、蒙古国的合作机制。① 内蒙古各边境口岸按照有机制、有阵地、有活动的要求,开展了口岸外宣工作创新活动。口岸外宣阵地建设得到加强:大多数口岸都在显著位置设有中蒙、中俄两种文字的宣传栏,购置了 LED 多媒体播放器,设立了外宣品陈列架。口岸相关单位通过发放图书、折页、卡片外宣品,播放电视宣传片等多种形式积极开展宣传工作,内容包括地区概况、服务指南、形象片等,为入境的外国人了解内蒙古提供信息服务。与俄罗斯毗邻的满洲里在俄罗斯举办"满洲里日"活动,与蒙古国接壤的二连浩特在蒙古国举办"东戈壁省文化日"等活动,边境地区之间的友好往来连年不断。一个以边境口岸为中心、以边境旗县为依托,沿边境地区向外辐射的强大外宣网络带正在形成。

第二节　印刷媒体的对外传播能力建设

一、外宣报刊

(一)《索伦嘎报》(斯拉夫文)

2014 年 11 月 7 日,根据中蒙媒体合作相关协议,由内蒙古日报社和蒙古国商报社合作创办的《索伦嘎报》在蒙古国首都乌兰巴托正式创刊发行,发行范围覆盖到蒙古国全境,数量超过 2000 份。

《索伦嘎报》每周出 1 期,每期 4 个版,辟有《时政要闻》《财经报道》《文化娱乐》《中国名片》《内蒙古名片》《旅游圣地》《蒙医药》《经贸合作》等定期或不定期专栏,向蒙古国读者介绍内蒙古自治区以及国内其他地区的政治、经济、文化、社会等各领域的新闻信息,着重介绍民生热点、百姓生活、文化艺术、生态文明,以多角度的报道展示并宣传中国的璀璨文明和繁荣富强的大国形象。目前已实现了数字报 PC 版、手机报(WAP 版)、报纸客户端、网站等全媒

① 张兴茂,白斯古冷,杨俊平. 发挥区位传播优势 讲好中国故事——内蒙古台"一带一路"报道的实践与思考[J]. 中国广播,2018(1):13.

体融合外宣的传播平台。

(二)《索伦嘎》月刊(蒙文)

《索伦嘎》月刊(蒙文)创刊于1993年,是国家级对外交流的综合性月刊,由内蒙古日报社索伦嘎新闻中心主办,2004年在蒙古国合法注册,并于2011年开始在蒙古国印刷,实现了刊物境外落地。[①] 如今《索伦嘎》杂志的读者遍及蒙古国21个省,实现了数字刊物的PC端、移动端、客户端发行。《索伦嘎》杂志在蒙古国的影响力非常大,几乎家喻户晓。不少当地读者经常拿着杂志来内蒙古求医问药、求学留学。《索伦嘎》杂志的发行量每期是1万份,在蒙古国的21个省360多个县都有订户。该杂志定期举办读者见面会,每次都有大量蒙古国热心读者、特约评论员、特约记者等出席。

目前,该杂志以索伦嘎新闻中心蒙古国办事机构为基点,初步成立蒙古国编辑部,实现了国内外编辑部互通互联,国内外采集、编辑、审稿、制版、印刷、出版等一系列流程的同步进行,按时保质保量将刊物送到读者手中。《索伦嘎》月刊在中蒙经贸、文化、民间交流方面做了大量有益的工作,该杂志已成为两国友好交往的桥梁和纽带。

二、图书出版

内蒙古与蒙古国区位相邻、文化同源。随着国家"一带一路"倡议的深入实施,内蒙古在中国与蒙古国交流合作中的地位和作用更加突出。对此,内蒙古自治区第十次党代会明确提出要"实施文化走出去战略",并相应做出一系列重大决策部署。

(一)"纳荷芽"中蒙出版交流工程

2015年,内蒙古新闻出版局启动实施了"纳荷芽(植物新芽)"中蒙出版交流工程,通过向蒙古国推送优秀少儿图书等方式,传播中国声音,讲好中国故事。该工程已纳入《内蒙古自治区参与建设"丝绸之路经济带"实施方案》和

---

① 金山.建设具有国际传播能力的外宣媒体——内蒙古索伦嘎新闻中心现状分析与发展思路[J].新闻论坛,2014(3):32.

《内蒙古自治区关于重点做好蒙古国友好工作实施方案》。"纳荷芽"中蒙出版交流工程平均每年投入 60－70 万元，两年来已推出《蒙古族动物寓言故事》《中国经典故事》《世界经典故事》等优秀少儿基里尔蒙古文图书 5 种 56 册，共向蒙古国推出 2800 套共计 70000 册（约 350 万元码洋），覆盖蒙古国全部 34 家少儿图书馆，取得良好的实施效果。该工程得到了原国家新闻出版广电总局的高度认可和中国驻蒙古国大使馆的大力支持。同时，工程受到了蒙古国方面的热烈欢迎，蒙古国教育文化科学部部长巴特苏立两次出席现场活动，主动提出签订《谅解备忘录》。蒙古国儿童还以情景剧的形式现场表演了推送图书中的精彩故事片段，表现出蒙古国少年儿童对中国优秀民族文化的浓厚兴趣和高期望值。

（二）蒙古族文化精品出版工程

"十三五"期间，内蒙古进一步抓好蒙古族文化优秀作品原创出版、蒙古族文化古籍整理和蒙汉文精品图书出版工作，推出"蒙古族民族史话""内蒙古自治区史话"等一批重点出版项目，抢救、保护面临失传、灭亡的蒙古族文化精华。近年来，内蒙古自治区曾组织实施了"蒙古族历史文化精品文库""内蒙古历史文化丛书"等精品出版工程，推动了蒙古族民族优秀文化作品的保护。其中，"蒙古族历史文化精品文库"拟出版图书 300 种，书籍题材多样，内容涵盖蒙古族思想史、蒙古族民间艺术等，已出版发行第一批文库图书共 8 种。

（三）蒙古文互译专业人才培训工程

原内蒙古自治区新闻出版广电局分别与内蒙古大学、内蒙古师范大学建立了内蒙古蒙汉互译新闻出版人才培养基地和基里尔蒙古文新闻出版人才基地。通过举办"蒙古文互译专业人才培训班"，建立在校生蒙汉文互译专业人才库，培养一批蒙汉文互译新闻出版人才。还邀请蒙古代表团（包括儿童作家、作曲家、画家、出版工作者等）赴内蒙古访问考察出版事业产业发展现状，进一步拓宽合作领域、丰富合作内容、优化合作项目，互相交流两国儿童文艺创作工作。比如，将两国有影响力的系列儿童文学作品作为蒙汉互译重点，进行推送传播、交流学习，支持两国儿童作家开展文学作品（含电子图书）

的翻译、出版活动；举办两国间儿童作家、读者见面会和诗歌、散文朗诵会等有关活动，组织两国儿童文艺创作者或者互派出版代表团交流出版经验，参加对方国家举办的图书展、图书交易会等。

（四）与俄罗斯的图书交流

在与俄罗斯的图书传播方面，内蒙古方面向俄罗斯赤塔中国文化中心提供了大批图书、光盘等外宣品，还以普希金图书馆为平台，进一步加强了与赤塔的文化合作关系。内蒙古还在新落成的俄罗斯布里亚特图书馆和伊尔库茨克图书馆永久设立"中国之窗——内蒙古之窗"图书角，向两馆各赠送了2000 册图书，包含大量中蒙、中俄双语工具书。这些图书深受俄罗斯读者的欢迎。伊尔库茨克图书馆馆长阿克萨缅托娃称赞道："这些图书就是文化使者，为当地人民学习语言、了解中国文化架起了重要桥梁。"

第三节　广电媒体的对外传播能力建设

一、内蒙古电视台

（一）蒙语卫视

内蒙古电视台蒙古语节目开播于 1976 年 10 月 2 日，2013 年开始通过卫星传输和有线网络传输覆盖蒙古国和俄罗斯部分地区，全年共播出 8604 小时，现已成为国内最具规模、影响力较大的蒙古语卫视频道。蒙语卫视以国内外蒙古族观众为目标受众，节目内容包括新闻、电视剧、文艺、科教、法制、体育等各种类型的电视节目，在生产形态上包括自办和译制两种，是目前国内唯一规模化生产蒙古语电视节目的重要基地。蒙语卫视不仅覆盖内蒙古自治区全境，还在蒙古国乌兰巴托、俄罗斯布里亚特共和国、新西兰奥克兰、日本名古屋以及图瓦国、卡尔梅克国、澳大利亚的墨尔本等地区入网落地，节目覆盖 53 个国家和地区。蒙语卫视已经成为世界人民尤其是以蒙古语为母语的民众了解中国、了解内蒙古的窗口,在某种意义上起着中国蒙古语"国家电视台"的作用,对中国的对外传播具有重要意义。

蒙语卫视最具特色的蒙语节目为内蒙外宣提供了诸多可能。例如,《索伦嘎》栏目是蒙语卫视频道与蒙古国中蒙合资桑斯尔有线电视台合办的一档境外节目。它以展示蒙古国民族文化艺术、民族风俗风情、旅游观光以及展现现代蒙古民众时尚生活、流行趋势为宗旨,富有浓郁的异国特色。合办节目既为加强中蒙两国电视文化交流搭建了一座桥梁,也为中蒙两国人民架起了一座友谊之桥,同时还是介绍内蒙古、展现内蒙古独特魅力的重要载体。[①]

(二)节目译制

2015 年,内蒙古广播电视台在蒙古国设立影视剧译制工作室。该工作室承担着国家对蒙影视剧译制工程的两大项目——"丝绸之路影视桥工程"和"中宣部译制工程"。到目前为止,两大项目共译制了 527 集电视剧和 128 期《跟我学汉语》节目。同时,内蒙古广播电视台部分译制类和自办类节目也在蒙古国媒体占频播出,节目播出效果和社会反响非常好,深受蒙古国观众的欢迎和喜爱。

(三)技术合作

内蒙古广电系统在俄罗斯布里亚特共和国成立了贝加尔信息网络公司。贝加尔公司是中俄合资企业,内蒙古广播电视信息网络有限公司是第一大股东,也是贝加尔公司有线电视的主要规划设计者和设备提供商。俄罗斯布里亚特共和国现有人口 100 万,其中布里亚特蒙古族人口有近 40 万,贝加尔公司有线电视网络传送的内蒙古电视台蒙古语电视节目,深受当地蒙古族观众的欢迎。

2018 年 3 月,中广电国际网络有限公司和内蒙古广播电视无线传播有限公司共同出资设立内蒙古隆邦网络科技有限公司。公司旨在与蒙古国桑斯尔有线电视网络公司加强合作,共同建设蒙古国乌兰巴托有线电视网络,加速网络升级改造,为蒙古国人民提供优质、高效的广播电视网络服务。内蒙

---

① 萨日郎.试论内蒙古对外传播力的建设[J].内蒙古民族大学学报(社会科学版),2013,39(6):95.

古隆邦网络科技有限公司是中国向北开放的重要窗口,也是中国实施广播电视"走出去工程"和扩大国际传播能力的合作平台,将为促进中蒙两国的文化交流与经贸合作做出应有贡献。

二、草原之声广播

内蒙古广播电台自觉担当对外传播责任,从 2002 年就率先"走出去",通过合作、租用频率等方式,将内蒙古台蒙古语广播和中央人民广播电台、中国国际广播电台的蒙语广播节目整频率在蒙古国首都乌兰巴托落地。"一带一路"倡议提出后,内蒙古台立足国家高度,在原国家新闻出版广电总局的支持下,开办专门对外广播的草原之声,通过联合采访、独家采访,以直播、录播、录音报道的方式,报道中、俄、蒙在政策沟通不断深化、设施联通不断加强、贸易畅通不断提升、资金融通不断扩大、民心相通不断促进等方面的广泛合作,把中国谋发展、促合作、负责任的大国形象精准地传播给俄、蒙两国人民。①

2013 年 3 月 1 日,首家面向蒙古国听众的外宣广播——内蒙古台草原之声正式开播,向蒙古国传播中国和平发展的理念和与世界各国人民合作共享的追求。2014 年 1 月 1 日,内蒙古台与蒙古国毕力格萨那有限责任公司建立长期合作关系。目前,草原之声广播通过蒙古国毕力格萨那有限责任公司所属 FM107.5 频率在蒙古国每天播出 8 小时,并通过腾格里网站(www.nmtv. cn)直播全套节目,网上播出时间长达 18 小时 15 分钟。《新闻播报》《美丽中国》《文化风景线》《索伦嘎》《民间艺苑》《天籁之音》《空中门诊》《友谊七彩桥》等涉及时政、经济、生活、文化、医疗服务等方面的节目,成为蒙古国听众了解内蒙古、了解中国的重要窗口。草原之声广播也因此被中宣部、商务部、财政部、文化部、原国家新闻出版广电总局评定为 2013—2014 年度国家文化出口重点项目。2015 年 12 月,与内蒙古台合作的蒙古国 FM107.5 广播在蒙古国新闻工作者协会组织的评优活动中从 60 多家广播电台中脱颖而出,被评为年度最佳广播电台。这充分证明内蒙古台草原之声广播在蒙古国具有非常强的传播力和影响力,是传播"一带一路"所倡导的求同存异、包容互鉴、和平共

---

① 张兴茂,白斯古冷,杨俊平.发挥区位传播优势 讲好中国故事——内蒙古台"一带一路"报道的实践与思考[J].中国广播,2018(1):14.

处、合作共赢、共同发展的有效媒体。①

　　草原之声广播聚焦内蒙古对外交流合作的重大事件和重点领域。首届中国—蒙古国博览会于 2015 年 10 月在呼和浩特市举行,内蒙古台草原之声广播把常规报道和现场直播相结合,多角度、全方位地进行了报道,扩大了博览会的影响。不仅如此,为提高中蒙两国听众对这次博览会的关注度,内蒙古台还通过连线、录音报道、专题人物采访等方式,以组合式报道及时跟进博览会进展,传播博览会论坛、大型演出及外事活动,为中蒙经贸合作营造良好的国际舆论氛围。口岸经济是内蒙古在"一带一路"建设中的重要组成部分。草原之声广播在"一带一路"口岸经济宣传推广过程中,加强与二连浩特、锡林郭勒盟等盟市的合作,联合推出《美丽富饶的锡林郭勒》《魅力二连浩特》等节目,向蒙古国听众展示内蒙古作为"一带一路"的重要节点,充分发挥地缘优势,主动融入"一带一路"倡议,积极推进跨境旅游、边境贸易、农畜产品加工等领域的对外交流合作。②

三、内蒙古广播电视对外传播的特点

(一)利用邻里效应,讲述百姓故事

　　邻里效应是指地方社会环境的特点可以影响人们的思想和行为的方式。内蒙古的主体民族以及其他一些民族与蒙古国、俄罗斯之间有着类似的风俗习惯甚至是相通的语言,容易产生民心相通效果,这也是"一带一路"建设中的根本着力点。为加快内蒙古自治区草原文化"走出去"的步伐,提升民族文化影响力,内蒙古台草原之声广播近几年都组织开展系列大型采访报道活动,通过讲述普通蒙古族百姓的生产生活故事,向蒙古国听众展示来自内蒙古大草原的既相通又独特的人文魅力。草原之声广播拥有庞大的蒙古国听众群,是讲述中国"一带一路"故事的重要媒体平台。据蒙古国新闻研究院在乌兰巴托街头、商场等公共场所对 50 个人进行的随机调查显示:50 人中有 30

---

① 张兴茂,白斯古冷,杨俊平.发挥区位传播优势 讲好中国故事——内蒙古台"一带一路"报道的实践与思考[J].中国广播,2018(1):13.

② 同上。

人收听广播,占比 60 ％,其中关注并收听草原之声广播的有 27 人,占比 90％。草原之声广播已成为内蒙古台重要的外宣平台。^① 调查显示:要做强做大草原之声广播,提升传播力和影响力,不仅要加强传播基础建设,还要强化采编播人员讲故事的能力。

(二)使用民族语言,确立民族风格

不同地区的人们有着不同的风土人情、思维方式和媒体接收习惯。在"一带一路"倡议的实施过程中,要实现对蒙、俄等国的有效传播,就必须推出符合对象听众兴趣爱好的本土化节目,拉近与他们的传播距离。为此,内蒙古广电媒体确立了打造蒙古语节目交互平台的发展思路,向蒙古国、俄罗斯蒙古族聚居的地区提供少数民族语言节目内容,着力解决节目资源短缺的问题。同时,推出自办的本土化节目,贴近当地受众心理。比如,电台节目《友谊七彩桥》自播出以来,连续四年开展《内蒙古人在乌兰巴托》系列采访报道,依照蒙古国受众的思维方式和收听习惯,讲述内蒙古人在乌兰巴托不懈奋斗、追求梦想、创造美好生活的故事,讲述中蒙两国民众友好往来的故事,加深了蒙古国民众对内蒙古自治区及中国其他地区的的了解。除此之外,为增进中蒙两国人民相互了解与认识,制作符合当地人民口味的节目,草原之声广播还在乌兰巴托成立了"草原之声听众俱乐部"^②,把旅游、文艺、电影、电视剧、民俗风情、自然风光、非遗文化等少数民族喜闻乐见的节目素材作为收集重点,扩大蒙古语对外传播节目的宣传力和影响力。

(三)邀访国外媒体,展现内蒙风采

内蒙广电媒体与蒙古国、俄罗斯媒体建立了互联互通的采集机制,按照三国受众的接收习惯,采集海量信息,共享新闻资源,并通过传统媒体和新媒体等各种手段和渠道,传播到每一位受众面前。2017 年 6 月,草原之声广播策划组织了"走进内蒙古·感知七十年"中蒙媒体联合采访活动,让内蒙古通过蒙古媒体再次进入千千万万蒙古国人的视野,提升了内蒙古的知名度和美

---

① 张兴茂,白斯古冷,杨俊平.发挥区位传播优势 讲好中国故事——内蒙古台"一带一路"报道的实践与思考[J].中国广播,2018(1):14.

② 同上。

誉度。活动邀请蒙古国家通讯社、蒙古国家公共广播电视台、蒙古国 TV5 电视台、蒙古国新频率 FM107.5 广播电台、乌兰巴托电视台、蒙古国《日报》《今日报》、蒙古国 barilga. mn、蒙古国 fact. mn 网 9 家媒体和中国国际广播电台、内蒙古日报社索伦嘎新闻中心等中央和内蒙古自治区 5 家媒体 22 名记者组成联合采访组,先后采访了二连浩特公路海关、乌兰察布市马铃薯种植基地、元上都遗址、西乌旗幼儿园、锡林郭勒大庄园肉业有限公司等 20 多个点,通过普通牧民的讲述来反映大变化、呈现大主题,全方位、多角度地传播了内蒙古自治区成立 70 年来发展变迁的故事,展现了中国北疆亮丽风景线的时代美景。①

(四)加强人员培训,提高采编能力

在"一带一路"建设中,要充分展示中国国家形象、实现对外有效传播,提高新闻采编播人员的能力是当务之急。内蒙广电媒体通过邀请外国专家、组织外出学习等方式,不断提升采编播人员的外宣工作水平,努力为"一带一路"建设培养外宣人才。例如,2016 年 10 月至 2018 年,草原之声广播先后聘请在蒙古国新闻领域有丰富经验的专家来草原之声广播工作,为采编播人员进行业务指导。他们作为草原之声广播的外籍专家,不仅指导采编播业务,还亲自参与节目采制和播出工作,以自己的所见所闻和亲身经历向蒙古国听众讲述内蒙故事,受到了蒙古国听众的欢迎。为培养一批深入了解蒙古国国情民情的国际传播人才,2014 年至 2018 年,草原之声广播根据与蒙古国毕力格萨那有限责任公司之间的合作协议,每年派四批采编播人员到毕力格萨那有限责任公司所属 FM107.5 广播交流学习,让他们负责监听草原之声广播节目在蒙古国的落地播出情况、协调播出中的具体事宜、采制本土化节目《友谊七彩桥》等工作,提高了采编播人员的喀尔喀蒙古语和基里尔文水平。另外,还先后派出 9 名采编播人员到中国国际广播电台蒙语部学习,进一步提高了采编播人员的讲故事能力和业务水平。②

---

① 张兴茂,白斯古冷,杨俊平.发挥区位传播优势 讲好中国故事——内蒙古台"一带一路"报道的实践与思考[J].中国广播,2018(1):14—15.
② 同上,2018(1):15.

第四节　新媒体的对外传播能力建设

一、索伦嘎新闻网

　　索伦嘎新闻网成立于 2010 年 10 月 20 日,是中国首家斯拉夫蒙古文新闻网站。索伦嘎新闻网为广大读者提供气象、公路、铁路、航班、医疗、市场、口岸、学校等各类信息服务,同时还设置留言、论坛等互动交流空间。索伦嘎新闻中心由内蒙古自治区党委外宣办主管,内蒙古日报社传媒集团主办,是一家公益性外宣网站。① 网站已在蒙古国申请注册域名,实现了境外落地的突破,用斯拉夫蒙古文传播中国各类新闻信息,承担国家外宣任务。该网站向蒙古国宣传中国社会各个领域的发展状况,宣传中国在重大国内、国际问题上的立场、观点、方针、政策,介绍中国历史文化及风土人情,是蒙古国受众了解中国、了解内蒙古的桥梁和纽带。近两年,为了符合蒙古风格和网民接受习惯,网站邀请了蒙古国网络设计专家进行了新的网站页面制作和频道设计,是中国目前最具权威、最具影响的斯拉夫蒙文新闻信息服务网站。目前,《索伦嘎新闻网》已经与蒙古国 MGLnews.mn 网站建立了合作关系,初步实现了编辑互联互通的目标,逐步利用本土新闻资源优势,以原创和二次加工相结合的方式,提高了内容品质,及时准确地传播了两国新闻信息。

　　索伦嘎俄文新闻网于 2009 年底推出。网站站在全球角度,从中国国情和民众立场出发,面向以蒙古族为主体民族的俄罗斯联邦布里亚特共和国及远东其他国家,使用俄文客观地介绍中国情况,传播中国形象。

　　目前,内蒙古日报社正以索伦嘎新闻网为载体,全力推进全媒体建设,力求达到汉文、蒙文及斯拉夫蒙古文三语全媒体平台建设的目的。中蒙双方根据新媒体合作现实需求,建立新媒体技术的研发和使用机制,从资金、人才、管理等方面入手,共同开创新媒体技术新领域。双方借助各具特色的先进成

---

　　①　金山.建设具有国际传播能力的外宣媒体——内蒙古索伦嘎新闻中心现状分析与发展思路[J].新闻论坛,2014(3):32—36.

熟的互联网和移动互联网技术,结合汉文、回鹘蒙古语和斯拉夫蒙古文信息化技术,共同研发支持汉文、斯拉夫蒙古语、回鹘蒙古语的无障碍互动交流技术平台,以期提高两国的新媒体新闻交流和合作水平。

二、《北方新报》微信公众号

社交媒体已成为新闻信息传播领域强有力的传播新锐,在新闻传播方面展现出很强的影响力,对社会的发展以及社会结构形成强大的冲击力。为此,中蒙双方联合打造了《北方新报》微信公众号这一平台。《北方新报》作为内蒙古重要的都市类媒体,借助微信公众平台传播信息已经有 4 年多时间,期间,该报积累了利用新媒体传播信息的经验,在内容选取、形式编排等方面积极满足蒙古共和国受众需求,延伸了纸媒的影响力。《北方新报》微信公众号以习近平主席访问蒙古国的良好机遇为开头,通过建立完善中蒙新媒体合作机制,扩大了新媒体合作领域,为两国新媒体开创出一条崭新的合作共赢的道路。尤其是互联网和移动通信平台领域的合作,是务实合作的明智选择。

三、内蒙古电视网蒙语频道

不同于文化艺术交流、展览等与国外受众直接面对面的传播,新媒体为对外传播提供了一种线上传播方式,在节约传播成本的同时,也使传播覆盖面更为宽广。作为蒙语卫视的新媒体延伸,内蒙古电视网蒙语频道发挥网络媒体的积极作用,打破了电视媒体的单向传播方式,增强了与受众的互动。更为重要的是,它的覆盖面远远超过电视频道,只要存在网络,那么理论上所有人都可以看到其网站信息,在对外传播上具有重要地位。

四、蒙古音乐网

蒙古音乐网以构建蒙古族音乐传播、版权输出及演艺渠道为己任,是当今中国最具影响力的草原音乐网站,拥有 140 万忠诚粉丝。该网运营 12 年以来,先后与国内外 20 余家唱片公司达成合作,并签约 200 余名音乐人及乐队组合。蒙古音乐网在蒙古国乌兰巴托和新西兰设立了境外工作站。蒙古音乐网新西兰工作站由新西兰内蒙古总商会、新西兰 33TV 华人电视台和蒙古音乐网共同设立。新西兰内蒙古总商会是新西兰唯一合法注册的中国内蒙古籍工商界人士交流社团,33TV 是新西兰最具影响的华人电视台,是新西兰华人了解国内信息的重要渠道。三方还就共同举办新西兰内蒙古文化周、开展民族文化对外交流和节目版权合作事宜签署了战略合作协议。

第五节　对外传播的问题与对策

一、存在的问题

(一)外宣人才缺失,内容开发不足

缺乏足够的外宣专业人才一直是影响内蒙古媒体对外传播能力建设的瓶颈。就目前来看,无论是内容开发,还是信息软件技术乃至管理运营等方面,都显示内蒙古对外传播尚欠缺优秀人才资源。人才匮乏的原因主要有两方面:首先是较低的工资福利待遇和严格的人员编制管理影响到外来人才的引进;其次是部分外宣媒体不够重视对在岗人员的专业技术培训,造成传播观念的落后和传播技术的老化。①

人才的缺乏直接导致了内容生产的滞后。内蒙古悠久的历史积淀了丰厚的历史文化资源。在这片辽阔的疆域上,曾先后生活过匈奴、鲜卑、突厥、契丹、女真和蒙古等诸多民族。② 时至今日,在内蒙古还生活着蒙、回、满、达斡尔、鄂温克、鄂伦春等众多少数民族,各民族在漫长的历史发展过程中,形成了各具特色的民族文化和风俗。然而,现阶段内蒙古的对外传播,还存在着内容产品结构不合理的问题,尤其是民族文化资源开发方面,大多时候仅停留在文物古迹的简单化展示、民俗旅游的程式化观光和会展节庆的观摩化

---

① 刘艳婧,甄成.新媒体时代内蒙古民族文化的对外传播[J].对外传播,2014(11):35.
② 同上。

表演层面,对于民族文化内涵和精髓的挖掘及展现不够深入,缺少深层次和创新性的开发思路和体验方式。

(二)新媒体影响弱,媒介融合度低

现今内蒙古的对外传播仍然主要依靠报纸、广播、电视等传统媒体,仅有的几个新媒体传播平台也普遍缺乏影响力,信息更新频率低,互动性差,内容缺乏原创性。[①] 网络采编系统与期刊网站模块的功能整合依然落后,以《索伦嘎》杂志及其网站为例,主要表现在:杂志没有采编系统,没有办公自动化系统,没有统一的稿件库、图片库,没有在线投稿系统,没有蒙汉、汉蒙翻译软件,没有旧蒙文和新蒙文文字转换软件等。网站支撑技术远远落后于网站发展实际需求,无法与蒙古国同类新闻网站竞争,无法在第一时间发出自己的声音,无法主动争取国际话语权,无法进行有效的网站经营,因此也就无法实施大规模的对外传播能力建设。

媒介融合给内蒙古对外传播带来了新的机遇和挑战。目前,内蒙古对外传播能力建设的重心应该逐步转移到新媒体平台和渠道的建设上来,这是摆在中蒙、中俄媒体合作与发展面前的一道新课题。内蒙古媒体应该利用三国之间在新媒体方面的交流与合作,建立一条对外传播的新途径,这也是媒介发展的大势所趋。发挥好互联网的价值,主动体现"亲、诚、惠、容"的周边外交工作方针,讲好共同发展主题,模范实践"走出去",努力实现"走进去",开创性地建设国际传播新平台新途径,这是摆在内蒙古外宣管理部门和媒体面前的最重要的任务。

(三)报道议程单一,社会发展脱节

内蒙古地区主流媒体有关内蒙古民族文化的新闻议程大多是对于民俗风情、节日庆典或会展项目的报道,虽然有些诸如草原文化节、昭君文化节已经纳入了固定的传播议程,但是报道的视角也多以展现内蒙古地区的民族团结、生活安定和文化繁荣为主。年复一年报道内容上的重复,暴露出媒体对于内蒙古民族文化对外传播议程设置能力的不足;宣传性框架成为报道主

---

① 刘艳婧,甄庆.新媒体时代内蒙古民族文化的对外传播[J].对外传播,2014(11):36.

流，缺乏对于民族文化和民族地区社会发展之间内在关系的深层观照。[①]

近几年，内蒙古的经济发展进入快速增长期。经济水平的提高也带动了地区社会的发展。然而，与经济、社会发展状况不相协调的是，区域对外传播影响力远没有区域经济影响力大。内蒙古媒体虽然具有丰富而独特的外宣资源，但开发观念的落后和对外传播效力的低下，使其尚未能开发出代表自治区形象的"名片"。

二、改进的对策

（一）扩大传播渠道，夯实传播基础

在新媒体环境下，融合转型是所有媒体面临的重大课题。内蒙古自治区外宣媒体应积极推动媒体融合，提升对外传播影响力。全媒体时代的到来，尤其是移动端社交媒体已经以迅猛的态势对传统媒体构成威胁，传统媒体必须加快与移动新媒体的融合，以互联网思维做外宣报道，使节目内容和形态符合媒体融合要求。因此，必须加强"内蒙古电视网蒙语频道""蒙语卫视网"和"内蒙古广播网蒙语频道"的建设，通过网络渠道实现广播电视节目的内容增值。利用网络媒体对传统媒体的外宣节目进行宣介推广，形成多种媒体同频共振、融合传播的局面。

蒙古语、俄语外宣媒体由于技术人员缺乏、技术设备落后等原因，融合转型过程中存在诸多困难。因此，内蒙古相关部门和媒体要加大资金扶持力度、积极培训媒体从业人员，尽快赶上媒体转型的步伐。[②] 例如，内蒙古电台近年来投入资金建立了蒙古语网，蒙古语广播和草原之声广播也开设了微信公众平台，但是无论是内容还是形态，都离媒体融合发展的要求相差甚远，还应尽快建立基里尔文网站和手机客户端，为传统媒体与新媒体的融合发展提供平台。2016 年 3 月 1 日，草原之声广播正式开通官方微信公众号，不断推出有思想、有温度、有品质的媒体融合报道，增强了外宣效果，扩大了草原之声广播的知名度。从"草原之声"微信公众号一年的运行情况看，单篇阅读量

① 刘艳婧，甄戌.新媒体时代内蒙古民族文化的对外传播[J].对外传播，2014(11):35
② 萨日郎.内蒙古自治区蒙古语媒体传播力现状调查报告[J].新闻论坛，2017(2):90—92.

最高达到 6 万多,在蒙古语受众中达到这么高的阅读量实属不易。现在,草原之声广播的记者做音频报道已得心应手,但做图片报道,特别是做视频报道的能力则不足。媒体人员一定要树立全媒体理念,在做好广播节目的同时,大胆尝试新形式的报道,利用新媒体的传播优势,弥补广播报道的短板。

习近平总书记强调媒体竞争的关键是人才竞争,媒体优势核心是人才优势。① 外宣专业人才的缺失,一直是内蒙古外宣媒体发展面临的困境。外宣媒体要加强人才培养,提升传播软实力,以讲故事的方式开展国际传播,实现外宣理念和实践的重大创新;要加快培养造就一支政治坚定、业务精湛、作风优良、党和人民放心的新闻舆论工作者队伍。媒体应该借力政府的扶持政策,通过与高校以及中央媒体联合培养的方式,加强在岗人员的业务培训,使之跟上时代步伐,掌握全媒体传播技术和外宣业务能力,更好地完成外宣工作任务。

(二)转变传播观念,提升传播效果

受体制和传统的影响,内蒙古外宣媒体对外传播时很少研究受众的心理特点和精准需求,因此,信息的时效性与丰富性等都很难达到国外受众的期望值。内蒙古外宣媒体的目标受众以俄罗斯、蒙古国等邻国民众为主,所以媒体必须按照蒙古国、俄罗斯民众的思维习惯、言语方式进行传播,在充分了解这两国受众对中国蒙古语、俄语外宣内容产品的印象、评价的基础上,调整相关内容的策划、采写制作的原则、方法创新的思路。

首先,要正确了解和把握对象国的基本国情与意识形态,政治理念、体制特征、发展模式等直接关乎受众的认知倾向,受众更习惯于获取自己认同和奉行的信息,在接触新闻报道和文化传播时有明显的选择性,不符合他们主流意识形态的宣传,反而会引起他们的反感与排斥。媒体在对外传播过程中,要在恪守原则的基础上,策略性淡化差异,调整和改变表达方式,以求得到最好的传播效果。其次,媒体要把握目标受众的基本情况、不同的文化背景和历史传统,可以利用对象国的社会调查结果,全方位搜罗目标受众的政治理念、宗教背景、地缘因素、生活习性、价值观念和文化特征等信息,以此作

---

① 张兴茂,白斯古冷,杨俊平. 发挥区位传播优势 讲好中国故事——内蒙古台"一带一路"报道的实践与思考[J]. 中国广播,2018(1):16.

为取舍对外传播内容、方式的重要参考依据。①

　　另外，蒙古、俄罗斯等国民众文化传承、语言编码、宗教信仰、思维方式、生活习性与我国有很大差异，这就导致国内的传播手段并不适合国外受众，从而直接影响传播效果的实现。内蒙古外宣媒体应该根据对象国的真实情况，采取适应对象国特点的传播策略，运用灵活的传播手段来应对复杂多变的国际形势与日新月异的受众选择。报道策略上应尽量淡化官方色彩，控制硬新闻的过度宣传。要利用优秀文化产品和系列文化活动推广独具魅力的本土文化和地域特色，从而扩大传播的影响力。

　　同时，继续加大对外宣内容建设的资金投入，整合资源，适当吸纳民营机构加入节目制作行列，加强与俄罗斯、蒙古国媒体的互动合作，进一步丰富节目来源。另外，还要着力解决蒙古语广播电视节目以译制为主的问题，适当增加自主采制节目的比例。在加强广播电视新闻节目同步转译的同时，提倡以更多原创广播电视节目内容走进蒙古国、俄罗斯受众市场，充分发挥语言优势在对外传播活动中的关键性作用。

　　议题设置方面，内蒙古自治区外宣媒体应突破以典型成就报道为主的宣传范式，精妙设置外宣议题。学会"借船出海"，主动进行话语修饰和呈现，顺应俄罗斯、蒙古国议题传播规律，使内蒙古拥有更多体现现代工业文明、生态文明和文化特征的传播符号。对外形象传播中，鼓励外宣媒体开设海外社交媒体账户，有效回避西方主流媒体对内蒙古形象的建构，掌握话语主动权，及时发声，敢于发声，善于发声。比如，把国际媒体、国外意见领袖以至国外普通民众请进来，用他们的亲身体验传播内蒙古形象，扭转曾经的"鬼城""民间信贷纠纷""经济衰退"等负面形象，增进国际社会对内蒙古的了解，为内蒙古传递客观、理性、中立的国际化声音。提高媒体外宣议题设置能力，一方面要求媒体以开阔的视野和丰富的视角去更多地观照内蒙古自治区民族文化的精神和内涵，民族文化的历史和现状，以及民族文化主体的生活和命运；另一方面要求媒体在准确定位自身媒介风格和受众市场的基础上，设计差异化的议题类型和报道角度，深化报道议题，增强报道的知识性和可读性。

---

　　①　萨日郎.试论内蒙古对外传播力的建设[J].内蒙古民族大学学报（社会科学版），2013，39（6）：95—97.

第五章 新疆维吾尔自治区

第一节 对外传播的形势与概况

一、对外传播战略的制定与规划

(一)周边形势

新疆地处亚欧大陆腹地,与俄罗斯、哈萨克斯坦、吉尔吉斯斯坦、塔吉克斯坦等八个国家接壤,相应地具有较多的跨界民族。新疆世居民族有维吾尔、汉、哈萨克、回、柯尔克孜、蒙古、塔吉克、锡伯、满、乌孜别克、俄罗斯、达斡尔、塔塔尔这 13 个。新疆使用少数民族语言文字的人口达 1200 多万,占总人口的 60％以上。与中亚各国的交往中,新疆具有得天独厚的地缘、人缘和语言文字的优势,风俗习惯也较为接近。目前,随着亚欧大陆桥的贯通,新疆已成为中国通往中亚、西亚以及欧洲的重要陆上通道。① 但同时,周边有些国家政局不稳,尤其是极端恐怖主义活动依然存在,东突厥斯坦伊斯兰运动等分裂势力还在袭扰、影响新疆乃至我国内陆的繁荣安定。

---

① 库里达·胡万.新疆新闻出版"走出去"的优劣势分析[J].传媒:Media,2011(8):61.

（二）对外传播战略的目标与功能

1. 维护国家安全

新疆对外传播的首要目标就是确保国家安全。中亚地区是伊斯兰极端宗教主义、民族分裂主义和暴力恐怖主义"三股势力"的汇集区。"三股势力"的猖獗不仅对中亚各国的稳定造成严重威胁，还对中国新疆地区的社会稳定、民族团结和经济发展产生巨大威胁。自从苏联解体以后，以美国为首的西方媒体开始进入中亚，逐渐对中国形成舆论包围之势。[①] 新疆对外传播的总体目标就是为打击"三股势力"和抵制西方消极影响提供舆论支持，维护国家安全和边疆安宁。

2. 塑造新疆形象

塑造良好的国际形象是中国对外传播的重要内容。从 2009 年开始，新疆发生的暴力恐怖事件在破坏程度和频率上大为增加，严重地影响了新疆的地区形象和中国的国家形象。新疆对外传播的重要目标就在于重塑新疆的良好形象，进而为塑造中国和平崛起的国家形象提供有力支持。随着新疆近年来的跨越式发展，为了使国内外受众更好地了解新疆，掌握与世界不同文化交流的话语权，新疆外宣媒体不断丰富区域形象理论，建构良好区域形象，从而提高了新疆的国际形象和中国的文化软实力。新疆外宣媒体还努力创新传播方式，精准分析传播对象，注重整体传播效果，将新疆独特的民族文化和兵团文化展示给世人。在传播内容方面，既包含政治、文化、生态等领域的内容，又着力突出经贸信息等外宣重点，做到内容丰富、层次分明。

3. 促进文化交流

新疆对外传播的本质是跨文化传播，通过文化的交流，加深中国与中亚地区的相互了解，增进互信，为深入合作奠定基础。新疆地区拥有悠久的历史和灿烂的文化，中亚地区同样有着悠久的历史和灿烂的文化。历史上，新疆和中亚都是丝绸之路上的重要地区，两地的民族文化、宗教信仰、语言文字等相近相通，这些条件为两地的文化交流打下了良好基础。新疆的对外传播

---

① 朱丽萍.新疆民语广播电视对外宣传策略[J].新疆师范大学学报,2009,30(2):91.

不仅把中国的优秀文化传递出去,还将中亚地区优秀的文化介绍到中国来。改革开放以来,尤其是近二十年,新疆地区的民族文化有了进一步的丰富和发展,将这些新成就和新变化传播出去,会增强中亚各国对中国的认同与理解。

4.服务经济发展

改革开放以后,新疆经济有了飞跃发展,新疆与中亚地区的经济交往也不断深入,两地贸易额逐年增加。中亚地区各国对中国经济快速发展的理论与实践抱有浓厚的兴趣,希望从中为自身经济发展找到出路。近年来,由于中国政策的变化,特别是"一带一路"倡议提出后,中国和中亚地区的经济交往更加频繁。新疆作为中国与中亚地区连接的桥梁和纽带,媒体的对外传播可以为两地的经济交往提供服务,为中亚地区提供中国最新、最权威的对外经济政策和各类经济信息。

二、对外传播实施概况

(一)传播对象以中亚国家为主

新疆在对外传播实践中,把中亚地区作为自己主要的传播对象,这是由新疆自身对外传播的区域优势和国家利益这两个关键因素决定的。从对外传播的区域优势角度来讲,新疆地处中国西北、亚洲中心地带,周边主要与中亚国家接壤,现在还是"丝绸之路经济带"的核心地区,这些天然优势使得新疆对外传播的目标十分明确。从国家利益角度来讲,一是中亚地区有丰富的天然气和石油资源,是中国重要的能源进口地区,直接关系到中国的能源安全;二是大多数中亚国家与中国边疆地区接壤,在中国的国家安全战略中起着很重要的缓冲作用。

(二)传播手段注重多语种传播

中亚地区民族成分较复杂,各国主流的语言、文字不同。新疆的对外传播充分考虑到这些客观因素,有针对性地采用各国主流的语言、文字进行对外传播,取得了良好的传播效果。目前,新疆的对外传播主要用俄语、哈萨克语、吉尔吉斯语等中亚地区的民族语言文字,大大增强了传播效果。新疆外宣媒体使用中亚地区的民族语言文字进行传播的同时,还十分注重与中亚各国的文化对接,在努力扩大对外传播"广度"与"宽度"的同时,集中力量加大传播的"深度"和"信度"。

(三)传播内容逐步增加文化信息

对外传播的要旨在于通过跨文化的信息交流实现相互理解与合作。新疆对外传播的内容不仅包括时政、经济等新闻性信息和服务性信息,还包括电视剧、电影等文化娱乐信息。虽然新闻性信息和服务性信息的比重仍然很高,但是文化娱乐信息的比重逐年增长,像《吐鲁番情歌》《美丽家园》《游塔里木》《太阳部落》等民族题材的影视作品在中亚地区取得了良好的反响。新疆的对外传播应当大力增加文化娱乐信息的输出,而且,不能将影视作品的题材仅仅局限在民族文化上,还应包括反映中国现代化建设和新时期民族精神的题材的作品。

第二节　印刷媒体的对外传播能力建设

一、外宣报刊

(一)新疆经济报系

《新疆经济报》创刊于 1991 年元旦,创刊时为自治区人民政府机关报,由邓小平同志亲自题写报名,用汉、维吾尔两种文字出版。2003 年全国报刊治理时,按照中央报纸治理整顿领导小组的决定,划转到自治区党委系统。创刊近 30 年来,新疆经济报在自治区党委、政府的正确领导下,以改革创新为特色,从一张报纸发展成拥有 11 报 6 刊 1 网群的报纸与产业集合体。

传统报刊是新疆经济报系开展国际传播的主渠道,旗下目前有《中亚侨报》《哈萨克斯坦华侨报》两份外宣报纸和《大陆桥》(俄文、塔文)两本外宣期刊。在网络普及率相对较低的中亚国家,传统报刊虽然有发行、运输方面的阻碍,但仍然有较强的生命力和影响力。新疆经济报系的周边传播主要发挥了两大作用:一是在官方和商务层面为中亚国家提供新疆及中国其他地区的经贸政策等经贸新闻,为双边经贸往来服务;二是在民间层面为中亚国家华侨华人报道中国国家大事、新疆发展动向、中华传统文化等,为当地华侨华人与祖国搭建起沟通的桥梁。

1.《中亚侨报》

为了让旅居吉尔吉斯斯坦的华侨华人能及时了解国内的政治、经济、文化以及发生的变化,满足他们的思乡之情,同时丰富其文化生活,2012 年 5 月 28 日,吉尔吉斯斯坦中亚华侨华人友好协会申请注册刊号,与新疆经济报社合作创办了双语版的《中亚侨报》,其中 8 版为中文,4 版为俄文,中吉两国最新的政策、最新的发展变化、当地华侨华人的生活情况以及两国的文化、特色美食、商品、产业等方面的合作需求,通过这张报纸源源不断地抵达中吉两国人民的手中,架起了中吉人民交流和沟通的友谊之桥,并搭建了新丝绸之路上的合作平台。

2.《哈萨克斯坦华侨报》

2009 年 4 月底,由新疆经济报系创办的《哈萨克斯坦华侨报》由哈萨克斯坦官方注册,正式创刊。《哈萨克斯坦华侨报》以俄文、中文两个文种出版,一月两期,每期八版。该报在哈萨克斯坦全国以赠阅形式发行,主要面向生活、工作在哈萨克斯坦阿斯塔纳、阿拉木图、阿克丘宾等城市的约 30 万的华人、华侨、华商。内容以中国政治、经济、文化等社会生活动态为主。《哈萨克斯坦华侨报》的编辑部、印刷点设在新疆乌鲁木齐市,哈萨克斯坦有两名常驻记者。报纸出版后,经由民航和霍尔果斯口岸陆路运往哈萨克斯坦。

(二)《大陆桥》杂志

《大陆桥》杂志由中共中央外宣办主管,新疆维吾尔自治区党委外宣办、新疆经济报社、自治区版权保护协会共同主办,为多语多刊杂志,目前拥有俄文版和塔吉克文版两个版本,另将创办多个中亚国家版本。自 2012 年创办以来,杂志以其内容的高端权威、言论的深度耐读和情感的内在共鸣受到关注,在发行对象国尤其是中高层读者群体中具有很大的影响力。《大陆桥》作为国家外宣平台,无论是内容产品还是活动产品,都紧紧围绕国家的外宣战略和新疆的中心工作来开展和推进。杂志开设学汉语专栏,与周边国家孔子学院紧密联合,开展汉语国际教育辅导,成为当地孔子学院的课外读本。通过这些合作,杂志还吸纳了当地优秀翻译人员加盟,作为"外宣品境外出版翻译发行工程"系列之一,《大陆桥》俄文、塔文版在对象国落地发行,不断拓展发行范围。

《大陆桥》通过与吉尔吉斯斯坦、塔吉克斯坦政界、商界及高校要人建立稳定联系,打开了走向中亚国家的突破口——与吉尔吉斯斯坦比什凯克人文大学联手,解决了翻译的本土化难题,提高了杂志的质量;与"女王基金会"合作,取得了杂志在吉尔吉斯斯坦的邮发代号,使杂志在吉尔吉斯斯坦发行畅通无阻,并以此为依托,将杂志发往中亚其他国家;与塔吉克斯坦工商会联办杂志,解决了在该国落地的问题,与吉、塔两国政府各职能部门负责人建立往来,使杂志在当地的发展得到有力的支持,并且大大增加了杂志的信息源,通过吉尔吉斯斯坦和塔吉克斯坦的文化部和外交部,联络到一批对象国顶尖的文化、艺术、媒体、摄影界名人,作为杂志的通讯员,为杂志供稿;在吉尔吉斯斯坦和塔吉克斯坦找到了扩大发行的支点,在对象国首都及周围地区以外的经济文化重镇,拓展发行网络,比如在吉尔吉斯斯坦与其北部的纳伦州和南部的奥什市,都洽谈了发行合作;与吉尔吉斯斯坦的《商界》杂志合作,先从互刊宣传页开始,逐步形成互利经营空间,国外的合作媒体,都成为《大陆桥》杂志的通讯员单位。

(三)《友邻》杂志(斯拉夫哈萨克文版、英文版)

2006 年 3 月,《友邻》斯拉夫哈萨克文版杂志在哈萨克斯坦创刊,由新疆维吾尔自治区对外文化交流协会、自治区版权保护协会联合主管主办。这是一本以哈萨克斯坦文字出版发行,以介绍中国和哈萨克斯坦文化为主的杂志。经过十多年的运营,得到了当地读者的认可,发行量突破万余册。

《友邻》杂志英文版是中国在巴基斯坦创办的第一份杂志,它由新疆维吾尔自治区对外文化交流协会、新疆维吾尔自治区版权保护协会、巴基斯坦巴中学会联合主办,在伊斯兰堡和乌鲁木齐分设编辑部,读者主要是巴基斯坦中高层人士。《友邻》杂志 70% 的内容是介绍中国和中国新疆的,30% 的内容是由巴基斯坦编辑部提供的、介绍巴基斯坦人文和经济类的稿件。

二、图书出版

(一)夯实"走出去"工程的传播基础

2013 年 5 月动工兴建的新疆国际传播中心是中央新疆工作会议确定的项目之一。它是新疆的对外窗口,代表着新疆形象,主要功能是国际传播。新疆译制大厦则是由自治区党委宣传部统一部署,将新疆文艺译制中心(基地)、新疆广播影视译制中心和新疆民族文字出版和文字新媒体基地整合而成。项目建成后,新疆文艺译制中心(基地)每年将引进译制大、中、小型优秀剧目 4 台,优秀歌曲 100 首,优秀相声、小品、曲艺类作品 20 部,优秀舞蹈作品 10 部,以及优秀器乐作品、优秀杂技节目、优秀诗朗诵作品等;新疆广播影视译制中心影视剧类节目译制将由每年 4600 集增至 10000 集,新闻时政专题类节目将由每年 867 小时增至 1702 小时,自制维吾尔哈萨克语言电视节目将由每年 995 小时增至 2220 小时,动漫节目译制量将由每年 12000 分钟增至 40000 分钟;新疆民族文字出版和数字新媒体基地出版物品种将由每年 4000 种增至 4500 种,其中译制图书每年由 400 种增至 600 种,每年增加 50 万册。

(二)加强图书版权资源的开发利用

2004 年,《玛纳斯》《汉文史籍中的柯尔克孜族资料选译》就开始向吉尔吉斯斯坦进行版权输出。2009 年以后,新疆规模最大的对外合作出版在北京签约,由自治区新闻出版局和中国出版悉尼有限公司合作出版 17 种英文版图书,在新疆完成翻译工作,中国出版悉尼有限公司负责审定出版,通过澳洲主要发行商向英语国家发行。其中,仅新疆电子音像出版社就有《中国新疆少数民族民俗风情绘画全集》(共 13 册)《天上人间丝绸之路之谜》《华夏三绝色》《新疆巴郎》等 7 种图书签订协议。这些新疆出版的图书在海外发行,对宣传新疆、传播中华文化产生了积极的促进作用。此外,《福乐智慧箴言选粹》《国家重点保护的新疆野生动物》《阿凡提格言故事》《幽默大师阿凡提》等近 60 种新疆图书经过国内外专家评审,进入了"中国对外图书推广计划",多种图书通过中国图书对外推广网站和英文《中国新书》杂志对外宣传推介。2011 年 9 月，在第十八届北京国际图书博览会上，自治区新闻出版局与法国友丰出版社和美国威蒙出版公司分别就《新疆魅力城市丛书》签订了版权输出协议。2013 年，新疆版权输出达 65 种，且全部为图书版权。

近几年，新疆美术摄影出版社、新疆电子音像出版社与哈萨克斯坦、巴基斯坦、土耳其、美国、法国、澳大利亚、日本等国家开展版权输出并合作出版了《图说新疆通史》《新疆的历史文明》《中国新疆丛书》《大爱无疆》等近百种英文、德文、法文、土耳其文、阿拉伯文、日文等图书，还有《神秘中国：丝路之谜》《魅力新疆》等电子音像出版物。上述两家出版社目前已在哈萨克斯坦成立了达斯坦出版社，创办《达斯坦》杂志。在土耳其成立了丝绸之路文化广告旅游出版进出口贸易公司（包括丝绸之路出版社、丝绸之路文化交流书局、丝绸之路文化进出口贸易公司三个分支机构），正在向土耳其文化部申请批准创办《阿凡提文艺》杂志。在美国洛杉矶成立了克鲁格出版社，并已通过美国国会图书馆批准，创办《世界华人作家》杂志，反响较好，得到北美作家协会、全美写作者协会等机构的大力支持。哈佛大学、耶鲁大学、加州理工大学等十几所名校定期收藏该杂志。

近年来，新疆维吾尔自治区各出版社与国外出版机构达成了近 200 种出版物的版权输出协议、合作出版协议或意向性协议等。其中，新疆人民出版总社旗下的新疆人民出版社，发挥维吾尔语和土耳其语的编译出版优势，与土耳其中国经济协作友好协会签署了"维吾尔文版中国古典文学名著土耳其文翻译出版合作协议"，使多种新疆的文学出版物顺利进入土耳其主流社会。

表 5-1　新疆与土耳其合作书目与途径简表

合作书目	合作途径
《红楼梦》（土耳其文）	走出去的图书
《水浒传》（土耳其文）	走出去的图书
《三国演义》（土耳其文）	走出去的图书
《西游记》（土耳其文）	走出去的图书
"二十四史"（土耳其文）	走出去的图书
《戴菊鸟》（维吾尔文）	引进来的图书

续　　表

合作书目	合作途径
《伊斯坦布尔的幸福》(维吾尔文)	引进来的图书
《瘦子麦麦德》(维吾尔文)	引进来的图书
《被禁的爱》(维吾尔文)	引进来的图书

新疆电子音像出版社出版发行《新疆魅力城市》后,分别与法国友丰出版社、美国威蒙特出版公司签订了版权输出合作协议。新疆电子音像出版社还采取互利互惠的方式,与外方出版社持有的作品版权进行互换,其中与美国纽约商务出版社和美国国际作家书局达成了合作出版 153 种新疆图书的战略框架协议。

新疆《友邻》杂志社与哈萨克斯坦友谊桥出版社,达成了《丝绸之路上的新疆》等 5 种图书的版权输出协议,在期刊出版合作与图书版权输出上均有新的突破。随着这些出版物以及即将推出的系列文化丛书在国外的出版发行,为各国读者了解中国、了解新疆提供了一个重要的窗口,也进一步增进了中国与世界各国人民的了解和友谊。

新疆出版单位与中亚五国出版机构近期出版合作的书目统计情况如下:

表 5-2　新疆与中亚五国合作的书目

合作书目	合作国家
《艾特玛托夫作品全集》1—8(维吾尔文)	吉尔吉斯斯坦
《在过去的岁月里》(维吾尔文)	乌兹别克斯坦
《沉闷的年代》(维吾尔文)	哈萨克斯坦
《中亚通史》1—3(中文)	中亚五国
《丝绸之路》1—30(中文)	中亚五国
"四大名著"1—4(哈萨克文)	哈萨克斯坦

(三)通过"走出去、引进来"提升传播效果

原新疆维吾尔自治区新闻出版广电局是"中国图书对外推广计划"29 个成员单位中唯一一个出版行政管理部门,与新疆对外文化交流协会签署了"走出去工程全面合作框架协议",通过"走出去、引进来"提升新疆图书的传

播效果。近年来,自治区新闻出版局组织上千人参加了埃及开罗国际书展、美国书展、英国伦敦国际书展、德黑兰国际书展、法兰克福国际书展、马尼拉国际书展、印尼国际书展和北京国际图书博览会。在这些很有影响力的图书展销活动中,新疆维吾尔自治区各出版社基本上都有了自己固定的对外宣传形象以及专属展位和展架。近几年,新疆有关出版机构与哈萨克斯坦、巴基斯坦、美国等的多家新闻出版机构合作,出版了包括介绍中国文化、新疆风土民情的图书达 40 余种,广受中外读者好评。其中具有代表性的图书包括巴基斯坦友邻出版社、哈萨克斯坦友谊桥出版社分别以英文版、俄文版出版的《新疆》《漫画新疆》《西域文化瑰宝》《走进新疆》《丝绸之路上的新疆》这 5 种图书出版物;美国纽约商务出版社和美国国际作家书局与新疆电子音像出版社合作出版了《图说中国新疆通史》《图说中国新疆古今》《印象伊犁》等。

新疆出版单位和《友邻》杂志社、新疆经济报社建立了广泛的合作关系,在巴基斯坦、哈萨克斯坦设立出版社、发行公司和英文版《友邻》杂志,在哈萨克斯坦、吉尔吉斯斯坦开办报纸和《大陆桥》杂志。"十一五"至今,新疆共向周边国家赠阅《友邻》《大陆桥》杂志 72 万册,赠阅各类图书 8 万多册,同时引进版权超过 300 种,这些展现新疆各民族历史文化、展现新疆解放以来经济社会发展的具有地域特色和民族特点的各文种优秀出版物,引起了国内外的高度关注,并且产生了一定的影响。新疆出版单位在巴基斯坦成立的友邻出版社、友邻图书发行公司是中巴合作成立的第一家出版社和第一家图书发行公司。友邻出版社主要出版介绍中巴两国内容的图书,友邻图书发行公司则为在巴基斯坦发行《友邻》杂志英文版及友邻出版社、新疆各出版社出版的图书提供便利。在巴基斯坦最大的书店——伊斯兰堡赛义德书店设立中国图书专柜,这是中国首次在巴基斯坦书店开设上架销售图书专柜,它直接面向巴基斯坦广大读者,有利于巴基斯坦读者正确解读中国和中国新疆。新疆美术摄影出版社与巴基斯坦友邻出版社签订了首批《我爱新疆的 100 个理由》《精彩新疆》《新疆历史故事》《中国新疆古代艺术》《新疆民间器物》《新疆百景》《新疆民间建筑》《新疆民间服饰》《新疆民间刺绣》《新疆民间毡毯》10 种图书的出版合作协议,并达成咖啡桌书、谚语书合作意向。新疆美术摄影出版社还与友邻出版社签订了双方联合编辑制作出版发行汉语、英语、乌尔都语《新疆旅游》《中巴箴言选粹》出版意向。新疆新华印刷厂与友邻杂志社、巴中友好协会在巴基斯坦设立印刷厂。

(四)图书"走出去"还有改进空间

近年来,新疆的出版物市场在持续扩大,相比周边国家,新疆地区在经济和文化发达程度方面具有较大优势,促进了出版物市场的开拓,使更多的新疆出版物进入中亚、西亚甚至欧洲市场。新疆地区与周边国家和地区宗教相同、习俗相近,特别是与中亚国家的主体民族同族同源,语言相近或相通,如果合理利用,就可以转化为非常典型的市场优势。目前来看,新疆出版与中亚五国开展出版合作在其内容和品种、数量方面还比较单一,中国传统文化和新疆民族风情内容的图书占到绝对多数。今后的重点任务,应该是拓展国际合作出版物的合作形式与出版内容,这既包括增加报纸、期刊、音像和新兴出版物的合作形式,也包括增加语言、教育、艺术、科学技术、经济贸易、管理科学等各方面内容的合作出版。

新疆出版"走出去"重点瞄准的是中亚和西亚市场,但要扩大到世界各地,则存在明显的劣势。由于新疆处于内陆边疆地区,出版机构从成本到效率、从语言到资金、从人员能力到工作经验等,都与其他发达地区的出版社存在明显差距。新疆图书出版走出国门向国际化迈进,需要学习吸收发达国家和地区的先进理念和经营管理经验,从上到下更新观念,深入实际,大胆创新,找准开展双边合作和版权贸易的切入点,了解对象国的出版物市场需求和选题定位,改进图书设计形式,真正提升新疆出版物的品质。只有这样,才能真正打入周边国家的出版物市场,赢得更好的经济效益和社会效益。[①]

第三节 广电媒体的对外传播能力建设

20 世纪 90 年代后,国家先后在新疆实施"西新工程"和"新疆广播电视走出去工程",新疆在国家对外传播中的战略地位得到较大提升。随着新疆人民广播电台《中国之声》、新疆电视台《走进中国》等节目在吉尔吉斯斯坦、乌

---

① 库里达·胡万.新疆新闻出版"走出去"的优劣势分析[J].传媒:Media,2011(8):63.

兹别克斯坦等国家的成功播出,新疆电视台在吉尔吉斯斯坦、哈萨克斯坦、塔吉克斯坦、土耳其、格鲁吉亚、乌兹别克斯坦6国设立办事处(记者站),负责开展新闻采访、舆情搜集和电视节目的互换交流等工作,越来越多的中亚国家老百姓开始了解中国、了解新疆。新疆与周边五个中亚国家的主体民族是同根民族,在地缘、语言、民俗、宗教等方面都比较接近,且由于具有共同的历史记忆、精神信仰和生活方式,容易产生共同的情感归属,这些都是新疆广播电视对中亚传播所特有的优势。[①]

一、新疆电视台

(一)《今日中国》

为在中亚国家塑造良好的中国形象,原国家新闻出版广电总局拨1600万元专款供新疆实行对中亚的传播,该任务最终由新疆电视台外宣中心负责。中心专门针对吉尔吉斯斯坦制作了时长为60分钟的吉尔吉斯语《今日中国》电视节目,该节目的子栏目《走遍中国》,每天一部纪录片,播出时间为15分钟,内容主要来自中央电视台《走遍中国》《中华民族》《讲述》以及《搜寻天下》等栏目。

(二)《走进中国》

2008年,新疆广播电影电视局与吉尔吉斯斯坦ELTR电视公司签订合作协议,播出柯尔克孜语电视节目《走进中国》,每天1小时。[②] 同时,向乌兹别克斯坦传送播出15分钟的维吾尔语《走进中国》电视节目。

(三)《新疆英语新闻》

2004年5月,新疆电视台《新疆英语新闻》栏目开播,目标受众为在新疆的外国人和国外英语观众,栏目播出10多年来,取得一定传播成效。目前,《新疆英语新闻》栏目组还与新疆维吾尔自治区人民政府网站合作,为该网站提供每

---

① 罗彬.新疆广播电视对中亚传播的现状、问题与策略[J].对外传播,2014(11):33.
② 赵丽芳,古力米拉·亚力坤.新疆媒体对中亚的传播策略分析[J].当代传播,2016(2):111.

日的动态英文信息,即新疆英语新闻当天播发的全部稿件,次日政府网站全文播发。

(四)新疆卫视(维吾尔语、哈萨克语频道)

新疆卫视维吾尔语、哈萨克语节目通过卫星覆盖中亚及周边国家,电视节目由过去的每天累计播出 43 小时增加到如今的 218 小时。[①] XJTV-3(新疆电视台哈萨克语新闻综合频道)已在哈萨克斯坦阿拉木图市、蒙古国乌兰巴托市等地落地播出。

截至 2018 年,新疆电视台开办有维吾尔、汉、哈萨克、柯尔克孜四种语言 15 个频道,其中汉语频道 6 个、维吾尔语频道 6 个、哈萨克语频道 2 个;还有 1 个少儿频道,分时段用维吾尔、汉、哈萨克、柯尔克孜四种语言播出。全天累计播出总时长 275 小时,其中,少数民族语言频道全天累计播出时长 137.5 小时。

(五)影视作品

新疆电视台充分利用影视作品拓展对外交流的平台和渠道:纪实系列专题片《新疆印象》在中央电视台、香港凤凰卫视等媒体播出;与新疆旅游局合作译制的《魅力新疆》,用 7 种文字向国外发行;翻译优秀影视作品达 30 集。通过影视作品的传播,新疆提高了自身的外宣话语权,构建起良好的区域国际形象。

二、对外广播

(一)基本情况

2004 年,新疆广电"走出去"工程开始运作。新疆广播电影电视局通过租赁频道的合作方式在吉尔吉斯斯坦、乌兹别克斯坦、土耳其、蒙古等国家落地。[②] 2004 年 6 月,新疆人民广播电台的柯尔克孜语《中国之声》节目在吉尔吉斯斯坦国家电台播出,每天 2 小时。2007 年 2 月,新疆广播电影电视局与

---

① 赵丽芳,古力米拉·亚力坤.新疆媒体对中亚的传播策略分析[J].当代传播,2016(2):111.

② 罗彬.跨文化视阈下新疆对中亚的传播研究及发展趋势[J].新闻爱好者,2012(20):19—20.

蒙古国巴彦乌列盖省 GCMM 广播电视公司合办了调频广播,该省每天直转新疆人民广播电台哈语广播节目 10 个小时。2007 年 7 月,新疆人民广播电台的维吾尔语《中国之声》节目在土耳其 YON 广播交流公司调频上星广播中播出,每天 1 小时。7 月 20 日起,通过卫星传输方式,每天向乌兹别克斯坦国家广播公司提供 30 分钟的维吾尔语广播节目。新疆电台对外广播节目总称《中国之声》,由 30 分钟新闻与 30 分钟综合节目两个板块组成。新闻板块包括《中国消息》《中国印象》,综合板块包括《中国风情》《友谊桥》《致富路上》《中国音乐风》。其中,《中国消息》是介绍中国经济发展、建设成就、文化教育、体育旅游和社会生活,反映中国建设和发展成就的综合新闻。

（二）传播特点

2004 年 1 月,时任中共中央政治局常委的李长春同志在视察新疆人民广播电台时指出,新疆媒体对外传播的重点放在中亚。中亚地区民族成分较复杂,各国主流的语言、文字不同。新疆对外广播充分考虑到这些客观因素,会用俄语、哈萨克语、吉尔吉斯语等多种中亚地区的民族语言文字进行传播。中亚地区的经济发展水平不高,通过传统收音机、车载电台等广播形式接收新闻信息依然存在较大市场。但随着网络技术的普及,不受时空限制的互联网电台逐渐成为对外广播的主要渠道。新疆对外广播的内容不仅包括时政、经济、文化等新闻性信息和服务性信息,还包括音乐、影视娱乐等。近年来,娱乐信息比重逐步增长,娱乐节目寓教于乐,对普通听众的吸引力较强。

第四节　新媒体的对外传播能力建设

一、天山网

天山网由新疆维吾尔自治区党委宣传部、人民日报网络中心合作建设,自治区人民政府新闻办公室主管,自治区互联网新闻中心承办,是自治区唯一一家重点新闻宣传网站。天山网于 2001 年 12 月 18 日正式开通,现有中文

(简、繁体)、俄文、维文三个语种的四个版本,拥有电信和广电两个通道。经过 17 年的发展,已搭建了互联网、手机报、手机 APP、数字报刊四大平台,实现了阿拉伯文字、斯拉夫文字和拉丁文字三种维吾尔文字在网上的自动转换,在疆内属首创,使世界各地的维吾尔网民都能及时了解新疆信息。

天山网包括中(汉语、维吾尔语)、俄、斯拉夫维吾尔、拉丁维吾尔、英、哈萨克文等 8 种文字。其中,天山网俄文版,是新疆唯一的俄语新闻网站,面向中亚五国、俄罗斯和东欧俄语区国家介绍中国以及新疆的政治、经济、文化的发展。俄文版内容十分丰富,涵盖时事、神州大地、专题报道、新疆奇观、时尚广角、艺术、生活、新疆民族、新疆宗教的发展、新疆历史、新疆口岸、健康之友等内容,同时天山网还将俄文期刊《大陆桥》杂志所有内容以电子期刊形式在线刊登,方便网友查找、阅读。

天山网维文版则是新疆首家维吾尔语新闻网站,于 2003 年开通,每日发布新疆时政、经济、社会等新闻,及时报道中国及世界的资讯,是新疆信息最多、最全面的维文新闻网站。

天山网英文版于 2006 年 7 月开通,设有新闻、新疆经济、文化历史、丝路旅游、生活服务、外国人看新疆、今日新疆等内容,还特别设有文化书籍连载。网民主要来自亚洲、欧洲、北美洲、大洋洲等 20 多个国家和地区。此外,天山网已经与巴基斯坦"你好萨拉姆"网站达成合作共识,聘用该网站编辑为天山网驻巴基斯坦办事处工作人员,每天进行稿件互换。

二、亚心网

亚心网是新疆最大的新闻综合门户网站,其对外传播平台主要集中在亚心中亚网和亚心俄文网。亚心中亚网从 2000 年起便以专业化的角度搭建起新疆与中亚、中国与中亚的商业信息互通桥梁,并成为中国专业的中亚电子商务平台。亚心俄文网则从 2004 年起全面服务于中国企业及产品面向中亚地区的宣传和推介,也是中亚了解中国的重要信息平台。

2009 年 2 月 6 日,亚心网 200 余平方米的视频直播室和直播车同步启用,在视频采集、网络合成、同步播出环节,建立起了系统完善的设备及流程。同时,亚心网基于新疆经济报系平面媒体资源,开始全面尝试全媒体、立体化的传播模式,并大力投入发展报网联营和报网融合。2010 年 5 月 10 日,亚心网开通运行了新疆首家手机新闻网、手机视频以及手机互动社区,不久实现了亚心网全媒体融合播报——报纸＋手机＋网络的传播核心理念,为提升对外传播能力夯实了平台基础。

三、外宣期刊网络版

《大陆桥》杂志和《友邻》杂志的网络版也成为中亚各国受众喜爱的电子阅读物。与吉尔吉斯斯坦钻石广播公司开办的"中国新闻网"合作,《大陆桥》的电子版在对方的网站上挂链接,《大陆桥》刊登对方的网址。新疆经济报系的网站,也可以挂在对方的网站上。

《友邻》杂志英文版与天山网合作的网络版上线,扩大了涉疆信息覆盖面,使受众从单一国家覆盖到全世界,增强了对外影响力。《友邻》杂志英文版的创办及其网络版的上线,不仅标志中国新疆与巴基斯坦的新闻出版交流进入新阶段,也为巴基斯坦人民了解中国、了解中国新疆提供了一个新的窗口。

四、新疆新闻在线

新疆人民广播电台"新疆新闻在线"是 2000 年 4 月 18 日新疆维吾尔自治区建立的第一个具有广播特色的多媒体综合网站,10 多年来,刊发了大量宣传、介绍新疆的稿件,成为内地和世界了解新疆的重要窗口和最便捷的网上通道。2004 年 12 月 1 日,新疆人民广播电台"新疆新闻在线"网站联手中国国际广播电台"国际在线"网站,共同推出维吾尔语、哈萨克语、柯尔克孜语和蒙古语 4 种语言网站[①],成为运用网络媒体进行国际传播的省级电台。

截至 2018 年,新疆电台新浪官方微博"@直播新疆"粉丝量达 190 万,五种语言十二套频率的公众微信平台粉丝矩阵达 210 万,是新疆拥有粉丝量最多的传统媒体微信平台;新疆电台开发的移动音频集成平台"丝路云听"APP

---

① 朱丽萍.新疆民语广播电视对外宣传策略[J].新疆师范大学学报,2009,30(2):92.

已经上线运营;研发了维、汉、哈、蒙、柯五种语言的"直播新疆"手机新闻客户端;还与中国国际广播电台合作,通过"国际在线"网站向全球传播新疆声音。

第五节　对外传播的问题与对策

一、存在的问题

(一)新闻报道的偏向性

新疆对外传播的新闻偏向性表达影响着国外受众对新疆的认识和解读。新疆对外传播主要表现在着重展示经济建设与社会发展以及民族融合等方面的成就,树立各级政府良好的形象等方面,主要以褒扬为主,虽然力求客观,但批评报道几乎没有。其实对于外国客商投诉、境外游客不满意等所谓"负面新闻"应该有客观报道,以利于督促并解决问题,而不是片面遮掩。新疆对外报道的内容由外宣部门统一进行信息控制,代表政府意志。但对于受到欧美新闻报道理念影响的周边国家受众来说,如果报道没有客观平衡的批评监督,报道的专业性会被质疑。

(二)专业人才的稀缺性

新疆缺乏专职的外宣干部和专业的外宣人才。例如,2005 年 5 月设立的新疆广播电影电视局"走出去工程领导小组"由局长任组长,局外事处是执行中心,负责与周边国家洽谈频道租赁、节目落地、人员往来等工作,具体播出节目的制播则由新疆电台与电视台负责。而新疆电台负责节目录制的国际部是 2009 年 3 月正式成立的,国际部主任一直由电台总编室主任兼任,国际部编导只负责摄制和选编汉语新闻和专题类节目,将编辑好的汉语稿件交给柯语和维语编辑部翻译后录制播出。由此可见,新疆对外广播的管理人员很多都是兼职,而节目编导虽有丰富的广播从业经验,但却缺乏国际传播的语言转换能力。这样的人才结构很难满足现在新疆对外传播的需要,从而削弱了对外传播的效果。

（三）二次编码的困难性

新疆对外传播的主要对象国，比如吉尔吉斯坦、乌兹别克斯坦等国家，这些国家经济发展较为缓慢，新闻业务水平较低，政治局势不稳定，法律制度有一定欠缺，传播环境还需改善。国际传播需要二次编码，即将本国一般受众接受的信息转换成可以被国外受众或者全球受众接收的信息。[①] 但是，新疆的对外报道即使有相同语言背景的优势，由于文化背景的差异，在进行二次编码时，有时也很难转变成符合国际语言习惯的话语表达。比如，涉及跨文化传播的文字互译问题，俄文和中文、塔吉克文和中文，总有些词汇很难找到对应的词语，文化的差异是一道看不见的鸿沟。"信"做不到，"达"就很难，"雅"更是一种奢望。面对一些中国式的新闻语言，即便受众是新疆少数民族的同根民族也看不懂。比如，中国的塔吉克族和塔吉克斯坦的塔吉克族，族名看似一样，人种（白种人）一样，但现在的生活状态、语言文化、发展程度等却完全不同。新疆对外传播的俄文、维文、英文版内容只是汉语版的翻译，很少真正进行"二次编码"，往往只能完成语言的转换，很难完成与传播对象国社会文化习俗的对接。长此以往，在这种"自说自话"的单向传播状况下，对外宣传的效果肯定大打折扣。

（四）大国影响的复杂性

中亚各国深受"俄罗斯化"和"美国化"的影响。俄语作为中亚五国族际交流语言，在中亚无论是在传统媒体还是新媒体方面，都占有很高比例。新疆对中亚五国传送的民族语广播电视节目难以被广泛认知的一个重要原因即在于此。哈萨克斯坦国际化程度较高，受美国的影响比其他中亚四国更多。虽然中亚五国互联网发展缓慢，但源自美国的 Facebook、YouTube、Google 都可以自由接入，对年青一代潜在的影响正逐渐消解俄罗斯文化的统治地位。[②] 随着中亚五国进入全球化的速度加快，美国的电影、音乐、游戏等大众文化对中亚青年人

---

① 周丽.新疆对外传播过程中存在的问题及对策研究——以天山网为例[J].新疆财经大学学报,2009(2):68—70.

② 同上。

的影响持续增强。因此,在社交媒体当道的时代,新疆对外传播中国文化,既要面对面与俄罗斯文化、美国文化在伊斯兰文化为主的场域中同场竞技,同时还要化解关于"中国威胁"的各种声音,这对新疆媒体是极大挑战。

二、改进对策

(一)树立客观平衡的对外传播理念

新疆对外传播的内容以正面报道为主,硬新闻相对较多,指导性、政策性较强,如果依旧延续国内中文媒体的传播方针,负面报道和软新闻比较少,容易给周边国家受众一种典型的"政府代言人"印象。这样的传播方式,让新疆日新月异的发展很难进入普通外国受众的视野。由于国家政策、体制机制等方面的原因,新疆对外传播理念大多还是以正面灌输为主,习惯"我说你听"的宣传报道思维方式。针对社交媒体时代的国外受众,新疆对外传播理念和具体对策都应该相应调整、改进,应当适应国外受众的接受习惯和心理,在正面报道的同时,适当报道反映发展中的困难和问题,报道内容应该更加平衡和客观,这样才能增加说服力。

(二)引进培养专职的外宣专业人才

在社交媒体越来越发达的今天,从事对外传播的记者编辑更应该做到专职、专业,充分发挥主流媒体的传播优势,贴近新疆发展的实际,贴近国外受众对新疆社会文化经济等综合信息的需求,贴近国外受众的思维习惯,为新疆对外传播能力提升做出更大贡献。新疆的对外传播工作需要传播理论扎实、新闻业务精良、通晓外国语言、了解国外受众的复合型人才。人才的得来无外乎引进与培养。新疆日报社、新疆广播电视总台可以与新疆内外高校合作,联合培养一批专门从事国际传播的学生,这些学生毕业后可以定向进入新疆外宣主流媒体任职。新疆外宣媒体也可以与全国知名新闻院校的教授专家合作,在职培养从事对外传播工作的管理干部和编辑记者。

(三)建立全球化和多元化的受众观

新疆外宣报道应该进一步细分受众,有的放矢地开展对外传播。外宣内容的传播一定要建立全球化、多元化的受众观,将受众精准定位,有选择性地进行内容产品定制和传播,将节目内容生活化、增加节目的趣味性,吸引更多的受众,增强外宣效果。比如,针对在新疆周边国家工作生活的华人华侨和喜欢新疆文化的外国友人,可以推送一些介绍新疆传统文化艺术、风土人情、服饰餐饮的节目;针对寻觅商机的外国经贸商业人士,可以推送一些经济信息和政策法规类节目;针对没有特殊需求的一般受众,可以推送一些文艺娱乐、音乐戏曲类的轻松普适节目。

(四)采取适当有效的周边传播策略

新疆世居的少数民族有哈萨克族、柯尔克孜族、塔吉克族、乌孜别克族等,同源的跨境民族生活在新疆周边的中亚五国。跨境民族虽然跨国而居,但在语言、宗教、风俗等方面有相同和相似之处,这形成了既往新疆媒体对中亚国家传播的文化基础。中亚五国除俄罗斯族之外,其他各国的主体民族都与中国新疆各民族有着深厚的渊源关系。哈萨克斯坦的主体民族是哈萨克族,吉尔吉斯斯坦是吉尔吉斯族(在中国翻译为柯尔克孜族),塔吉克斯坦是塔吉克族,土库曼斯坦是土库曼族(与中国的撒拉族有渊源关系),乌兹别克斯坦是乌孜别克族。[①] 因此,新疆与中亚国家的主体民族基本是同根民族,在地缘、语言、民俗、宗教等方面都比较接近。

一般而言,同族同根、同风俗、同语言、同文化,自然互有认同感和亲近感。这种接近性是进行对外传播的心理基础,应该进一步充分发挥这种"邻里效应",开展外宣报道。但同时,基于民族文化认同假设而产生的"邻里效应",在外宣报道理念和具体操作上,一定程度放大了跨境民族文化的"同质性",忽视了"他国"文化的"异质性"。跨境民族受不同国家文化的影响,在发展过程中会产生文化变异的现象。例如,新疆少数民族除了受到突厥文化和伊斯兰文化的影响,还受到中华中原文化的影响,而中亚五国除了受到突厥文化和伊斯兰文化的影响外,斯拉夫文化对其的影响也很深远。而且,中亚各国在近现代发展过程中,其语言文化的"俄罗斯化""西方化"等因素日趋明显。此外,中亚各国对中国既防范又接近的心理也加大了对周边传播的难

---

① 赵丽芳,古力米拉・亚力坤.新疆媒体对中亚的传播策略分析[J].当代传播,2016(2):111.

度。因此,新疆外宣必须采取"一国一策"的传播策略,利用文化的同质性,注意文化的异质性,否则,就容易导致传播内容的偏向,进而影响到传播的效果。

(五)建构经济发展的传播内容框架

追溯历史,新疆跨境民族对中亚主体民族的文化认同更多,是一种单向的文化认同。也正是这种单向文化认同,导致了新疆媒体对中亚传播的内容偏向"文化框架"和"历史框架"。"文化框架"更多基于文化同质性,偏向于介绍新疆同根少数民族的文化、习俗、传统,在内容策略上会事先产生传播假设,预期这些文化传播会产生文化相通、人心相通的效果。"历史框架"更多基于新疆与中亚国家有着历史渊源关系,讲述过去的故事多,较多呈现远离现代化生活的过去时国度,多历史观照,而对当下新疆形象构建缺少叙事,现实观照少。[①] 随着丝绸之路经济带的推进,人、资本、信息流动加速,紧迫和普遍的跨文化传播问题也会随之而来。调查表明,中亚受众对新疆事务感兴趣的领域依次是经济发展、科技、自然风光、民族、政治状况、文化多样性。这一调查表明,内容生产者应在"文化框架"和"历史框架"之外,更多建构"经济框架"和"发展框架",增强主动设置议题的意识,讲好新疆故事。

(六)选取普遍适用的外宣语言文字

在外宣语言文字的选择上,新疆媒体应考虑对俄语这一"最大公约数"的偏重。虽然,中亚五国主要使用突厥语族语言、俄语和波斯语,但在苏联解体前,俄语已基本成为所有这些民族的共同语言,是主体民族语言之外普遍公认使用的第二语言。在对中亚的传播中,多生产以俄语报道的内容既能面向最普遍的受众,同时对传播者而言还减少了不同国家不同语言制作的多版本压力,[②]利于资源综合开发利用,提升传播效力。

---

① 赵丽芳,古力米拉·亚力坤.新疆媒体对中亚的传播策略分析[J].当代传播,2016(2):112.
② 同上。

第六章　西藏自治区

第一节　对外传播的形势与概况

一、对外传播战略的制定与规划

（一）周边形势

1. 自然环境

西藏自治区位于中华人民共和国西南部，面积 122 万平方千米，约占中国陆地总面积的 1/8，在中国各省区中，仅次于新疆维吾尔自治区，位居第二。北面与新疆维吾尔自治区、青海省相邻，东面和东南面同云南省、四川省接壤；南部与西部自东而西与缅甸、印度、不丹、尼泊尔等国以及克什米尔地区毗邻，国境线长约 3842 千米。西藏自治区位于被称为"世界屋脊"的青藏高原，被视为南极、北极之外的"地球第三极"。青藏高原地势由西北向东南倾斜，地形复杂多样：既有高峻逶迤的山脉，陡峭深切的沟峡，也有冰川、裸石、戈壁等多种地貌类型。地貌大致可分为喜马拉雅山区，藏南谷地，藏北高原和藏东高山峡谷区。其中，西藏和尼泊尔、印度隔着喜马拉雅山，隔山相依。

2. 人文环境

西藏自治区 1959 年和平解放后，废除了封建农奴制，使百万农奴在政治、经济和精神上得到了翻身解放，获得了人身自由和宗教信仰的自由，极大地解放了社会生产力。民族区域自治的实行为西藏的现代化发展提供了强有力的制度保证。近六十年来,西藏在经济制度、经济结构上发生了巨大变化,实现了巨大飞跃,彻底告别了封闭的庄园制自然经济,正向现代市场经济迈进。中央从1980年开始,不定期召开西藏工作座谈会。2015年8月,习近平总书记在中央第六次西藏工作座谈会上强调,要坚持党的治藏方略,把维护祖国统一、加强民族团结作为工作的着眼点和着力点,坚定不移地开展反分裂斗争,坚定不移地促进经济社会发展,坚定不移地保障和改善民生,坚定不移地促进各民族交往交流交融,确保国家安全和长治久安,确保经济社会持续健康发展,确保各族人民物质文化生活水平不断提高,确保生态环境良好。①

3. 安全环境

随着中国"一带一路"倡议和"两个一百年"战略目标的稳步推进,青藏高原的存在,使中国天然具有了优于英美的东接太平洋财源(市场)、西接印度洋资源的地理优势。作为世界上最具发展潜力的国家之一,印度在冷战后乘美国对南亚采取"等距离外交政策"的时机,积极向美靠拢,以实现其地区大国乃至世界大国的梦想。近年来,中印关系虽然已有相当程度的改善,但仍然存在很大障碍,尤其是与印度的边界争端至今悬而未决。边界问题事关国家的根本利益,又直接涉及民族感情,从根本上制约了两国关系的发展。

此外,印度是鼓吹"中国威胁论"的主要国家之一。印度高层认为,中国的强大和崛起可能影响印度的国家利益,中国军队的现代化建设严重威胁了印度的战略安全。西藏问题严重影响中印关系,流亡在印度的西藏人超过12万,达赖集团的流亡政府即设在印度的达兰萨拉,印度政府长期以来对达赖集团的分裂活动持暧昧态度。

(二)对外传播战略的目标与功能

1. 维护国家安全

西藏对外传播的首要功能就在于维护国家安全,稳定西藏社会局面,打

---

① 牢牢把握西藏工作重要原则——一论学习习近平总书记在中央第六次西藏工作座谈会讲话精神[EB/OL].新华网,2015-8-26:http://www.xinhuanet.com//politics/2015-08/26/c_1116384497.htm.

击"藏独势力"和抵制某些西方国家煽动的虚假言论信息。西藏自古以来是中国多民族国家的重要组成部分,但是到20世纪70年代末,随着国际形势的变化,十四世达赖集团开始采用两手策略:一手是连续制造暴力事件,向中央政府施压;一手是宣扬"非暴力",欺骗世人,掩盖其暴力行径。在十四世达赖集团的策划煽动下,西藏接连发生暴力事件。十四世达赖集团为实现"西藏独立",始终没有停止在藏族和中国其他民族之间制造隔阂和矛盾,挑拨离间民族关系,煽动民族仇恨。十四世达赖集团还培养崇尚暴力的"藏独事业"接班人。成立于1970年的"藏青会"自成立之日起就不断制造暴力和恐怖活动,他们还在印度达兰萨拉设立了武装训练基地,组建"西藏自由战士协会",进行武装破坏活动。

为此,西藏媒体瞄准全球涉藏舆论制高点,选择美国、英国、法国、德国、瑞士、意大利等涉藏西方大国为战略突破口,集中力量打造具有较强影响力的传播品牌,以丰富的资讯、鲜明的中国视角、真实的西藏故事扩大影响力,使西藏媒体关于西藏的宣传报道成为西方国家获取涉藏信息的重要来源和渠道,向西方国家受众增信释疑,有效挤压十四世达赖集团的国际炒作空间。

2. 塑造西藏形象

长期以来,由于西方一些反华势力在西藏问题上进行了肆意的歪曲报道,加之"藏独"势力多年在西方的片面宣传,国际社会对中国西藏存在着严重误读。对于国内受众而言,西藏地处西南边陲,长期以来交通和通讯不便,较内地信息传播相对封闭,许多人对西藏缺乏了解,包括对西藏民主改革后、尤其是改革开放后,政治、经济以及宗教文化领域发生的巨大变化知之甚少,因此,要面向全国乃至全球介绍新西藏的进步和发展,是为了打破长久以来对西藏的各种自然想象和政治化解读的偏见和谬论,给世界重塑一个真实的西藏新形象,在对外传播空间里掌握话语权。

近几年,自治区外宣部门还加大了边境外宣投入力度,精心打造"边境之窗"形象建设工程,在边境县、边境口岸、乡镇边贸市场、旅游朝佛线路、边民聚居点设置电子显示屏、标语牌、大型宣传栏等;积极利用亚东、樟木、吉隆、普兰等边境口岸辐射周边的优势,提升口岸外宣点的功能,通过组织联欢会、文艺演出、播放外宣片、制发外宣品等形式开展对外传播活动,把4000多公里的边境线建设成对外展示社会主义制度优越性、西藏巨大发展成就的窗口和阵地。

3.开展文化交流

西藏围绕国家周边外交布局,主动对接"一带一路"倡议、"环喜马拉雅经济合作带"等,充分利用西藏地缘优势和与印度、尼泊尔、不丹等周边国家在文化交往等方面的深厚渊源,有针对性地开展对外传播工作。针对蒙古国、中亚各国及俄罗斯部分地区信仰藏传佛教的实际,利用宗教文化进一步拓展西藏国际传播的空间和层次。为让丰富多彩的藏文化"走出去",近年来西藏自治区持续发力打造对外文化品牌。同时,也邀请尼泊尔等国家和地区的多个文艺团体"走进来",在西藏开展文化交流活动。目前西藏已推出"中国西藏·扎西德勒""发现中国""感知中国""欢乐春节"等系列对外文化交流品牌。2014年,"中国西藏·扎西德勒"文艺演出首次将藏文化带到非洲大陆,受到当地民众的广泛赞誉。2016年,在尼泊尔的展演则进一步提升了其品牌文化项目的影响力。近几年,西藏组团上百次,前往德国、泰国、尼泊尔及中国香港等20多个国家和地区进行了文化交流。

4.服务经济发展

西藏外宣的另一目标和功能就是服务经济发展。近年来,在中央的特殊政策和全国人民大力支援下,西藏经济社会实现跨越式发展,经济总量持续迈上新台阶,2017年GDP增长率超过10%,领先国内绝大部分省、区、直辖市。西藏经济未来发展的突破点除了对接内地,更应该面向南亚次大陆。随着青藏铁路的通车,川藏铁路的开工建设,拉萨到日喀则铁路的竣工通车,西藏与印度、尼泊尔等国家的陆地通道即将打通。从长远来看,印度、尼泊尔虽然目前处于欠发达阶段,但对于进出口贸易而言,特别是知识产权和工业产品的出口,"欠发达"也意味着"有机会"。西藏水电蕴藏量全国排第二,仅次于四川,光伏能源蕴藏量惊人,这是西藏的优势。而印度、尼泊尔、不丹、巴基斯坦、阿富汗等国家则可以成为西藏潜在的电力出口市场。另外,西藏在高新技术,特别是受海拔影响的高新技术本地化研究方面,大有可为。在材料技术、医学技术、生物技术、工程技术方面,西藏具有得天独厚的优势。

第二节　印刷媒体的对外传播能力建设

一、外宣报刊

(一)《西藏日报》

《西藏日报》是西藏对外传播的主流权威媒体。《西藏日报》藏文版以最大的发行量（3 万份）、最广泛的区域影响（以西藏自治区为主的全国主要藏区），无可争议地成为中国乃至世界上最大的藏文报纸，读者群早已扩大到美国、德国、法国、印度和尼泊尔等国家。《西藏日报》是国际上认可的西藏主流媒体的代表，英籍著名作家韩素英、《中国建设》总编辑爱泼斯坦、美国哥伦比亚大学新闻学研究院院长奥斯本·埃利奥特等著名媒体界人士访问西藏，都把《西藏日报》作为重要的访问对象。[1]

近几年，在区外宣办支持下，西藏日报社在国外主流媒体刊登了西藏专版，积极影响当地主流社会——与中国日报社合作，在美国《华盛顿邮报》、英国《每日电讯》、法国《费加罗报》、德国《商报》等西方国家主流媒体共推出扶贫攻坚、春耕民俗、桃花节庆、藏医药发展与保护、生态环境保护 5 期西藏专版，发行量达 750 万份。同时，西藏日报社以周边国家为首要，不断加大与周边国家主流媒体的合作力度，在尼泊尔《加德满都邮报》推出 3 期西藏专版，在尼泊尔《人民周报》刊发 20 余期涉藏专题文章。西藏日报社还在海外华文媒体推出西藏专版，扩大正面声音影响力——与中新社合作在美国《侨报》、英国《英中时报》、俄罗斯《龙报》、意大利《欧洲华人报》、南非《非洲时报》、法国《欧洲时报》、加拿大《加中时报》、巴西《南美侨报》、澳大利亚《大洋日报》、日本《东方新报》、比利时《欧华商报》等 12 家海外华文媒体推出每周 1 期的"今日西藏"专版，每月总计刊发 40 余期，截至 2016 年，已刊发 280 余期中文专

---

[1]　周德仓.《西藏日报》:西藏的主流媒介,媒介中的主流西藏.复旦大学信息与传播研究中心会议论文集[C],2009:116.

版、6 期英文专版和 12 期藏文专版。这些专版针对国际涉藏舆论和华人社会关注的热点,突出经济发展和文化、教育、宗教、环保等主题,注重新闻性、专题性和故事性相结合,深受海外华人华侨读者欢迎。

(二)《今日西藏》

《今日西藏》周报于 2016 年 5 月 18 日创刊,至 2018 年 7 月底共刊出 120 多期。《今日西藏》周报由自治区外宣办主管,西藏日报社主办,西藏日报社藏文编辑部和尼泊尔天利公司负责内容采编和营销发行。西藏日报社藏文编辑部专门安排一名高级编辑担任《今日西藏》周刊专职编辑,分管藏文媒体的报社副总编亲自审稿、签发、付印。《今日西藏》紧紧围绕西藏外宣工作的总体要求和总体规划,以民生、文化、宗教活动的内容为主线,以文艺作品和风光照片为点缀,为尼泊尔以及其他地区的藏胞读者全方位地展现了经济繁荣、社会和谐、文化发展、宗教自由、百姓安居乐业的今日之西藏。

《今日西藏》还不断改进内容形式,进一步增强了报纸影响力。作为第一份在海外发行的藏文周报,根据自治区外宣办的指导意见,采取"边办边改"的方式不断改进报纸内容和形式,征求各方意见,不断积累经验,不断创新改革。报纸由刚开始的强势发声和舆论引导,逐渐转变为润物细无声和滴水穿石的报道形式,有效地避免和消除了尼泊尔藏胞的疑惧心理,成为读者接受并信赖的报纸。

(二)《喜马拉雅故事》

《喜马拉雅故事》为英文双月刊,拥有尼泊尔的正式刊号,全彩印刷,大 16 开 64 页,每期发行 5000 份,是尼泊尔发行量最大的刊物之一。截至 2017 年 7 月,《喜马拉雅故事》已经发行出版 7 期,第 8 期组稿工作已经完成。《喜马拉雅故事》杂志面向尼泊尔各社会阶层发行。内容以"西藏故事、世界表达"为原则,由西藏自治区新闻办设定舆论导向,尼泊尔天利出版文化公司负责杂志的采编、设计、出版和发行,全面展示新西藏发展成果和援藏成就。从读者反馈来看,内容颇受欢迎。杂志发行渠道与《今日西藏》周报相同,迅速在加德满都、泰米尔、猴庙、白塔等处建立了固定分发点,覆盖书店、学校、体育馆、宾馆酒店、餐馆、咖啡店、商店、航空公司、中国驻尼机构等数百个发放点。

《喜马拉雅故事》的读者群较《今日西藏》更为广泛,主要面向尼泊尔当地民众,同时兼顾政府官员、专家学者、媒体记者、商界精英、赴尼外国游客等。目前,尼泊尔天利公司正逐步拓展新的发放点,构建独立于《今日西藏》的发行渠道。

二、图书出版

为了着力服务国家总体外交大局,积极扩大新闻出版对外交流活动,实现新闻出版"走出去"的战略目的,西藏新闻出版通过与尼泊尔开展出版、文化等领域的交流与合作,占领尼泊尔文化舆论阵地,从而为打击、控制并瓦解境外藏独势力提供了舆论支持。根据原国家新闻出版广电总局和自治区党委、政府的部署,西藏出版机构开展了一系列面向尼泊尔的中国图书对外传播工作,下一步还将千方百计在印度开拓图书出版市场,扩大对外传播能力。1991年迄今,西藏自治区新闻出版广电局先后在尼泊尔、印度等南亚国家和地区举办了8次书展,进一步提升了自治区涉藏新闻出版产品在周边国家的影响力和吸引力。2013年首次参加海峡两岸图书交易会,与香港、台湾地区出版界进行了接触,实现了与大陆之外的出版单位交流合作的新突破。

近年来,自治区大力实施新闻出版"请进来、走出去"战略,[①]推动引导相关企业与尼泊尔人民周报、尼泊尔出版协会下设的出版机构达成收购和参股协议,与部分书店达成合作意向,着力打造立足尼泊尔、辐射印度等南亚国家的综合出版中心。2014年10月,自然区成功举办了"感知西藏——2014年尼泊尔中国书展",在书展上,挂牌成立尼泊尔中国出版文化基地,与尼泊尔出版机构签订版权输出、出版发行、建立加盟书店、文化交流等方面的4项合作协议。2016年9月,同样利用国家"走出去"项目资金100万,成功举办了"发展中的西藏——2016年尼泊尔中国书展"。经过友好协商,中尼双方达成了诸多合作意向。西藏人民出版社与尼泊尔尺尊公主出版社、西藏藏文古籍出版社与尼泊尔天利出版文化公司共签订了4项合作协议,合作内容涵盖出版合作、版权输出、建立加盟书店、组织文化交流活动等多个领域。

---

① 杨丽雅.西部地区印刷媒体对外传播现状及影响力提升策略研究[J].新闻知识,2013(3):22.

通过国际书展,西藏出版机构进一步提高了涉藏出版物在周边国家的市场占有率,不断挤压着十四世达赖集团的反动出版物及宣传品的渗透空间,充分反映了在中国共产党的领导下,西藏传统优秀文化得到有效保护、继承和弘扬的事实,有力揭批了十四世达赖集团所谓"西藏文化毁灭论"等谬论。下一步,西藏出版机构还将加强与境外出版机构的沟通和交流,努力达成合作意向,不断拓宽出版发行渠道,形成涉藏出版物的强大辐射力,为西藏经济社会发展和长治久安营造良好的外部舆论环境。

第三节　广电媒体的对外传播能力建设

一、西藏电视台

(一)制定战略规划外宣目标

西藏电视台积极做好对外传播工作,在反分裂宣传中始终做到旗帜鲜明、立场坚定、认识统一、表里如一、态度坚决、步调一致,引导各族干部群众深刻认识到"团结稳定是福,分裂动乱是祸"的道理。坚持讲成就、揭老底、批谎言、反渗透,彻底粉碎一切破坏西藏稳定、危害祖国统一的图谋,为西藏自治区经济社会跨越式发展和长治久安营造良好的外部舆论氛围。

(二)落地国外拓展外宣渠道

西藏电视台对外传播的主渠道是藏语卫视。2002 年 9 月,西藏电视台藏语卫视通过尼泊尔太空时代网络公司在尼泊尔落地并入网播出,让旅尼藏胞、留学生、尼泊尔政府、商业团体、普通民众及驻外人员有了更直接、迅速、全面、真实地了解和掌握国内与西藏情况的渠道。①

---

① 周德仓,王亮.西藏对外传播力量的组成[J].对外传播,2014(8):42.

(三)主题报道引导社会舆论

近年来,西藏卫视的外宣工作紧紧围绕自治区党委、政府的中心工作和宣传工作总体思路,每年都安排部署重要主题宣传报道。先后开播了重大主题报道《见证西藏》《回眸精彩聚力前行》《关注拉萨老城区保护工程》《中国梦·西藏故事》《中国梦·美丽西藏》《中国魂·西藏梦·践行核心价值观》《中央媒体看西藏》《援藏故事》《行进中国·精彩故事》《民族团结一家亲》以及《援藏 20 年》等。

这些外宣主题报道讲述发生在身边平凡却又感人的民族团结故事,勾勒出各民族共同团结奋斗、共同繁荣发展的动人画卷,进一步弘扬了民族团结主旋律,传递社会正能量,获得了国内外受众的好评。此外,每逢西藏重大节日,电视台各频道都会组织相关的宗教文化报道,比如,藏历新年、古突夜、雪顿节等方面的报道,重点宣传宗教文化旅游和西藏人文风情,效果良好。

(四)重大活动聚焦西藏发展

西藏电视台的另一重要外宣工作是对历届"中国—西藏旅游文化国际博览会"的宣传报道。每逢会期,西藏电视台都抽调总编室、社教外宣节目中心、文体青少年节目中心、经济生活频道、录制播发中心等部门(中心)骨干力量组成工作组,按照上级部门要求,制作藏博会官方专题宣传片,展现社会主义新西藏欣欣向荣的美丽画面。同时,还拍摄制作了《办好首届藏博会,展示魅力新西藏》《人间圣地,天上西藏》《努力将西藏建设成重要的世界旅游目的地和中华民族特色文化保护地》《抓住旅游文化发展大好机遇,着力建设富裕和谐幸福法制文明美丽西藏》《中国西藏欢迎您》等藏博会新闻专题节目。会议期间,这些宣传片在西藏卫视、西藏藏语卫视、影视文化频道、经济生活频道进行了循环播出,取得了观众的良好口碑。

(五)守土有责,反对民族分裂

维护稳定、反对分裂是西藏电视外宣的题中应有之义。近年来,西藏电视台紧紧围绕自治区党委、政府的中心工作,按照全台新闻宣传工作的部署要求,全面加强对民族、宗教、维稳等涉及全区民族团结、发展稳定方面的宣传报道,从媒体的角度为西藏和谐、稳定营造了良好的氛围,起到了积极宣传的正面引导作用。同时,大力加强相关选题的策划及采制实施,针对民族、宗教、维稳方面的主题,策划了一系列报道,从驻村驻寺到民族团结家庭,从援藏工作到全区维稳,新闻节目中心派出大批次记者深入基层一线,采制了有深度有细节的精彩报道,受到了广泛好评。节目通过各频道立体式播出,扩大了影响覆盖面。

(六)外宣专题讲述西藏巨变

在做好涉藏外宣新闻报道的同时,本着新闻、专题全面出击的原则,西藏电视台积极加强与中央电视台、上海东方卫视等媒体的合作,全方位、多角度、多形式陆续推出多部涉藏外宣专题节目。主要有《轮回的草原》《唐蕃古道(上、中、下)》《唐卡(上、下)》《西藏,一个隆起的神话》《口述西藏》《扎什伦布寺》《中国梦幸福聂拉木》《走笔西藏四十年》等,这些涉藏外宣专题片多角度、全景式地展现了西藏独特的自然环境与人文景观,展示了新旧西藏的今昔巨变,产生了良好的传播效果。另外,电视台还树立精品意识,按照"西藏故事,世界表达"的要求,加强选题策划,精心制作《西藏故事》系列纪录片,完成了反映西藏发展进步的纪录片《路见西藏》的拍摄和第一稿制作工作,策划开拍反映西藏环境保护、人与自然和谐相处的《黑颈鹤的故事》《类乌齐的故事》等纪录片,反映西藏文化保护和新旧对比的《驮盐的故事》等纪录片。

为贯彻落实中宣部、原国家新闻出版广电总局关于进一步提高西藏藏(汉)语卫视节目质量的长期规划,西藏电视台于 2010 年 12 月 1 日正式推出了特色化外宣栏目《西藏诱惑》。该栏目的播出,为西藏电视节目制播分离改革的历史性探索拉开了序幕。《西藏诱惑》是西藏自治区首次尝试制作的大型特色化栏目,以西藏的电视资源和全球热点关注所引发的预期收视资源为背景,以宣传西藏奇特的自然景观、悠久的历史文化、浓郁的民俗风情和经济社会的巨大历史发展变迁为宗旨,为提升西藏卫视的品质、让国内外观众更好地了解西藏起到了良好作用。栏目在节目设置、选题策划、拍摄制作等各个方面较以往节目有较大的创新,取得了良好的收视效果。

二、对外广播

西藏人民广播电台成立于 1959 年初,几十年来,西藏人民广播电台坚持"藏汉语并重、藏语强台"的办台方针,对外传播能力不断提升。西藏自治区最早对外传播的媒体是广播,从 1963 年 6 月 24 日起,每周编排三组针对流落境外的藏族同胞的广播稿件,主要宣传党和国家对流落国外参加叛乱人员及其家属的政策,起到了瓦解达赖集团的作用。藏语对外节目是在周恩来总理的亲切关怀下,经国务院和中央军委批准,于 1964 年 2 月 14 日正式开播,时至今日已走过 53 年多的历程。节目由西藏军区政治部联络部与西藏人民广播电台联合录制播出,当时名为《对流落国外的藏族同胞广播》,几经改造,现名《中国西藏之声》,已成为西藏人民广播电台对外传播的主要节目。①

《中国西藏之声》节目开播以来,在不同时代、不同阶段,始终维护祖国统一,反对民族分裂,坚持"以我为主、以正面宣传为主、以事实为主"的外宣方针,凸显人文关怀,注重"以情动人,以理服人",向国外藏胞宣传党和政府不同时期的各项政策,及时报道西藏和其他藏区的新变化、新成就,以真情感染了无数听众。21 世纪以来,特别是实施"西新工程"之后,电台进一步加强了藏语、英语对外广播的宣传力度,延长了节目时间,增加了栏目,丰富了内容,全景式地介绍中国西藏的历史与现状,详实播报西藏的社会、经济、文化、风土人情、名胜古迹,展示新西藏的新发展、新变化、新生活,在国际上对树立中国西藏正面形象发挥了积极作用。

当前,藏语广播的对外传播能力建设强调贴近西藏的发展变化实际、贴近国外受众的信息需求、贴近国外受众的思维和接受习惯,拓展内容领域,改进方法手段,完善体制机制,努力打造大外宣新格局,对外宣传工作整体呈现出扎实推进、蓬勃发展的喜人局面。截至目前,藏语、英语对外广播日播出时长达 240 分钟,其中 60 分钟为《中国西藏之声》藏语节目,60 分钟为《圣地西藏》英语节目,120 分钟为首播,120 分钟为重播。设有《故乡云》《圣地旅游》《藏地文化》《西藏讲堂》等栏目,每天通过中波、短波、调频方式向周边国家和地区覆盖传播。

---

① 周德仓,王亮.西藏对外传播力量的组成[J].对外传播,2014(8):41—42.

第四节　新媒体的对外传播能力建设

一、中国西藏之声网

2009 年,中国西藏之声网在线广播正式开通,建设了网站自己的服务器机房,实现了西藏人民广播电台藏语广播、康巴话广播、汉语新闻广播和都市生活广播、藏语科教广播的在线收听和精品节目的点播。网站开设了新闻、广播、旅游、文化、图片、音乐等 9 大频道。2011 年,中国西藏之声网开通了视频业务,实现了西藏电视台藏语卫视的在线收看和精彩节目的点播。2012 年10 月,中国西藏之声网新平台上线,独享带宽新增至 500 兆,顺利修通了音视频"高速公路"。2013 年,中国西藏之声网进行了大规模的升级改造,对网站进行了全方位的改版,藏语网站同步进行了升级改造。

2013 年 10 月 23 日,中国西藏之声网开通了藏语版 APP,APP 有丰富的音频、视频、图文等,其中以音视频为特色,深受区内外藏语受众的欢迎,点击量不断上升,据不完全统计,日平均点击量达 40 多万人次。目前,苹果和安卓客户端装机用户量已超 100 万。客户端访问用户覆盖印度、瑞士、法国、加拿大、德国、意大利、日本、中国台湾等全球 180 多个国家和地区,以及内地的四川、青海、云南等藏区。

中国西藏之声网及其手机客户端实现了西藏人民广播电台五套广播节目和西藏卫视、藏语卫视在互联网上和手机上的在线播出和精彩节目的点播,同时发布了中国西藏之声网原创的微电影、微视频、微纪录片等音视频内容,并实现了多语种的搜索、分享和互动等功能。为满足不同网络及用户的需求,所有音视频提供多种码流的传播。

二、中国西藏首页(网)

中国西藏首页(网)是自治区党委外宣办所属的大型资料性外宣网站。

2012 年 8 月,自治区党委外宣办与西藏人民广播电台中国西藏之声网签订了《中国西藏首页(网)建设和运营合同》,《合同》明确了西藏人民广播电台(中国西藏之声网)是中国西藏首页(网)的建设运营方。为加快中国西藏首页(网)的建设,确保该网如期上线运营,西藏人民广播电台成立了由台领导牵头,30 多名专业技术人员组成的建设运营队伍,负责网站规划、网页制作、专题模板设计、内容整理、填充、发布、技术维护、平台维护、运营支撑和内容维护等工作。2014 年 8 月,中国西藏首页(网)完成设计方案,并通过了外宣办的初步审核,开始进入反复修改栏目及内容完善阶段。到 2015 年 7 月,根据外宣办领导和各方专家的意见,中国西藏首页(网)先后进行了 10 次全面修改、完善工作,使该网设计更加科学、页面更加美观、栏目设置更加规范、内容更加严谨丰富。

三、西藏日报新媒体集群

截至 2018 年 1 月,西藏日报下属的中国西藏新闻网和《西藏商报》的微博粉丝共达 30 多万人,是纸质《西藏日报》(汉、藏文版)发行量的 4 倍。《西藏日报》微信公众号粉丝 9 万多人,超过《西藏日报》(汉文报)发行量的两倍。短短三年,新兴媒体呈现出强大的生命力和发展空间,超过了纸媒 60 年的发展,这是一个历史性跨越。在对外传播方面,新媒体也显示出强大的影响力。

(一)中国西藏新闻网

中国西藏新闻网是西藏自治区的门户新闻网站,2002 年 10 月 1 日在人民日报社和人民网的大力支持下正式开通上线。目前,网站除了以汉、藏、英 3 种语言发布信息外,还开通了《西藏日报》(汉、藏文版)数字报,每天点击率近 300 万人次。每次重大舆情事件发生时,网站第一时间的详尽报道,成为世界了解西藏真实情况的窗口。

(二)西藏日报官方微信

《西藏日报》微信公众号账号名称为"西藏日报",微信号为"xzrbxinwen",于 2014 年 7 月 23 日开通,每日一期,目前关注人数 4 万多人,已超过传统纸媒《西藏日报》(汉文版)印数,由西藏日报社新媒体中心运维管理。①

(三)快搜西藏客户端

快搜西藏客户端于 2015 年 7 月 1 日上线,是为广大关注西藏的网民推出的一款集资讯、搜索、生活服务和互动为一体的移动新媒体产品。通过新闻、文化、旅游等板块传播西藏最新资讯和特色旅游文化信息,并提供本地生活服务,是各地网民了解西藏的快捷窗口。

(四)新西藏 Tibet 英文微信

"新西藏 Tibet"微信是西藏日报社第一个英文微信公众号,于 2015 年 10 月 1 日开通发布,以最新最全的西藏新闻资讯、西藏人文景观、西藏民俗风情、历史故事等为主要内容,面向国内外藏族同胞和游客,着力宣传大美西藏,是西藏重要的社交媒体外宣窗口和平台。

(五)西藏手机报

西藏手机报是西藏第一家区内手机报,同时,也是目前西藏首个无线传播媒体,能提供比报纸、电视更及时的新闻资讯,让读者第一时间直击西藏以及全球各地新近发生的各类资讯。自 2015 年 5 月 28 日上线以来,西藏手机报订阅户达 3 万余人。

(六)西藏宝物微信号

"西藏宝物"微信号于 2015 年 11 月 4 日上线,致力于详细介绍西藏历史文物、珍宝珍藏、名胜古迹、风物特产,力求为读者了解西藏历史文化、风土人情提供一个不一样的维度。②

(七)图说西藏微信号

"图说西藏"微信号于 2015 年 9 月 24 日开通上线,用镜头的光影记录西

---

① 吴冰.融合发展与创新驱动——西藏日报社媒体融合现状及趋势研究[N].西藏日报,2016-8-23(7).
② 同上。

藏的人文风情、自然风光等,以图文讲述西藏人文故事。

(八)精读西藏微信号

"精读西藏"微信号于 2015 年 12 月 1 日开通上线,以精选的西藏美文、美图、美景,深度解读西藏历史文化。

第五节　对外传播的问题与对策

一、存在的问题

(一)资源整合不够,渠道建设滞后

当前,在推动内外宣一体化发展背景下,西藏主流媒体在内宣方面的内容资源、技术手段和人才队伍有待于与外宣工作进一步整合。目前,自治区主要媒体的工作,侧重对内宣传方面,外宣效应尚未凸显,特别是在发挥优势、突出特色、有针对性地开展对外宣传方面,还存在不足。一些媒体机构内宣方面的新闻报道较多、外宣方面的新闻报道较少,内、外宣兼顾不够,一定程度上出现了"国际新闻国内报道热热闹闹、中国新闻国外报道冷冷清清"的现象,造成了内外信息不对称的局面。自治区内一些社会组织、民间机构的外宣作用还未充分发挥,距离"着力打造民间在一线,官方在二线;民间具体执行,官方组织协调"的外宣运行机制的目标和要求还有很大差距。

资源无法有效整合,西藏媒体对外传播的渠道建设也就相应滞后。目前,除了西藏电视台藏语卫视、《圣地西藏》对外英语广播节目、中国西藏之声网英文网站,区内其他主流媒体尚未建立对外发声的专门平台,且对内报道的外宣效应也有待加强。以广播为例,西藏电台至今未在境外开通广播频率。2016 年全区宣传部长会议强调"着力提升对外宣传工作水平",曾提出由自治区外宣办牵头,让电台藏语、英语对外广播节目租用尼泊尔友谊广播电台的频率时段在尼泊尔境内以调频方式落地,使西藏的对外宣传工作本地

化、多样化、立体化。但由于种种原因,迄今未得到落实。此外,都市类媒体和网络媒体、移动终端等新媒体平台在对外宣传中的角色定位也不够清晰、作用不够明显、覆盖面不够广泛。

(二)原创内容不足,传播技巧不高

由于经费不足和人才缺乏等原因,西藏对外传播的原创内容不足,传播技巧不高。例如,由于西藏日报社的大部分采编力量都围绕内宣展开,导致负责外宣工作的《今日西藏》周报稿源不足,自采稿件更是严重缺乏。上级主管部门自治区外宣办也限于人力资源不足,不能提供周报所需的外宣资料和稿件,致使报纸内容主要是内宣报道的翻译文章,缺乏对国外受众的吸引力。

西藏的外宣媒体普遍对国外受众的接受心理和接收习惯缺乏了解,也没有建立受众反馈机制,外宣工作陷入"我说你听"的尴尬境地。[①] 例如,《今日西藏》周报的内容和版面安排,全凭办报人已有的经验和主观判断来确定,办报人和受众严重脱节,除了中资尼泊尔天利公司的同志提供少量反馈意见外,基本上收不到报纸在尼泊尔比较客观权威的受众信息反馈。再如,出版方面,因各出版单位的资金有限,没有外文翻译专项经费,也没有西藏传统文化对外版权输出合作经费,反映西藏悠久历史、经济社会发展现状、民族风俗风情、宗教文化、艺术、教育、法制建设、自然景观等内容的优秀藏文出版物无法翻译成外文,也就无法及时有效地传播给周边国家受众。

(三)体制机制欠缺,人才队伍堪虞

西藏外宣专业队伍人员严重匮乏。以西藏电台为例,藏语、英语播音员,主持人及采编专业人才十分紧缺。目前,随着藏语、英语广播节目(三套频率,每天累计播出 49 小时 15 分钟)译制量的增加、新频率的开播,加上近年来老员工集中退休等原因,人才队伍出现青黄不接、捉襟见肘的状况。现有外宣人员的用工性质(有无编制)与承担的任务不相适应,专业技术人员缺乏,专业素质不高。近年来,西藏电台的采、编、播、译、审等外宣工作量超常增加,而人员编制增加缓慢,例如,藏语科教频率只有 4 名在编职工,每天承担了

---

① 吴海燕.受众本位视角下当代中国价值观念国际传播策略研究[J].云南社会主义学院学报,2016(3):99—102.

10 小时的节目编排;中国西藏之声网站藏语编辑部只有 1 名正式在编职工。为了适应新形势新任务的要求,只能靠聘用社会人员补充工作力量,一些采编播和机房等重要岗位也只能招录聘用人员。过多使用聘用人员在一些重要岗位,会使事故不测因素增多,同时,聘用人员工资从节目制作费中支付,也增加了节目经费开支,造成节目制作经费越来越紧张。

更突出的问题是,现有人才流失严重。近年来,尽管自治区在人才招录引进等方面给予了一定的倾斜政策,但由于西藏自然条件差,工作和生活环境比内地艰苦,新招录引进的人才纷纷辞职跳槽,留不住的问题突出。[①] 此外,引进人才的学历要求搞"一刀切",许多高学历的人不愿意到西藏台工作,致使高学历的引不进,低学历的不能进,实际需要的人才长期"断档"。从2010 年至 2016 年,西藏电台从内地有关院校引进各类专业人才 82 名,工作不满两年就辞职的 27 人。收入低、福利待遇差也是导致人才流失的原因。西藏电台每天要生产 90 小时 25 分钟的节目(不包括中国西藏之声网站),由于人手紧张,许多职工,尤其是采编播译等岗位职工几乎天天加班加点,有的岗位一个人要完成几个人的工作任务,几乎没有正常节假日。由于体制和经费等原因,这些职工无任何加班报酬,采编播一线的聘用人员每月工资(包括夜间值班)只有 2000 元左右,这些聘用人员干着同在编人员一样的工作,但收入却差几倍,思想波动较大,极易流失。

二、改进对策

(一)拓展外宣渠道,增强对外话语

西藏应加强对外宣媒体的培育和发展,支持区内媒体推出外语、藏语频道,通过英语、藏语进行对外宣传;积极探索广播电视在海外平台落地的长效机制,制作更多的外语节目,推动对外栏目在境外播出;努力增加区内主要媒体对外宣传的版面、频道、节目和时段等建设;支持西藏媒体与中央媒体合作,继续在西方主流媒体、海外华文媒体推出西藏专刊、专版,拓宽对外发声

① 吴冰.融合发展与创新驱动——西藏日报社媒体融合现状及趋势研究[N].西藏日报,2016-8-23(7).

渠道;加快创办边境口岸广播电视台,扩大其覆盖面,辐射整个南亚;进一步提高西藏人民广播电台对外广播、西藏电视台藏语卫视在周边国家的落地率、覆盖率和影响力,让西藏的声音进入周边国家的千家万户,占领国际舆论阵地。

(二)加强内容建设,提升传播质量

平面媒体方面,以《今日西藏》周报为例,报纸应加强自采工作,增加普通百姓故事,采写有思想、有温度的新闻稿件,以图文并茂的形式集中报道海外受众关注的全区各寺庙的历史和现状,不断改进报纸的版面设计,进一步增强报纸的影响力。自治区外宣办作为主管部门,应主动与周报编辑室建立沟通机制,提供报社所需的宣传资料,特别是基层的外宣资料。此外,外宣办还应与中新社(侨社)等中央外宣媒体协调,由中新社为周报提供日常新闻稿件,特别是关于尼泊尔、印度等国家藏胞的新闻稿件,以此增强周报的吸引力和影响力。

图书出版方面,西藏出版机构应组织出版一批反映中国新形象、讲述新西藏故事、适应尼泊尔和印度市场需求的图书和音像制品。巩固向尼泊尔"走出去"的成果,继续扩大阵地;启动向印度等国家的"走出去"工作,与印度有关方面接触,积极参加印度书展,搭建具有自主话语权的"走出去"平台,有效扩大在印度等周边国家的影响。此外,可以利用国家少数民族语言文字"走出去"项目,开展民族语言文字翻译、对外版权输出等合作。还可以把西藏优秀的藏文出版物翻译成汉文和外文后公开出版发行,投放国内国际市场,满足不同语言背景读者的阅读习惯和需求。

广播影视方面,建议加强影视剧的策划和制作,突出人文主题,增强节目的可看性和实用性,以期符合国外受众的欣赏习惯和接受心理;大力支持拍摄《西藏故事》系列纪录片,支持以西藏故事为主题的微电影制作;加大推广发行力度,增加外宣影视作品的推广发行渠道,协调央视、新华社、中国国际广播电台等国家级外宣媒体,借助其海外发行渠道进行对外传播。

(三)拓展外宣主体,丰富外宣手段

涉藏外宣主体不仅应包括党政民族宗教工作部门、各级人大和政协、官

方及半官方的宣传出版文化机构，还要拓展到民营经济组织、非营利性民间社会组织和公民个人；要注重民族地区的少数民族、宗教界人士和宗教信徒在涉藏外宣中的作用；要以草根外宣、民间外宣为重点，把握中国与世界各国的人员、信息交流日益频繁的良好机遇，发动社会各界做好涉藏外宣工作。海外中国留学生能在平时的涉藏外宣中起到无可替代的作用，他们可以用合情、合理、合法的方式和途径来介绍西藏的真实情况，逐渐影响所在国主流社会和公众对涉藏问题的认识和看法。可以邀请更多的西方国家政要、议员、学者和主流媒体记者到西藏参观访问和采访报道，让他们了解西藏的真实状况。

要善于利用西方主流媒体的平台发出声音、传递信息。多与西方主流媒体接触沟通，主动邀请和接受其采访，主动向其提供涉藏信息资料。善于运用互联网、手机等新媒体开展外宣工作。参与互联网涉藏涉教问题讨论，组织专家学者发表言论，解释和传播中国政府关于西藏问题的主张。此外，人员往来也是有效外宣载体，能为涉藏外宣发挥重要作用。藏学研究机构和专家学者要广泛开展与国外同行的学术交流，促使国外同行对西藏的真实情况做出客观判断，进而影响所在国政府和公众对于涉藏问题的认识，并影响后者的决策和民意。

（四）对接国际惯例，积极引导舆论

在开展涉藏外宣时，要摒弃国内熟悉的政治化语言，把它们转变为国外受众习惯和易于接受的语言。具体来说，一要用摆事实、讲故事的方式传播观点，叙事的方式要生动鲜活；二要注意语言转换和文化对接，便于外国受众理解；三要注意客观平衡，既要正面讲成就，也要负面讲问题，让外国受众感受到传播者的真心和诚意。此外，要切实重视国外受众的意见，及时调整报道内容和改善传播渠道。例如，自治区外宣办可以派人员赴印度、尼泊尔等国，直接与国外受众对话，充分调查、了解和听取他们的反馈意见。还可以委托中资尼泊尔天利公司进行专门的受众调查，将意见信息整理分析后，反馈给西藏外宣媒体，以便进一步改进和完善对外传播。

外宣工作要积极引导国际舆论。在涉藏重大新闻舆论和突发性事件发生时，西藏自己的媒体要第一时间对外发布权威信息，掌握主动权，打好主动

仗,积极影响国际舆论的生成。日常的外宣工作要变被动辩护为主动引导,根据国际社会普遍感兴趣的涉藏话题经常性地主动设置议题,特别是要加强对一些涉藏基本概念的定义和解释,及时澄清事实、答疑解惑,取得话语优势,进而掌握话语权。外宣媒体要融入国际社会主流话语体系,熟练运用西方的词汇和方式来阐述中国的价值理念,报道分析西藏社会的历史和现实,形成各种能为国际受众广泛接受和欢迎的阅读文本。

第七章　云南省

第一节　对外传播的形势与概况

一、周边形势

云南作为中国面向东南亚、南亚的前沿,是祖国的西南门户,具有沟通太平洋和印度洋两大洋,连接中国、东南亚和南亚三大市场的独特区位优势和良好的自然、社会环境,是中国陆上唯一能够与东南亚、南亚直接相通的地区。历史上的云南是南亚印度文化、中原汉文化和本土文化三股文化的汇聚之地,与东南亚、南亚国家有着文化交流的悠久传统。地缘方面,云南与越南、老挝、缅甸三个国家接壤,与泰国、柬埔寨等国相邻,不少跨境民族同宗同源。云南全省16个州市中,有8个边境州市、26个边境县市,有16个民族跨境而居。中国境内的傣族就与老挝的老族、缅甸的掸族及泰国的泰族同宗同源。特殊的地缘优势,以及独特的历史人文背景,赋予了云南媒体在东盟区域跨境传播中独特的优势和现实基础。

二、对外传播概况

云南有26个世居民族,民族文化呈现多样性和独特性,构成了丰富的新闻出版资源。世居跨境民族16个,与国外居民使用相同的语言文字,境内外相同民族认同感较高,对汉文和少数民族文字出版物需求量大。云南边境线长达 4060 千米,全省 8 个边境州市中的 25 个县与缅甸、老挝、越南接壤。云南积极参与中国—东盟自由贸易区、大湄公河次区域、孟中印缅地区的经济合作,已初步形成以大西南为依托,以昆明为中心,面向东南亚、南亚多层次、多渠道、全方位对外开放格局。东南亚使用汉语人数占海外使用汉语总人数的一半。这为云南新闻出版业"走出去"提供了得天独厚的条件。云南省制定的周边传播目标主要包含以下几个方面:

一是改变"西强东弱"的国际传播格局。

从殖民时代开始,西方媒体就在影响东南亚媒体。如今,虽然殖民主义时代已经远去,但西方国家仍然通过各种方式影响着南亚、东南亚媒体。以美国为代表的西方发达国家,在军事影响、经贸往来的推动下,在技术、市场和制度的共同作用下,以其活跃的文化外交影响着东南亚区域的传播秩序。目前,中国国家形象还是屡遭"误读",中国国家形象的"客观现实"与西方媒体的"妖魔建构"之间的矛盾还将长期存在。这既是中国国际传播面临的困境,也是云南国际传播亟须改变的难题。

二是塑造"彩云之南"的开放形象。

"形象塑造",是对外传播领域近年来提及频率较高的一个词汇,是中国对外传播的重点领域。云南作为中国面向东南亚开放的桥头堡,在国家"一带一路"倡议中具有重要的门户作用。云南对外传播的重要功能,就在于塑造云南省"彩云之南"的开放友好的国际形象,将云南媒体塑造成中国面向东南亚、南亚国家传播合作信息、宣传友好往来的重要平台,进而为塑造中国和平发展的国家形象提供有力的支持。

三是打造"文化搭台"的对外传播基础。

国之交在于民相亲。云南省外宣部门认为,对外传播的基础植根于中外文化的相互理解与认同。云南地区拥有悠久的历史和灿烂的文化,南亚、东南亚地区同样有着悠久的历史和灿烂的文化。云南外宣媒体在进行国际传播的同时,还积极开展各种对外文化交流活动。云南省四家外宣期刊先后在缅甸、泰国、老挝举办了五次"学唱中文歌曲大赛",并取得了圆满成功,活动反响强烈,推动了当地汉语学习热潮。云南广播电视台先后与泰国、老挝和柬埔寨合办了三场大型春节联欢晚会,开创了中国省级电视台跨国举办大型春节晚会的先河。诸如此类的活动还有很多,其目的在于通过文化的交流,加深云南,乃至中国与南亚、东南亚地区的文化交流,增进彼此互信,为各方面的深入合作奠定基础。

第二节　印刷媒体的对外传播能力建设

一、外宣报纸

(一)《云南日报》

1.搭建外宣渠道

《云南日报》从 1996 年开始在美国推出《国际日报·今日云南》新闻专刊,正式迈出对外传播步伐,开展以服务国家和地区为目的的重大外宣战略及外宣活动。2012 年,《云南日报》与美国《国际日报》和法国《欧洲时报》合作创办了《国际日报·云南日报美国版》《欧洲时报·中国云南版》。2013 年 3 月,云南日报报业集团与马来西亚星洲传媒集团签署协议;4 月,与印尼《国际日报》合作推出《美丽云南》新闻专刊;8 月,与缅甸《金凤凰》报社合作签约并举行《金凤凰·美丽云南》新闻专刊首发仪式。2014 年,《印尼新闻报》和《印尼国际报》分别都刊发了英文、印尼文版《美丽云南》专刊,云南日报报业集团与老挝《人民报》签署《谅解备忘录》,并在孟加拉国发行《独立报·美丽云南》英文版新闻专刊。

2015 年,云南日报报业集团设立金边办事处,签署中国(云南)柬埔寨新媒体联盟,《柬埔寨之光·美丽云南》柬文版新闻周刊发行,成为全国省级党报中首家实现在柬埔寨落地出版的新闻周刊。同年还与缅甸主流媒体签署合作协议,签署共建中国(云南)缅甸新媒体联盟的《谅解备忘录》。目前,云南日报报业集团面向南亚、东南亚国家开展的国际合作传播,其合作范围之广、受众人群之多、涉及语言之丰富,在全国地方主流媒体中首屈一指。截至2015 年底,云报集团已经与印度尼西亚、缅甸、孟加拉国、柬埔寨等国家主流媒体合作,出版发行了 10 份《美丽云南》新闻专刊,有效搭建起英文、缅文、印尼文、柬埔寨文和中文传播的多语种传播平台。

2017 年底,由云南日报报业集团与尼泊尔《嘉纳阿斯塔国家周报》合办的尼泊尔语《中国·云南》新闻专刊在尼泊尔首都加德满都首发,并在尼泊尔全境发行。至此,云报集团已在美国、印度尼西亚、缅甸、孟加拉国、印度、柬埔寨、老挝、泰国、尼泊尔这 9 个国家,与当地主流媒体合作开办了 6 种语言的 14 份《中国·云南》新闻专刊。作为云南最大的报业传媒集团,云报集团正在全面加强区域国际合作传播能力建设,努力增进与南亚、东南亚各国主流媒体之间的交流合作,共同搭建民心相通的信息之桥、友谊之桥。

2. 经典外宣案例

云报集团积极利用境外媒体的外宣版面发出中国云南的声音。例如,2015 年,为配合习近平主席访美,云报集团积极做好外宣报道,努力营造良好的国际舆论氛围。云报集团不仅利用美国《洛杉矶时报》《国际日报》的合作传播平台有效地配合了中央媒体做好习主席访美的即时新闻,还实现了专题报道的境内外联动和全媒体呈现,确保了整个外宣策划传播到位、影响出彩。云报集团及时在美国《洛杉矶时报》正刊上刊发了精心组织的整版报道,包括《飞虎队:一段共享的记忆,一份面向未来的财富》《中国云南,加快建设面向南亚东南亚辐射中心》《关注习奥会,传递云之声》《关注习奥会"微声音"》等重头报道;在美国《国际日报》和印尼《国际日报》上整版联动刊发相同内容;在合作的缅甸《仰光时报》上,刊发了人民日报社亚太分社文章《中美关系发展需要保持向前看的战略定力》;云报集团首个英文网站——云快报英文网站(english. yunnan. cn)推出专题报道,云报集团"云报"客户端同步推送,并图文并茂地全平台推送了题为《中国云南和美国的百年情谊》微刊,引起广泛关注和传阅。

(二)《东陆时报》

《东陆时报》是中国第一份省级对外宣传专业报纸,由云南省委、省政府主办。1994 年 5 月 11 日,经中央外宣办、国务院新闻办和国家新闻出版署的批准,《东陆时报》试刊发行,初为半月报。同年 8 月,在中国昆明出口商品交易会期间转为日报,10 月 6 日正式出版周报,向海内外公开发行。

《东陆时报》作为云南的一份外宣报纸,以宣传云南、宣传大西南、宣传全国的改革开放为宗旨,主要面向东南亚以及台湾同胞、港澳同胞、海外华侨和外籍华人,通过信息传播促进云南与东南亚、南亚的经济、技术和贸易合作,为区域内的共同繁荣做出贡献。由于《东陆时报》的宣传作用和良好影响,云南航空公司、泰国国际航空大众有限公司、新加坡胜安航空公司同意为该报在海外发行提供运输服务。云南省 17 个地州市、部分边境口岸县、部分省级部委办厅局均建立了通联发行站,北京、深圳记者站、泰国发行站也相继建立。2004 年,该报划转到云南日报报业集团。云报集团为报纸确立了编辑方针——立足云南,面向东南亚、南亚,宣传云南经济社会取得的进步,传递云南的投资贸易信息,介绍云南丰富多彩的民族文化,推介云南秀丽的自然风光。《东陆时报》后因受众面太小而停刊。

(三)《云南信息报》

《云南信息报》创刊于 1985 年,原名《云南经济信息报》,曾由云南省计委主管主办,2005 年由云南出版集团公司接管。2007 年 9 月,云南出版集团以出让控股权的方式,引进南方报业传媒集团开展合作,对《云南信息报》进行重组,重组后的《云南信息报》定位为"都市报的升级版","立足云南,面向东南亚、南亚",开始进行探路式的东盟新闻报道。2008 年推出《东盟新闻版》,同年 12 月组织开展了"发现东盟"大型采访活动,结集出版了"中国记者发现东盟丛书"。2010 年,《云南信息报》成立东盟南亚新闻部,推出《东盟南亚周刊》,当年 5 月出版第 1 期《东盟南亚周刊》。《云南信息报》先后参与了缅甸大选、越共"十一大"、泰国水灾、希拉里访缅、奥巴马访缅等重大新闻的报道,开展了"发现南亚"大型采访活动。《云南信息报》还注重挖掘泰国媒体市场。2012 年 12 月,该报在泰国设立办事处。2013 年 3 月,《云南信息报》泰国办事处与泰国华文报纸《星暹日报》联合推出了每周一期的《云南信息报泰国版·今日云南》专版。凭借这种合作关系,与《云南信息报》合作的中国南方报业传媒集团正式签约入股《星暹日报》。

二、外宣期刊

(一)基本情况

云南省拥有 4 份由国务院新闻办主管、省政府新闻办主办的外宣期刊,分别为缅文的《吉祥》、泰文的《湄公河》、老挝文的《占芭》和柬文的《高棉》。多年来,"四刊"在国务院新闻办和云南省人民政府新闻办的领导和支持下,始终坚持与邻为善、以邻为伴,坚守"睦邻、安邻、富邻,体现亲、诚、惠、容"的理念,紧紧围绕服务国家周边外交战略的基本任务,宣传中国,推介云南,深受对象国各方读者的欢迎和赞誉,为构建和谐周边舆论环境做出了积极贡献,已成为云南主动服务国家周边外交战略的重要舆论平台。为进一步提高办刊质量,2016 年 4 月 15 日,"四刊一网"正式划转到云南日报报业集团承办,并以改版升级为抓手,在内容生产、版式呈现和发行覆盖等方面采取了切实措施,进一步提升了"四刊"的国际传播力和影响力。

(二)办刊理念

在办刊理念上,"四刊"紧紧围绕党和国家的中心工作,做好重大主题的策划与宣传;紧紧围绕"周边是首要"的外交方针、"一带一路"建设等国家性倡议,做好重大政经新闻的宣传和报道;紧紧围绕把云南建设成"面向南亚、东南亚辐射中心"的定位,做好服务性和拓展性新闻报道,形成中国、云南和对象国三个维度的重点关注,做有政治高度、思考深度与故事温度的外宣期刊。按照主题预设、策划先行的思路,根据外宣要求和国外受众需求,"四刊"在选题中既关注重大时事政治、热点焦点问题,也注意寻找充满人情味的温暖故事,通过中国故事国际表达,搭建价值观沟通与观念融合的平台。"四刊"目前着力打造出了封面、焦点、中国故事、资讯、交流、文化、经济、科技、农业、行走、汉语桥等一批品牌栏目,刊物前半部分主要以时政类、经济类深度稿件为主,后半部分以文化、艺术、交流、服务等稿件为主,内容丰富立体。

(三)媒体外交

媒体外交是指由新闻媒体开展的公共外交。在办好杂志的同时,"四刊"

还积极开展富有成效的媒体外交,提升杂志在对象国社会各界的传播力和影响力。

1. 主动服务国家外交

泰、老、缅、柬四国驻昆明总领馆,一直是"四刊"向对象国推广的重要渠道。多年来,"四刊"与四国驻昆总领馆都保持着良好的联系,和历届总领事都建立了深厚的友谊。为进一步加强沟通联系,"四刊"通过邀请总领事来杂志社参观、座谈、共同举办活动等方式,增进他们对"四刊"的感情,为"四刊"在对象国的推广牵线搭桥。在中国的传统佳节春节来临之前,2017 年 1 月 12 日,"四刊"在昆明举行新春联谊会,泰国、缅甸、柬埔寨、老挝四国驻昆明总领事均到会,并对"四刊"发展建言献策,表示会一如既往地支持"四刊"发展。

2. 积极开展公众外交

"四刊"积极践行公共外交的理念,推动民间文化公益交流,拉近国内外民众的感情。"四刊"先后在缅甸、泰国、老挝举办过五次"学唱中文歌曲大赛",并取得了圆满成功,活动反响热烈,推动了当地学习汉语的热潮。2015 年 7 月,缅甸受连续强降暴风雨天气影响,发生了 40 多年来罕见的洪涝灾害。洪灾发生后,《吉祥》杂志积极主动作为,布置仰光分社,策划、倡议、动员了中国在缅投资或经贸活动的 60 家企业,举办了"用心传递中国情助力救灾"活动。捐赠现金 330 万缅币,物资与现金捐赠金额合计 6330 万缅币。缅甸高僧为此题词:"感谢《吉祥》杂志在缅甸最需要的时候表达中国人民给予的帮助。"《吉祥》杂志赈灾善举广受缅甸民众好评,被仰光媒体称为"最接地气的一次活动",是"雪中送炭"。缅甸民众亲切地称呼这支救灾队伍为"来自中国的亲人"。缅甸勃固省莫纽镇为《吉祥》杂志仰光分社和各参与救灾的中资企业颁发了荣誉证书。15 家新闻媒体对《吉祥》杂志社在缅甸举行救灾活动进行了报道。通过这些活动,"四刊"走"近"了对象国,更走"进"了对象国。

3. 努力推进媒体合作

自 2013 年以来,"四刊"先后承办了五届中国与大湄公河次区域五国媒体的定期互访活动,受到了老挝、泰国、柬埔寨、缅甸、越南等国家主流媒体的积极响应。"四刊"还承担了历届南博会和商洽会期间东南亚媒体的邀请和接待;承办了"一带一路"主题采访报道活动,承办了跨境旅游论坛和协办中缅旅游论坛。这些交流活动,使"四刊"在东南亚国家的"朋友圈"越来越大,尤其是在缅、泰、柬、老四国,当地主流媒体对"四刊"都非常熟悉,纷纷点赞"四刊",很多资深媒体人已成为"四刊"的老朋友,帮助"四刊"提升了在本国民众中的知名度,有些还成为"四刊"的特约撰稿人和观察员。目前,"四刊"已和各对象国主流媒体建立了良好的沟通机制。

(四)人才培养

外宣工作开展得好坏,关键在外宣人才水平的高低。在人才队伍建设方面,"四刊"向来重视小语种人才队伍的储备。一方面,借助当前杂志社小语种老专家团队的智力支持;另一方面,加大小语种人才的引进和培养力度。为了让小语种人才不仅"引得进,还留得住、能成才","四刊"利用承担各种大型活动的翻译接待任务,以及出国互访交流的机会,努力帮助小语种人才的成长成才。这种"以干代练"的培养方式成效十分显著。目前,"四刊"拥有一支高水平的翻译、译审队伍,这些专家对对象国语言有较深造诣,译文能够准确表达中文原稿内容,既符合对象国规范的表达方式,又符合对象国受众的阅读习惯。《吉祥》和《占芭》两本杂志,由于信息传播的译文规范,更加有利于开展文化交流增进友谊,受到了缅甸和老挝社会的广泛赞誉,并被缅甸华校和老挝干部培训班推荐为辅导读物。《湄公河》杂志刊登的泰文报道也曾被泰国报刊原文转载。

(五)分刊介绍

1.《吉祥》杂志(缅文)

缅文《吉祥》杂志原名《话说中国》,于1992年创办,主要面向缅甸发行。1993年交由云南省外宣办主办。初期以双方使馆作为发行渠道,1995年发行量就达到每期1万册。目前,《吉祥》杂志每期的印刷发行数为11500册,境外已发行到缅甸总统府、缅甸议会、宣传部、宗教与文化部等21个中央部委,缅甸七省七邦,缅甸各大中学校、企业、寺院、机场、超市以及一些乡村图书馆,一些佛寺学校甚至将其作为教材使用。杂志已在云南中缅边境各类口岸实现全覆盖,并通过云南各大高校,为每一个在滇缅甸留学生赠送一册《吉祥》杂志。吉祥杂志社于2014年3月在仰光设立分社,国务院新闻办公室副主任崔玉英等为其揭牌。分社成立后,不仅在缅甸增加了《吉祥》杂志的发行量,而且还扩大了发行范围。从2014年12月开始,《吉祥》杂志每期的发行量上升为1.63万册,全年发行量达14.06万册,发行范围涵盖寺庙、村镇、公交车、超市、机场和图书馆等。

《吉祥》杂志多年来致力于大力宣传报道中缅友好往来,弘扬中缅两国文化,传递"亲、诚、惠、容"的友好理念,为促进中缅两国文化交流、经济繁荣与发展做出了积极贡献,受到了缅甸联邦政府、中国驻缅甸大使馆和缅甸社会各界的一致好评,成为增进两国人民相互了解、促进两国经贸文化交流的重要桥梁和窗口。除了出版发行刊物,杂志社还先后在缅甸开展了"学唱中文歌曲"大赛活动,开展了与国内外媒体、文化团体的交流互访活动。缅甸驻昆明总领事吴梭柏曾高度评价《吉祥》杂志,认为其"内容丰富、封面选图好、设计理念很棒"。曼德勒洞善灵寺钦宁教育中心主席吴钦貌吞表示,《吉祥》杂志为缅甸人了解中国打开了一扇窗,为中缅友谊做出了贡献,是中缅两国人民友好交流的桥梁。

2.《湄公河》杂志(泰文)

泰文《湄公河》杂志于2002年5月创刊,截至2016年8月,共出版发行147期,计130万余册。目前,《湄公河》杂志每期的印刷发行数为5000册,实现了对泰国皇室、泰国上下议院以及75个府、企业、医院、各类研究机构、各大学图书馆,以及宾馆、饭店、超市、连锁店等的发行覆盖。2018年4月28日,云南日报报业集团泰国文版《湄公河》杂志在昆明举办了以"一江情·一家亲"为主题的读者日活动。来自泰国、老挝、缅甸、柬埔寨驻昆总领事馆的官员、译审专家、教师及留学生代表等约100人出席活动。泰国驻昆明的文化领事张娜达蓬表示:《湄公河》经过改版,封面吸引读者,选图更漂亮更上档次,新增设的栏目让读者产生了浓厚的兴趣,杂志内容涉及的领域广,更能拓展读者的知识面,特别是"汉语桥"栏目,对正在学习中文的泰国留学生来说,是一个相当好的学习平台。

3.《占芭》杂志(老挝文)

《占芭》杂志创刊于2005年,是中国唯一用老挝文面向东南亚、南亚介绍中国、推介云南的综合性月刊。在中老双方的共同努力下,《占芭》杂志的影响力日益扩大,每期发行量近1万册,成为老挝最具影响力的国外杂志,为促进中老友谊,宣传云南,促进两国经济、文化交流营造了良好的环境。每月该杂志都送至老挝主席府、总理府、各部委机关等,自上而下开展了宣传。《占芭》杂志开设了《中国之窗》《东盟瞭望》《魅力云南》《今日老挝》《学汉语》等栏目,从不同方面向老挝读者展示中国和云南。老挝新闻文化部大众媒体局曾对老挝境内发行的国内外报刊进行评比,在刊物质量、发行数量和影响力等方面,《占芭》杂志被评为"老挝第一刊"。2015 年,经老挝人民民主共和国总理府批准,中国《占芭》杂志社老挝万象代表处举行了挂牌成立仪式,老挝政府办公厅主任兼老中友好协会主席辛拉冯·库派吞和中国驻老挝大使布建国为代表处揭牌。

目前,《占芭》杂志每期的印刷发行数为 7100 册,已成为老挝最有影响力的期刊。老挝国家主要领导人,中央机关各个部、委,16 个省市,142 个县的主要官员都能阅读到《占芭》杂志,并作为学习中国改革开放经验和学习汉语的辅导材料。《占芭》杂志受到普遍欢迎,实现了对中老国家级边境口岸磨憨的全覆盖,保证了在滇老挝留学生都能阅读到杂志。老挝外交部新闻司司长潘大伟·布达拉说:"《占芭》杂志对于我来说就是了解中国文化的一个窗口。每一期杂志我都会认真研读,拿到它感觉如获珍宝。这本杂志不仅有助于加深我对中国文化的理解,还能让我及时掌握当前中老外交的重点、热点问题。"

4.《高棉》杂志(柬文)

《高棉》杂志于 2011 年 8 月创刊,是中国唯一用柬文面向东南亚发行的综合性月刊。2012 年 4 月,《高棉》杂志金边记者站挂牌成立,成为继新华社、中国国际广播电台之后第三家在柬埔寨获批设站的中国媒体。目前,《高棉》杂志每期的印刷发行数为 5300 册,发行已覆盖柬埔寨王室及所有政府重要部门。柬埔寨新闻部顾问、柬埔寨新闻部新闻办公厅主任青廉曾评价《高棉》杂志是一本来自中国的国家级期刊,用柬埔寨语撰写发行,对于柬埔寨读者来说本身就是一个不小的惊喜。他说:"现在杂志全新改版,内容涵盖面更加广泛,收藏性、可读性、大众性都有了提升,整体设计更加精美。"

三、图书出版

（一）出版机构

云南省图书出版业发挥地域和民族文化优势，大力实施文化"走出去"战略，版权和实物输出取得了良好成绩。早在 21 世纪初，云南大学出版社以开发面向东南亚、南亚、西亚的"系列小学汉语教材"为主要产品，推出了一批讲述中国故事、传播中国声音的出版物。云南科技出版社 2005 年起连续向韩国输出出版物《云南普洱茶·春》《云南普洱茶·夏》《云南普洱茶·秋》《云南普洱茶·冬》的版权，4 次获国家新闻出版广电总局输出版权优秀图书奖。

云南省还通过参加国际书展和举办中国书展，拓展新闻出版"走出去"的成果。2012 年 4 月，由云南省新闻出版局主办、昆明新知集团承办的柬埔寨—中国云南新闻出版版权贸易洽谈暨滇版图书推介会，在柬埔寨金边市新知华文书局隆重举行。云南 10 余家企业参展。柬方乌多匹、素卡、九龙、胜利、卡拉、乐兴、CMYK 等多家出版机构和相关媒体共 60 余人，到会进行洽谈和参观。2014 年，斯里兰卡科伦坡国际书展于 9 月 10 日，在科伦坡班达拉奈克国际会议中心（班厦）开幕，中国作为本届书展的主宾国，组织了 35 家国内著名出版企业参展，其中作为主宾国活动承办方之一的云南新闻出版界展团更以三分之一的参展面积引人关注。2015 年 8 月，由云南省新闻出版广电局主办，新知集团、云南大学出版社共同承办的中国书展暨中缅互译出版论坛在缅甸曼德勒举行，作为中缅建交 65 周年纪念活动的重要内容之一，云南 8 家出版发行企业参展。

当前，云南出版"走出去"的重点是翻译出版一批讲好中国故事、展示中国形象的重点出版物。重点翻译出版深入阐释习近平中国特色社会主义思想和当代中国价值观念的出版物，展现当代中国经济社会发展状况和改革开放成就的出版物，体现中华文化精神、反映中国人审美追求，思想性、艺术性相统一的当代文艺作品和中华优秀传统文化经典著作以及通俗读物，代表中国人文社科和科学技术领域最新研究成果的出版物，展示中华文化独特魅力的网络原创精品，体现中外交流合作成果的图书、期刊、电子音像出版物、数字出版产品等精品出版物。充分考虑到东南亚、南亚等周边和"一带一路"沿线国家历史背景和现实政治经济因素,针对其文化特点和内容需求,云南重点选择海外汉学家、翻译家进行出版物的翻译创作,精选具有代表性的民族文化作品以本土化的多种语言翻译、出版,因地制宜,推动翻译作品在海外市场有效落地。

此外,云南省还大力推进数字出版产品"走出去"。支持出版企业与高新技术公司合作,以中、英、老、缅、泰、越等多种语言文字的"云南网""云桥网"为基础,以文献学术创新内容、少数民族原创作品、网络游戏产品等为重点,构建面向东南亚、南亚的国际数字出版检索平台。引导和扶持图书、期刊传统出版单位利用本省优质特色内容资源开发电子书和教育类 APP 产品,通过与苹果、亚马逊等国际数字产品渠道商合作,推广数字图书、期刊进入国际市场。

(二)发行机构

云南新华书店集团按照省委省政府、云南出版集团文化"走出去"的战略部署,积极探索文化"走出去"的路子,开辟文化产品流通渠道,对不同国家和地区因地制宜地采取不同的"走出去"模式,把"走出去"战略落到实处。

1.境外教材教辅发行项目

从 2003 年至今,云南新华书店集团经过不断探索和开发,依托新华书店网点布局优势,面向缅甸、老挝、泰国、越南 4 个国家发行中小学教材教辅等文化产品,拓展出了一条具有自身特色的境外发行渠道。该渠道主要是由版纳、德宏、普洱、临沧、保山 5 个州市 12 个县的发行网点,以"边贸出口"、国内企业捐赠图书等形式,面向缅甸、老挝、越南、泰国 4 个国家,120 多所幼儿园、中小学校,为 41500 多名学生提供服务。其中,缅甸是新华书店对外销售教材教辅、文化产品的主要市场,但由于 2016 年缅甸政局不稳,边境地区战事不断,使得境外学校开课不足,学生流失严重,影响了对外业务开展效果,截至 2016 年 12 月底全省对外销售图书 38.57 万册,码洋 352.72 万元人民币,对比 2015 年的 342.78 万元,实现了小幅度增长。

2.对外文化贸易中心项目

(1)新加坡"中国云南文化交流中心"

2013 年 3 月,云南新华书店集团与新加坡思达出版有限公司共同投资设立了"中国云南文化贸易中心",简称 CYCT。同年 4 月 5 日,以门店经营的模式正式对外营业,CYCT 主要功能定位是为云南及中国文化宣传、精品展示、国际交流等服务。在新加坡开展宣传工作几年来,重点推荐优秀华文图书及相关出版物、名家字画、展示少数民族工艺美术品(斑铜、紫陶、少数民族刺绣等)、云南特色产品(茶叶、野生菌、咖啡等)、独特的少数民族文化、丰富的旅游资源。2014 年 5 月,云南新华书店集团对 CYCT 的运营模式进行了调整,将实体门店经营模式调整为对外业务推广经营模式,将业务范围和经营方向调整为发挥新加坡股东思达出版有限公司的资源平台及渠道市场优势,以出版教材为主、华文图书跨国发行为辅的方式来经营。

(2)老挝万象"滇万文化贸易中心"

2015 年 6 月,云南新华书店集团在老挝与万象寮都公学合作成立"滇万文化贸易中心",共同运作"云南新华书店万象寮都公学校园书屋",总投资 36.98 万元。滇万校园书屋的运作旨在以社会效益为主,把文化宣传直接辐射到外方教育机构内部,增进国际间、特别是东南亚的文化交流;弘扬中华优秀文化,以中华传统优秀文化为主题,以图书为主线,形成良好的读书氛围,丰富各国文化生活,使境外的学生们从小潜移默化地接受和认可中华文化,从而作为扩散源,产生更大的国际文化影响力。

3. 国门书社项目

云南新华书店集团 2013—2017 年国门书社项目建设计划完成 26 个,总建筑面积 2760 平方米,总投资 2673 万元。到 2016 年已完成国门书社建设项目 12 个,完成面积 1420 平方米,完成投资 1453 万元,其中自筹资金 1358 万元,补助 95 万元,建设一级陆港 6 个,二级陆港 6 个。[①] 完成项目进度 51.45%,完成总投资计划的 54.36%。在已建成的 12 个"国门书社"中运行最有成效的是河口"国门书社",总投资 709 万元,于 2015 年 6 月建成投入使用,是一个集国门书社、新华书店发行网点、对外发行出版物为一体的文化流通综合体,也是一个集文化休闲、免费阅读和借阅、文创产品、工艺品、咖啡、饮品、图书、电教产品、文化学习用品等业务于一体的边境文化综合体。开业至今,得到了广大中外读者的一致好评,受到了各级领导和社会各界及媒体

---

① 刀金梅.云南新华 五招做好精准发行[N].中国出版传媒商报,2017-4-11(3).

的密切关注,全方位展示和提升了国家形象,取得了良好的社会效益。

第三节 广电媒体的对外传播能力建设

在对外传播能力建设方面,云南广播电视台的主要做法可以归纳为两点:一是节目落地、终端入户——收得到;二是中国故事、国际表达——看得懂。云南广播电视台的对外传播工作主要分为电视外宣和对外广播两部分。

一、电视外宣

(一)云南广播电视台国际频道

云南广播电视台国际频道是云南省电视外宣的主要平台。云南卫视虽有部分国际覆盖,但主要负责内宣工作。云南台国际频道于 2013 年 8 月开播,节目内容以汇编和集成台内节目为主,节目形态涵盖新闻、电视剧、纪录片、生活服务、娱乐节目等,全天 24 小时滚动播出。自成立以来,国际频道一直秉持"周边传播、外语传播、经典传播"的原则开展对外传播工作。

1. 夯实周边传播渠道

2013 年 11 月 29 日,云南广电国际频道通过中国亚洲长城平台亚太 5 号卫星上星播出。从技术层面上讲,频道已经覆盖了越南、老挝、缅甸、泰国、孟加拉等 21 个国家和地区。2014 年 3 月,又进入了北美长城平台,通过 IPTV 方式覆盖美国和加拿大部分地区。目前,云南台国际频道的覆盖格局是"天上三颗星,地上八张网,跨屏新媒体"。泰国、老挝、柬埔寨三国已经直接实现了卫星节目落地入网,对象国观众打开电视机就可以很方便地观看云南台国际频道的节目。

老挝是云南台国际频道开展周边传播力建设后最先产生影响、收到实效的国家。新华社还曾就此专门发了通稿,中国驻老挝大使馆也向外交部提交了专题报告。2015 年 11 月 26 日,泰国国家广播和电视通讯委员会经过严格的备案审查后,已正式给云南广播电视台发放了入网许可证。云南台国际频道通过泰国 SVSProduction 公司中心机房进入泰国 PSI、TrueVisions 等多个有线电视网,覆盖泰国全境三千多万观众。2015 年 12 月 3 日开始,泰方已对云南台国际频道信号进行正式转播,云南台国际频道成为泰国政府批准合法入网的中国唯一省级频道。

为了扩大影响面,云南台国际频道还分别与缅甸国家电视台和缅甸金江集团(Skynet)进行了多轮磋商。此前,云南台国际频道采用中国无线数字传输标准入网缅甸第二特区,覆盖 9 万观众。2015 年 2 月 10 日,云南台国际频道同样通过中国技术标准正式落地柬埔寨首都金边。为了扩大与周边传媒机构的交往基础,云南台国际频道还先后开办了针对老挝国家电视台和缅甸国家广播电视台的业务交流研修班,赢得了外国同行的信赖与好评。

2. 服务国家周边外交

有了可信的周边传播渠道,云南台国际频道就能把外宣工作的重点放在服务中国周边外交上面。

2016 年 10 月 13 日至 17 日,国家主席习近平对柬埔寨、孟加拉国进行了国事访问。在习主席访问柬埔寨期间,柬埔寨语版本的纪录片《舌尖上的中国》正式和柬埔寨观众见面,深受观众喜爱。这部片子是云南广播电视台国际频道为配合习主席国事访问而精心译制的。10 月 14 日至 15 日,国家主席习近平对孟加拉国进行国事访问。这是三十年来中国国家元首首次访问孟加拉国。习近平主席访问孟加拉国期间,讲述中孟友谊的宣传片《筑梦路上》在孟加拉国国家电视台(BTV,相当于中国中央电视台)全天滚动播出,赢得了孟加拉国社会各界的高度关注。《筑梦路上》由云南广播电视台国际频道制作。宣传片以中孟携手建设命运共同体、创造繁荣安宁的亚洲为主题,展现了中孟建交 41 年来结下的深厚友谊,凝结了和平、合作、开放、包容、互鉴的丝路精神。宣传片《筑梦路上》的制作播出,同时揭开了孟加拉国国家电视台和云南广播电视台合作的新篇章。孟加拉国国家电视台和云南广播电视台还将联合开办中国剧场,将中国优秀电视剧译制成孟加拉语,在孟加拉国国家电视台播出,让更多孟加拉国观众能了解中国。

2016 年 9 月 6 日,国务院总理李克强抵达老挝首都万象,出席第十九次中国—东盟(1+10)领导人会议暨中国—东盟建立对话关系 25 周年纪念峰会、第十九次东盟与中日韩(10+3)领导人会议和第十一届东亚峰会,并对老挝进行正式访问。在李克强总理访问老挝期间,老挝语版本的《舌尖上的中国》在老挝国家电视台和云南台国际频道联合播出,在老挝掀起一股中国热。这部片子同样是由云南电视台国际频道译制的。东盟峰会召开前夕,老挝人民革命党中央书记处书记、老挝中央宣传部部长吉乔·凯坎匹吞亲自来到云南台国际频道总控机房,按下节目开播按钮。

3. 开创外宣"老挝模式"

开播四年来,云南台国际频道立足周边,办出特色,用对象国的语言讲好中国故事,传播中国经典,传递中国梦想,初步形成了对外传播的"老挝模式"。云南台国际频道是中国第一个用老挝语播出的电视频道。2014 年 1 月25 日,在老挝国会主席巴妮·雅陶都女士主持下,云南台国际频道在老挝正式开播。2014 年 11 月,时任中宣部长的刘奇葆专门将云南台国际频道译制的两部老挝语电视剧《木府风云》和《金太郎的幸福生活》作为国礼赠送给老挝政府。在开播后的一年多时间里,云南台国际频道使用老挝语译制并播出了《舞乐传奇》《天真遇到现实》《女人的颜色》《女人的抉择》《少年包青天》《北京青年》《老有所依》《月明三更》等 550 多集中国优秀电视剧。云南台国际频道译制节目大都选用到云南来学习的留学生做配音演员,这样做的好处一是增加了留学生跨文化交流的实践机会,二是保证了质量、控制了成本。老挝国家电视台台长曾专门致函云南广播电视台,称云南台国际频道译制的中国电视节日是标准的万象口音。

除影视剧外,《大闹天宫》等中国传统优秀动画片和一大批农业科普节目也由国际频道译制完成,并陆续与老挝观众见面。2016 年 12 月 21 日,中国农业电影电视中心、云南广播电视台与老挝国家电视台签署三方合作协议,共同开办《电视中国农场》老挝语栏目。《电视中国农场》栏目由老挝国家电视台、中国农业电影电视中心 CCTV-7、云南广播电视台国际频道共同开办,突出科学性、服务性和实用性,提供了致富典型,传播了先进技术,有利于深化两国合作。栏目 2017 年在老挝国家电视台开播,内容主要是把中国的农业科技节目译制成老挝语播出。中宣部领导曾对开办老挝语《电视中国农场》节目做出专门指示,要求"通过栏目的开办,把中国先进的农业现代化生产经验和科技传播出去,让老挝等东南亚国家受益;节目要适应当地人民的接受习惯,用当地语言传播,适应当地市场,让他们看得懂;要通过栏目的开办加强双边合作,发挥各自优势,突出传播效果和作用,增强服务性,扩大影响力。"

(二)云数传媒

云南无线数字电视文化传媒有限公司(以下简称云数传媒)为云南广播电视台(集团)全资子公司,是中国第一个将中国地面数字电视标准(DTMB)推广到海外并在海外实现地面数字电视规模化运营的企业,是云南第一家被国家认证为高新技术企业的国有文化传媒公司。云数传媒的"DTMB系统国际化和产业化的关键技术应用"项目获得2016年度国家科技进步一等奖,公司连续八年被评为国家文化出口重点企业。[①] 云数传媒实施的面向南亚、东南亚DTMB国际传播覆盖项目是中宣部、原国家新闻出版广电总局国际传播能力建设的重点项目,也是云南省文化产业"十三五"规划重点项目。作为中国广播电视国际传播能力建设的重点企业,云数传媒在国际传播覆盖网络建设、运维服务、内容传播、媒体经营等方面具有丰富的经验,积累了成功的模式。

云数传媒十年的海外国际传播渠道建设,是构建在DTMB标准海外推广的基础上的。DTMB是中国的地面数字电视传输标准,中文全称叫数字地面多媒体广播。根据国际电信联盟ITU的要求,全球各国都要在2020年左右进行广播电视模拟向数字化的转换,而地面数字电视就是最主要的广播电视数字化转换方向。各国要建设地面数字电视网络,就必须要选择相应的技术标准。DTMB标准是中国的地面数字电视技术标准,具备完全自主知识产权,与美国的ATSC、欧洲的DVB-T、日本的ISDB-T共称为全球四大数字电视标准。云数传媒借助东南亚各国广播电视数字化的契机,以推广中国DTMB标准为桥梁,与老挝、柬埔寨的国家电视台开展项目合作。2007年4月成立了老挝数字电视有限公司,云数传媒持有80%的股权,与老挝国家电视台合作开展数字电视运营业务,目前已经拥有了超过13万的用户,在由我国控制的覆盖网中播出54套节目,在老挝首都万象的覆盖率超过60%。云数传媒与柬埔寨国家电视台合作成立柬埔寨数字电视有限公司,云数传媒持有77%的股权,2016年正式投入运营,目前拥有2万用户,在播70套节目。通

---

① "排头兵"云数传媒:十年磨一剑,光照十八国[EB/OL]."拥抱印度洋"公众号,2018-4-19:https://mp.weixin.qq.com/s?_biz=MzA3Nzc5NjM2Mg%3D%3D&idx=3&mid=2650928559&sn=14e1e6103632ac073dd77cb11736bae0.

过在老挝和柬埔寨的长期运营,云数传媒已经积累了一套完善的海外运营体系。通过商业运营的模式,云数传媒将中国的外宣渠道深入到对象国的千家万户。目前,中国重要的外宣频道,如中央四套英语新闻频道,云南卫视国际频道,新华卫视中、英文频道,三沙卫视等都是通过云数传媒控制的覆盖网在老挝和柬埔寨实现入户播出。云数传媒这种商业合作方式开创了一种国际传播的新模式,即:外宣上有突破,标准上有输出,产业上有带动,政治上有影响,发展上可持续。

2016年12月,云数传媒与老挝新闻文化和旅游部正式签署了老挝数字广播电视全国网项目建设工程协议,总投资1.3亿美元,由云数传媒建设覆盖老挝全国18个省和直辖市的数字广播电视网,建成后将在老挝全国传播不少于5套中方的节目。[①] 该项目建成后,将覆盖老挝全国,用户规模将超过60万,并将带动中国上亿美元的设备和产品出口。2016年10月,云数传媒与柬埔寨国家电视台签署《DTMB+OTT项目建设合作协议》,将在柬埔寨全境开展互联网电视业务,意味着云数传媒海外传播体系建设进入到国标数字电视+互联网电视的媒体融合发展阶段。该项目将吹响云数传媒面向南亚、东南亚抢占新媒体高地的号角。毕竟传统的DTMB仅是单向的广播传输,而当今世界,随着互联网技术的高速发展,越来越多的用户希望使用交互性更好、便利性更强、体验感更佳的互联网电视。目前,云数传媒已经投资了上千万元构建面向南亚、东南亚的DTMB+OTT新媒体内容集成播控平台,并获得了柬埔寨唯一一张OTT业务运营牌照,同时也在积极申请老挝OTT业务牌照,计划在未来两年内完成老挝、柬埔寨由单一的DTMB业务向DTMB+OTT方向转型,并将传统面向家庭为单位的传播对象,细化为以个人为单位进行传播。

构建渠道的最终目的是为了更好地传播内容。讲好中国故事、传播好中国声音需要采用当地人民群众乐于接受的方式。特别是东南亚、南亚各国的文盲率较高,只有本土化的,符合当地文化背景、风俗习惯和宗教信仰的内容才能受到欢迎。为此,云数传媒在中宣部丝路影视桥项目的支持下,启动2017年就正在老挝和柬埔寨实施的两国本土化电视频道建设项目,分别在老挝开办LDTV频道,用老挝语播出,在柬埔寨开办CDTV频道,用柬埔寨语

① 数字电视网"走出去"搭起文化交流合作平台[N/OL].云南日报,2018-8-28:http://yndaily.yunnan.cn/html/2018-08/28/content_1238412.htm? div=-1.

播出,实现了内容的本土化和运营的本土化,借助已初步形成的海外传播渠道网络,更快更好地将中国内容以本土化方式深入到当地、产生影响,发挥更大的国际传播力。同时,云数传媒利用打造南亚、东南亚辐射中心的任务和区位优势,也将通过渠道建设、对外投资、内容集成等方式,积极争取在更多的国家发展;在老挝和柬埔寨的基础上,加快对南亚尼泊尔、巴基斯坦、孟加拉国、斯里兰卡等国的发展。

二、对外广播

云南广播电视台国际频率,是经中央批准成立的、中国现有的三个独立发射覆盖的国际广播之一,[①]1986 年 10 月 1 日开播,是云南省主要的外宣平台之一。云南台国际广播开播时呼号为"云南广播电台",现在呼号为"云南广播电台香格里拉之声",主要用越南语、华语对越南语族群及东南亚、南亚华人华侨广播。其前身可追溯到 1957 年 1 月 28 日开播的"对云南境外蒋军广播"和 1983 年 1 月 3 日开播的"对云南境外侨胞广播"。

云南广播电视台国际广播目前可覆盖中越、中缅、中老边境县(市)和以越南河内、泰国曼谷为中心的 7 个东南亚、南亚国家和地区,覆盖越语对象听众约8000 万人,华语对象听众(华侨华人)约 1700 万人,信号还可影响到南亚、西亚、亚太及部分欧美国家和地区。在对南亚、东南亚地区传播方面,香格里拉之声与中国国际广播电台第二亚洲语中心合办了缅语《云南纪事》专栏,填补了云南对外广播无缅语广播的空白。香格里拉之声还与德国柏林 Radiojojo 广播电台进行定期节目交换。云南台国际广播的定位是"发中国声音,讲云南故事",节目内容以新闻为主导,以资讯为补充,以音乐为点线,主打新闻伴随服务,愉悦听众心情。云南台国际广播的外宣任务主要是宣传中国的对外政策和政治主张,宣传云南经济社会发展状况,展示云南良好的海外形象。

---

① 邱昊.新媒体技术环境下媒体传播影响力的整合营销——以云南对东盟的传播影响力整合营销为例[J].学术探索,2014(6):81.

第四节　新媒体的对外传播能力建设

一、云桥网

云桥网是专门负责外宣的多语种网站。2016 年 5 月,由云南省政府新闻办主办、云南日报报业集团承办的云桥网正式上线。云桥网目前可用中文、英语、泰语、缅语等六种语言进行浏览,未来将逐步扩展到更多周边国家语言。每个语种网页的内容是独立采编的,并非单纯的文章翻译。每个语种的网页均设有一个专门介绍对象国驻昆明领事馆情况的板块。国家级外宣期刊《吉祥》《湄公河》《占芭》《高棉》与《云南日报》英文电子版均可以在网页上浏览查阅。网站还利用新媒体优势,发展两微一端媒体矩阵,开通手机客户端、官方微博、微信公众号等平台。云桥网在内容上充分依托现有平台(云报集团和外宣"四刊")资源,由集团国际传播中心负责整个外宣报道的采写,中文频道第一时间采用转发这些稿件。同时 13 张英文报纸的编辑发回的稿件也第一时间采用,小语种频道也会第一时间采用外宣"四刊"的小语种内容。

云桥网还与国外社交媒体进行合作,拓宽传播渠道。2017 年 4 月,云桥网在海外社交媒体 Facebook、Twitter、Google、Pinterest、Instagram 等七八个平台开设账号。截至当年 8 月,Facebook 上关注的用户已有 42000 余人,发稿 450 条,其中短视频内容有近百条。海外社交媒体用户特别关注短视频的制作,云桥网短视频内容完全自采,用手机拍摄制作,为此专门采购了手机云台和无人机摄录设备。云桥网下一步将完成新媒体和云桥网的无缝对接,开设更多符合新媒体环境和语境的栏目,并提供一些创新产品,比如舆情监测。

二、云南网

2017 年 7 月,云报集团为了整合国际传播的资源,将外宣"四刊"与云南网、云快报(集团 2014 年创办的英文网站)整合成云南网的英文与小语种频道,由"四刊"编辑部和集团国际传播中心负责内容制作,云南网只提供技术支持。目前三个语种频道每天都更新几十条新闻报道,稿件内容强调故事性,并根据不同语言的表述形态进行改编改写,稿件同时也通过海外社交媒体进行转发。

三、香格里拉之声新媒体矩阵

早在 2005 年 4 月,香格里拉之声与美国朗思传媒集团旗下的广播电视网络平台 WCETV 银视网已签署合作协议,"借船出海",使"香格里拉之声"的节目传播至北美地区。2017 年 1 月 1 日,云南对外广播香格里拉之声转型为网络在线广播(短波仍然保留),用官方网站、官方微信、微博、蜻蜓 FM、喜马拉雅 FM 等向全世界听众传播。

第五节　对外传播能力建设的问题与对策

一、外宣目标须明确

国家将云南定位为面向南亚和东南亚开放的重要门户。在"一带一路"倡议下,云南省应该发挥中国与东南亚、南亚之间沟通桥梁的作用,制定具有全局性和针对性的外宣战略,立足云南宣传中国。但就目前而言,云南省的外宣战略目标还不太清晰。例如,云南省委、省政府还未就具体塑造怎样的"云南形象"形成指导性的政策意见。由于没有共同的战略目标,云南外宣媒体也就无法制定行之有效的协同宣传策略。各媒体虽然都在积极开展对外传播活动,但彼此之间缺乏有效的沟通和联动,未能形成合力,无法产生协同效应。

二、信息控制待完善

出境信息控制是做好外宣工作的重要环节。云南省主要依靠各级外宣管理部门运用行政手段、信息手段、经济手段和法律手段实现出境信息控制，但这些控制措施生效的前提是，在传统媒体环境下，报刊、广播电视垄断了大众传播渠道才得以实现。在新媒体环境下，政府对信息传播渠道的垄断被打破，简单地依靠控制大众传媒的信息发出已无法达到信息控制的目的，舆情监测和信息反馈成为信息控制的必要环节。但云南省目前还未建立健全舆情监测和信息反馈系统，出境信息发布之后缺乏应有的监测和必要的反馈。云南省作为周边传播大省，应加强出境信息的舆情监测，注重国外舆情的反馈，并据此及时做好问题的澄清和说明工作，保证出境信息控制得及时有效。

三、渠道建设需加强

云南省的外宣渠道硬件建设相对比较完善，构建了广播电视、报刊以及新媒体等多种传播渠道，还在境外媒体开设了专版和专栏。但渠道建设并非只包括硬件建设，还包括人才培养等软件建设。例如，外宣"四刊"目前拥有一支高水平的翻译队伍，但这支队伍却面临着日益老化和青黄不接的问题。有些语种的翻译已经 70 多岁，还奋战在外宣一线，而年轻翻译的译作普遍存在着不标准、不地道的问题，不能真实准确地传达原作者的真实意思。因此，云南省要加强复合型传播人才的培养，特别是联合有关高校培养一批既精通周边国家语言文化，又具有新闻传播专业背景的复合型人才，这样才能更好地利用现有的传播渠道开展对外传播。同时，中央和地方应加强对外宣媒体的投入力度，支持外宣媒体的内容生产、技术创新。

在新媒体渠道的建设方面，也存在一些问题。云桥网还没有专门做视频的演播室和编辑室。云南网虽有演播室，但没有充分利用，编辑人手不够。可以考虑合并云南网和云桥网的机构和人员，整合内容资源和技术资源。另外，新媒体技术要求高，既懂语言又懂技术的人才更为缺乏。但现在许多新媒体从业人员只具备单方面的技能，新闻业务、外语能力和传媒技术只知其一。这是目前云南外宣新媒体渠道建设亟待解决的问题。

四、传播效果要测量

目前，云南省的外宣工作还停留在"我说你听"的阶段，这种"以传者为中心"的模式往往导致传播效果不佳。根据调研,云南省的外宣管理部门和外宣媒体目前都没有完善的效果测量机制。究其原因,一是效果测量意识的缺乏;二是测量方法和技术人员的缺失。要解决这一问题,首先是外宣部门和媒体一定要从理论上认识到传播效果测量的重要性,建章立制,建立队伍。传播效果是外宣工作是否成功的检验标准,也是外宣策略调整和外宣内容建设的客观依据。外宣管理部门和媒体可以联合省内外研究传播效果测量的专家学者,组织相应的外宣效果项目研究,结合云南外宣实际,解决测量方法和调研程序的问题,以取得确实可信的外宣效果量化数据进行科学分析。只有这样,才能使耗费极大资源的外宣工作真正取得实效。

第八章 广西壮族自治区

第一节 对外传播的形势与概况

一、周边形势

广西壮族自治区地处中国南部,东邻广东省,西连云南省,西北靠贵州省,东北接湖南省,南临北部湾与海南省隔海相望,西南与越南社会主义共和国毗邻,一句话概括其区位特点,就是:背靠大西南,面向东南亚。[①] 广西是中国唯一与东盟国家既陆地接壤又海上相通的省份。广西有陆地边境线 1020千米,有 5 个国家一类口岸,8 个县市与越南接壤;有 1595 千米的海岸线,沿海港口距越南海防港仅 150 海里,距新加坡港 1300 海里,距泰国曼谷港 1400海里。广西同东盟国家在文化和地理上的接近性为广西与东盟的合作交流提供了天然基础。2003 年 10 月,时任中国总理的温家宝在第七次中国与东盟(1+10)领导人会议上倡议,从 2004 年起每年在中国广西南宁举办中国—东盟博览会,同时举办中国—东盟商务与投资峰会。这一倡议得到了东盟 10国领导人的普遍欢迎。迄今为止,中国—东盟博览会已经成功举办了 14 届,广西同东盟国家之间的经济文化交往也越来越密切。

基于历史与现实问题,广西应明确自身对外传播的定位——在中国—东

[①] 马伟雄.广西电视外宣的特点[J].视听,2012(12):19.

盟友好合作中,承担"沟通信息、搭建桥梁、推动合作、促进发展"的作用,主动
摈弃"撒胡椒面"式的"四面出击"做法,将外宣工作的重点放在东盟 10 国上。
广西广播电视明确提出:广西对外宣传的主要目标是东盟 10 国,其次是日本、
韩国,再次才是欧美。

二、外宣概况

近年来,广西外宣部门抓住中国—东盟合作的历史机遇,整合媒体资源,
拓展外宣渠道,对外传播中国、宣传广西,为广西的经济社会全面发展创造了
良好的舆论环境,做出了积极的贡献。广西的做法主要有——

(一)搭建对外传播平台

广西积极搭建涵盖各种媒体、形式多样的对外宣传平台。从 2003 年开
始,广西的主要媒体都开设了东盟专版和专栏。广西日报社专门成立了东盟
报道部,并开辟《对接东盟》专版;广西电视台开办了《聚焦泛北部湾》《连线东
盟》等栏目;广西广播电台开设了《广西与东盟》、对外广播开设了《区域合作
潮涌广西》等专栏;广西新闻网先后开设了《中国—东盟博览会》《东盟纵横》等
栏目。[①] 这些专栏和专版报道的重点内容除了积极反映广西与东盟国家在各
方面的交流与合作外,还系统介绍了东盟 10 国经济社会发展的情况,推介这
些国家的投资环境、优势资源、独特文化和著名景点等,很受东盟国家在广西
工作、学习、生活的民众的欢迎。2009 年 10 月,广西北部湾之声广播电台成
立,这是中国首个区域性国际广播频率,它用 5 种语言面向越南、泰国等东盟
地区播放。2010 年 1 月 1 日,伴随中国—东盟自由贸易区的建立,广西电视
台国际频道诞生,这是广西第一个立足东盟,面向全球,对外宣传中国、宣传
广西的外宣电视频道。此外,广西还建设了一大批对外宣传阵地。如办好对
越宣传刊物《荷花》,提升刊物内容,拓宽发行渠道;积极筹办面向马来西亚的
外宣期刊;在"越南革命者在龙州秘密机关旧址"的基础上建成了龙州"胡志
明展馆",从 2006 年 5 月至今已接待前来参观瞻仰的中越游客 600 多批,共 7

---

① 李剑思.广西与东盟各国新闻媒体合作渐入佳境[J].对外传播,2009(9):47.

万多人次。

（二）加强对外新闻交流

广西和东盟国家的新闻媒体合作不断深入，交流活动日渐活跃，领域不断拓展，合作机制初步形成，有力地推动了广西的对外宣传。近年来，广西成功组织了"越南媒体广西采访团""中俄友谊之旅中国行记者采访团""东盟10国电视台记者'聚焦广西'国际电视采访团""'聚焦广西北部湾'国际广播电视联合采访活动"等媒体采访考察团赴广西进行采访。这些采访活动通过全方位、宽领域、多角度、深层次的采访报道，向外界全方位展示了广西生机勃勃、快速发展的崭新形象。此外，广西以建立广播电视友好台关系为纽带，努力拓展面对东盟国家的宣传阵地。目前，广西广播电视媒体与东盟国家及日韩20家广播电视机构建立了友好合作关系。广西卫视已在越南胡志明市有线台、老挝国家有线电视台、柬埔寨有线电视台、菲律宾中央有线电视公司、印尼第一传媒公司落地入网开播。广西广播电台、广西电视台分别与柬埔寨有线电视台、泰国ITV电视台、泰国国家电视台十一台、菲律宾中央有线电视公司、越南胡志明市人民之声广播电台、越南胡志明市电视台、老挝有线电视有限公司、泰国国家电台等东盟国家广播、电视台建立友好台关系，实现了人员互访、技术交流、节目互播的合作。广西广播电视媒体还与这些广播电视机构联合制作各种题材和体裁的新闻、文艺、社教节目。

（三）服务经贸文化交流

近年来，广西的重大对外经贸活动不断，如中国—东盟博览会、中国—东盟商务与投资峰会、泛珠三角区域合作与发展论坛、泛北部湾经济合作论坛、桂台经贸合作交流会、中国—东盟自由贸易区论坛等。广西外宣部门充分利用这些平台，邀请和组织外国媒体记者到广西采访，在一些东盟国家主流媒体开辟专栏、专版，凭借重大活动的热点效应，宣传广西的社会经济发展成就、文化旅游资源、投资环境及招商项目等，有效地宣传了广西。广西各地也利用自身优势，积极搭建平台，开展经贸交流和对外宣传。如百色市从2005年以来，每年都在靖西、龙邦口岸举办中国百色—越南高平经贸合作洽谈会，邀请越南地方党政领导、客商、边民入境参加。在这些区域合作活动中，广西积极开展丰富多彩的外宣工作,取得了良好的效果。

广西外宣部门积极发挥文化"润物细无声"的作用,推动文化外宣,增进民众友谊,树立广西良好国际形象。近年来,广西组织了"美丽神奇的广西"图片展赴东盟国家展出,"广西文化舟"扬帆东盟国家,"中国—东盟汽车拉力赛"和多个艺术团体赴东盟国家演出等重大文化活动。这些文化活动全景展示了广西多彩的民族风情、秀美的自然风光、独特的区位优势、风生水起的发展势头。广西边境市县也发挥地缘优势,开展多种多样的文化外宣活动。例如,百色市 2009 年组织右江歌舞团,前往越南胡志明市、坚江省举行两场文艺演出,并将演出所得近 6 亿越币捐给越南贫困人士;田阳县通过壮族节日"布罗陀文化旅游节",以壮族寻根问祖、山歌、体育等民族文化为特色,每年都吸引了 10 余万越南、泰国及区内外各界人士;靖西县政府与越南高平省摄影俱乐部联合举办摄影联展,从不同侧面记录中越友好往来;防城港市每年都举办中越(民间)龙舟邀请赛,通过丰富的活动,扩大了中越民间交流;大新县以德天边关国际旅游节为契机,开展了"中越边境青年友好活动周";那坡县组织文艺团体到越南临近省市演出,近两年就达十余场次。目前,广西边境市县对越南文化交流已经成为常态,展现了广西独特的民族文化魅力。

第二节　印刷媒体的对外传播能力建设

一、外宣报刊

(一)《广西日报》

1. 自建外宣平台

《广西日报》是广西壮族自治区党委的机关报,下属的《当代生活报》和《南国早报》是广西的主要都市类报纸。在向东盟传播工作中,《广西日报》所发新闻报道都是具有权威性和导向性的文章,历来受到东盟国家官方和民间的关注。近年来,《广西日报》及其子报拓展了报道的国际空间,加大了面向东盟国家受众的报道力度,积极发挥促进中国—东盟经济合作、沟通双方文化等的桥梁作用。

2003年底,《广西日报》作为中国—东盟博览会举办地的主要媒体,举全社之力,组建了"东盟报道部",2004年1月创办"对接东盟"专版。①开设了《特别报道》《今日时评》《专家论坛》《东盟视点》《东盟留痕》等栏目,周一至周五每天用七八千字的文章配图宣传造势,做好东盟大文章,凸显东盟内容特色。2007年,《广西日报》开通了电子版,"对接东盟"专版实现了网上与平面媒体同步传播。2012年开始,"对接东盟"专版与其他相关板块合并,但仍以东盟专题报道为主。十余年来,"对接东盟"专版在大力宣传广西优势的同时,介绍东盟各国的观念和需求,进行双向沟通,为中国—东盟自由贸易区的建设和中国—东盟博览会的举办营造了良好的思想环境、文化环境和舆论环境,推动了中国与东盟的交流合作。

2. 开展合作交流

广西日报社还通过与东盟媒体的交流合作来实现对外传播。广西日报社目前在东盟国家没有专门的传播渠道,为了扩大在东盟国家的影响,广西日报社主要是通过开展与东盟媒体的交流合作,实现对东盟的信息传播。

2000年开始,广西日报社与越南广宁报、海防报、北宁报、义安报、广平报、新河内报等报社建立联系,开展人员互访活动。新加坡联合早报和越南中央电子报代表团也分别在2007年和2008年应邀到访广西日报社,双方就增加往来、开展业务交流、加强合作达成共识。越南广宁省毗邻广西,2007年以来,越南广宁报社每年都邀请广西日报社记者前往越南,参加广宁省下龙国际旅游节的活动,并安排记者到越南海防、河内等地采访当地政府官员和企业等。2008年5月,由越南广宁报牵头,越南北部重点经济区的多家地方党报,包括新河内报、海防报、北宁报、北江报和海阳报等组成的越南报业工作代表团,应广西日报社邀请前来广西访问,并就新闻稿件和版面互换等与广西日报方面达成了合作意向。2010年11月,越南广宁报到访广西日报,两报通过协商,就新闻报道、广告经营、印刷业务等方面达成了多项共识,双方

① 姜木兰.边境省份党报如何服务外交战略——《广西日报》"对接东盟"的探索[J].新闻战线,2014(9):53.

签署了新的合作协议。其中在新闻报道方面,双方同意将经常性地交流宣传报道信息,相互交换新闻报道稿件和版面,每年各组织一个约 5 人的新闻代表团到对方省区开展新闻交流和采访活动。2017 年 12 月,由广宁报、和平报和宁平报成员组成的代表团参观了"广西云"融媒体生态系统。代表团边参观边询问"广西云"的架构和运作模式,"广西云"中央厨房工作人员现场演示了采编指挥调度、传播效果分析和舆情热点监控三大板块内容。

目前,在与越南媒体加强交流合作的基础上,广西日报传媒集团还考虑与其他东盟国家媒体进行接触,开展合作,以进一步拓展对东盟的传播。

3. 抓好重点报道

2014 年 4 月至 9 月,在中宣部(国新办)和自治区党委、政府指导下,以广西积极参与共建 21 世纪海上丝绸之路和中国—东盟命运共同体为契机,以中国—东盟合作为框架,为主动服务国家开放发展大局,自治区党委宣传部、自治区政府新闻办精心策划了"海上新丝路·东盟万里行"大型主题外宣活动,通过全方位、多角度、宽领域的行进式采访报道,讲述了中国与东盟国家人民之间真诚相待、友好交往的故事,展现了广西参与共建 21 世纪海上丝绸之路的合作成果、生动实践与发展前景。[①]

《广西日报》在"海上新丝路·东盟万里行"大型主题外宣活动中积极探索创新对外宣传方式,在头版刊发章回体系列报道,着力打造融通中外的新概念、新范畴、新表述。开篇文章《九万里风鹏正举——广西积极参与共建 21 世纪海上丝绸之路纪略》将 21 世纪海上丝绸之路喻为"地球的蓝飘带"。10 篇章回体文章,如《看丝绸经纬共交织 济沧海薪火永相传》《试验站中老开先河 填空白商贾抢先机》《共命运润物细无声 结情缘中泰一家亲》《连山水商贸共兴旺 尊师道文化相交融》等,由于特色鲜明,故事生动,给读者留下难忘的印象。[②] 广西"海上新丝路·东盟万里行"采访团队还多次成为东盟媒体报道对象。泰国《星暹日报》《精华日报》《亚洲日报》,菲律宾《商报》《菲华日报》,印尼《千岛日报》,柬埔寨《金边晚报》,新加坡《联合早报》,马来西亚《星洲日报》《南洋商报》,加拿大《明报》,美国《侨报》等主流报纸大幅转载、播发"海上

　　① 甘毅. 打造传媒"共同体" 推动融合报道常态化——"海上新丝路·东盟万里行"大型外宣活动探索[J]. 中国记者,2015(1):108.
　　② 同上,2015(1):109.

新丝路·东盟万里行"《广西日报》的通稿和自采稿,此外,转发《广西日报》微博、微信推文 50 多条。《广西日报》11 篇文章全部在越南广宁报网站等境外新媒体转载,传播广泛,影响力强。

(二)《荷花》杂志

《荷花》杂志是专门的越南语外宣期刊,2002 年创办,由自治区党委宣传部主管主办,广西人民广播电台承办,为大 16 开综合性月刊。[①]《荷花》杂志开始时全部采用越文进行宣传报道,2006 年,应越南读者学习中文的需要,《荷花》杂志加大了中文报道量。杂志的办刊方针是:"立足地方、宣传中国、服务周边、放眼世界",宗旨是:"通过报道中国和广西政治、经济、社会、文化等各方面发展情况,反映中国和广西改革开放取得的巨大成就和中国百姓蓬勃而充满生机的精神面貌,增进越南人民对中国和广西的了解,维护睦邻友好的周边关系,加深中越两国和两国人民的友谊,促进合作,共同繁荣。"杂志内设《特别报道》《文化走廊》《中国名城》《壮乡情韵》《民族之窗》《友好链接》《中国与东盟》《胡志明主席与中国》《和谐中国》《长镜头》《为您服务》《中华美食》《要闻选登》《越南一瞥》等十多个栏目,从政治、经济、文化、民族、人民生活等多个方面向越南读者介绍中国的历史和现状,在国际上树立中国的正面形象。《荷花》杂志没有广告收入,办刊资金均由广西外宣部门统一拨付。[②]

《荷花》杂志采取多种方式扩大对外传播渠道。一是由中国驻越使领馆发送。中国驻越南大使馆每个月都会有车回国购买生活用品,他们就帮忙用使馆的车把杂志运回河内发送给越南的读者。二是请越中友协、越中文化交流中心等单位代为发送。越中友好协会在越南全国 61 个省市都有会员,而且大部分会员都是政府高官,这样就使《荷花》杂志可以进入到越南的主流社会。三是通过各种途径把《荷花》赠给来广西访问、参加会议、旅游观光的越南来宾。四是赠送给与越南有业务联系的中国企事业单位以及出访越南的中国代表团,由他们带到越南转送。五是赠送或出售给在广西各高校的越南留学生和来广西学习考察的越南各级官员。六是在机场、车站、码头、中心城

---

① 谢卓华.广西媒体对东盟的信息传播能力——以《广西日报》和《荷花》杂志为例[J].新闻爱好者,2011(12):25.

② 同上。

市的涉外宾馆、国际列车上发送或陈列。七是在边境口岸、边贸互市点的文化站、阅览室陈列,方便过往的客商休息时阅读。

(三)《中国—东盟博览》杂志

《中国—东盟博览》杂志由广西出版传媒集团有限公司主管,广西《海外星云》杂志社有限公司和中国—东盟博览会秘书处主办的中英文双语杂志。自创刊以来,一直致力于服务中国—东盟博览会和中国—东盟自贸区建设,努力为中国与东盟间的商贸、文化交流搭建平台和桥梁,迅速成为中国及东盟国家企业了解和开拓对方市场的媒介参考。近年来,《中国—东盟博览》杂志实现了海外落地,在雅加达、吉隆坡分别出版《东盟观察》杂志印尼版和马来西亚版。杂志还计划在2014—2018年五年内,在东盟国家建设4个分社和6个记者站,全面覆盖东盟10国。届时,国外分社将承担新闻采集、21世纪海上丝绸之路的信息收集、《中国—东盟博览》杂志在当地的印刷发行等任务,还将在4个国家出版发行4本双边合作的期刊。

二、图书出版

(一)广西出版传媒集团

近年来,广西出版传媒集团以东盟为中心,以“一带一路”交汇带为基地,不断取得“一带一路”沿线国家版权输出新突破,共向越南、泰国、印尼、马来西亚、新加坡等东盟国家输出版权400多种,成为全国向东盟国家输出版权最多的出版集团之一。同时,广西出版传媒集团及时跟进国家“一带一路”倡议,在埃及、突尼斯、土耳其、南欧开拓了新的图书版权输出,初步完成了广西出版传媒集团在“一带一路”沿线输出版权、直接参与国家战略建设的基本布局。具体做法如下:

1. 打造对外传播的基础平台

广西人民出版社组织出版的《东盟文库》列入《“十二五”国家重点图书、音像、电子出版物出版规划》。广西人民出版社积极响应和配合“一带一路”倡议,策划出版了10卷本的《中国—东南亚铜鼓》、11卷本的《丝绸之路上的东南亚文明》等系列图书,取得了显著成效。广西教育出版社构建了"中国—东南亚国家双语辞书协同编纂平台",该项目面向国内及东南亚各国,是多语言类双语辞书协同编纂、语料资源管理及动态发布、网上检索查询服务系统。① 广西教育出版社 2007 年还启动了《东南亚国家语言辞书》精品工程,获得国家出版资金资助。项目面向东盟,根据东南亚各国通用语言常用词汇,并结合中国的使用情况进行编纂。广西科技出版社计划打造"中国—东盟传统医药全媒体出版平台",该平台获得中央文化产业发展专项资金 1500 万元资助,规划出版一批以中医药、广西民族医药(如壮医药和瑶医药)为基础的传统医药纸质图书、数字出版物以及多媒体资源库,并在此基础上构建一个专题数据库——"中国—东盟传统医药数据库",打造中国—东盟传统药材网络交易平台。②

2. 拓展对外传播的海外渠道

广西出版传媒集团充分利用广西与东盟毗邻、文化相近、文脉相通的优势,深入走进东盟的越南、老挝、柬埔寨、泰国、印尼、马来西亚、新加坡等国家,逐步开展出版业务和版权贸易,逐步进行印刷物资设备、文化用品贸易等方面的多元拓展与发展。集团充分利用中国—东盟自由贸易区、中国—东盟博览会等合作平台,充分发挥广西作为中国走向东盟的桥头堡的区位优势和广西与东盟各国在文化上天然的亲缘资源优势,加快"走出去"步伐,全力打造"海上丝绸之路国际出版平台"。广西出版传媒集团还适时地推出海外本土化战略,着力推动出版机构"走出去",以股份制合资的形式实现集团图书出版机构与资本落地海外零的突破。2015 年 8 月,接力出版社在埃及设立接力文化传播公司,推进接力出版社和埃及大学出版社合资成立埃及分社,埃及方持股 51%,我方持股 49%,按埃及法律,主要出版少儿图书、幼儿园教材,这些图书不仅在埃及销售,而且还在整个阿拉伯国家销售。

3. 推动对外传播的媒介融合

随着数字技术的进一步发展,数字出版已成为行业发展的必然趋势。在"走出去"规划方面,广西出版传媒集团顺应时代潮流,积极规划数字版权输

---

① 王敬华,杨烦烦.广西出版传媒集团"一带一路"初显[J].出版参考,2015(14):40.

② 同上。

出项目的推进与实施,并取得了一定的成效。2014年,接力出版社首次实现数字版权输出,成功向越南输出了《特别狠心特别爱》的数字版权。同时,也向海外出版机构购买了如《蓝精灵》《小象卡尔》等知名图书品牌的数字版权。广西教育出版社组织申报的重点项目"广西教育出版社教育资源MPR整合推广服务工程"被列为2014年度文化产业发展专项资金支持项目。项目包括了"东南亚国家语言辞书数据库""东南亚国家实用口语数据库"的建设,以及有东南亚国家及地区语言配音的劳动技能知识库及劳动技能实操微视频资源库建设,为"走出去"提供了基础。

(二)广西师范大学出版社

广西师范大学出版社隶属于广西师范大学。经过多年的努力,广西师范大学出版社在图书产品和版权输出方面已从单一输出到中国港台地区,逐渐发展到向美、英、法、日、韩等20余个国家输出;近年更是发挥地缘优势,向东盟国家输出了以"东方智慧丛书"(多语种版本)为代表的多种图书。广西师范大学出版社一直以来非常注重推广弘扬中华优秀传统文化,并积极地向海外介绍当代中国知识分子、艺术家的优秀著作。如获评"中国最美的书"的《平如美棠》,已向英、美、法等国家输出6个语种的版权;《走近中医》《王立群说〈史记〉之秦始皇》《古本山海经图说》等图书还入选了"经典中国国际出版工程"。

广西师范大学出版社积极响应"一带一路"倡议,推动企业"走出去"和品牌国际化发展。2016年8月,广西师范大学出版社与克罗地亚儿童图书出版社达成战略合作;同年11月,旗下的"魔法象"品牌运营公司在克罗地亚成立子公司——魔法象图书(Magic Elephant Books),开启了品牌国际化发展的进程。魔法象克罗地亚公司着眼于"一带一路"倡议,以克罗地亚为中心辐射中东欧各国,最终成为欧洲业务发展的窗口。广西师范大学出版社还积极探索出版文化企业的"资本走出去",努力实现中华文化"走出去"的规模化和有效性。在2014年7月成功收购澳大利亚Images之后,又于2016年8月成功收购英国ACC出版集团,并以"双本土化+一体化"为运营模式,即保留海外公司骨干队伍的同时,在国内培育专业的团队与之对接,形成协同发展的"一体化"团队;同时逐步实现全球品牌、内容、渠道、人力与资金资源的"一体化"

集约调配,成功实现了"全球组稿,中英共版,国际发行"的全球出版传播新模式。在此基础上,广西师范大学出版社将海内外的优质渠道优势平台化,将优质品牌资源共享化,将海内外"一体化"的完整成熟产业链的资源价值最大化,联合国内顶级的出版机构一同构建一个开放性的平台——"艺术之桥",以一种创新的发展模式,推动国内更多的出版机构和图书产品有效地"走出去",从而让中国出版、中国文化创意更多更好地传播到全世界,真正促进世界优秀文化的交流与传播。

第三节　广电媒体的对外传播能力建设

一、电视媒体

(一)开拓外宣渠道

1. 广西电视台

广西电视台卫星频道主要负责对中国—东盟合作的新闻宣传,通过《广西新闻》等各档新闻栏目和一些专题栏目向国内外观众传播有关中国—东盟合作的政治经济文化信息。2015 年 6 月,经国家新闻出版广电总局批准,广西电视台在东盟 10 国设立了采编工作站。广西电视台制作的中英双语宣传片《相约广西》,作为多个重大官方场合宣介广西的名片,成为广西外宣的一大新亮点。

早在 2004 年,负责广西电视台对外宣传任务的国际部,为了配合中国—东盟博览会的宣传工作,就采编制作了《风起南方》栏目。栏目组一年内走访了东盟 10 国,制作播出了 50 多期节目,多角度、全方位展示了东南亚各国的人文地理、风光风情和经贸文化,为首届中国—东盟博览会的举办营造了良好氛围。2010 年 1 月 1 日,随着中国—东盟自由贸易区的建成,广西电视台国际频道正式开播。广西电视台国际频道的中文呼号为"广西电视台国际频道",英文名称为"Guangxi TV International",英文呼号"Guangxi TV"。广西电视台国际频道主要通过中国卫星电视长城平台面向东南亚播出,并逐步扩大覆盖面到美国、加拿大、欧洲和拉美等地区。频道 24 小时滚动播出。[①]2010 年以来,广西电视台国际频道在《聚焦泛北部湾》《寻找金花》等原有东盟特色栏目的基础上,开办了《连线东盟》《可爱广西》等外宣栏目。其中,《连线东盟》主要借助大型活动报道来传递东盟国家的最新资讯,《可爱广西》则向外推介广西的民族风情。广西电视台国际频道还全面加强与周边国家相关媒体机构的合作关系,通过开办栏目、译制影视剧、举办电视展播周和海外演唱会等多种形式,"借船出海",向外传播中国"好"声音。2016 年 7 月,开播了在越南国家数字电视台(VTC)10 频道开设的《环游世界之多彩中国》栏目,该栏目在每周固定时段播出由国际频道译配的中国优秀纪录片,将优质的国产纪录片、专题片译配为对象国语言在该栏目上播出,使其发展成为中华文化"走出去"的新平台。

2. 南宁电视台

南宁电视台新闻综合频道是该台对东盟传播的主力频道。新闻综合频道于 2001 年开播,通过精心策划和创新报道方式,频道影响力和美誉度不断扩大。该台的《南宁与东盟》栏目十分重视对东盟的新闻报道。该栏目于 2008 年 1 月开播,每日播出一次,时长 30 分钟。2009 年 2 月改为周播。《南宁与东盟》的节目内容以新闻为主,包括东盟各国的时政消息和民生趣闻,以及发生在南宁的东盟故事等。《南宁与东盟》的节目内容来源于三个渠道:一是来自中国国际广播电台,依靠它在东盟国家的三个记者站获取最新的新闻信息和视频画面;二是来自南宁电视台的记者自采,主要是台里定期派记者到东盟国家去采制;三是自办普及东盟语言的子栏目。除此之外,南宁电视台对东盟国家的传播渠道还可以通过节目交换来实现。南宁电视台同越南国家数码电视台每个月都会有一次节目交换。越南国家数码电视台交换过来的节目内容多以越南的饮食文化和体育活动为主,而南宁电视台交换过去的节目内容主要是介绍南宁的经济社会发展情况和招商引资政策等。

---

① 谢卓华.广西电视媒体对东盟信息传播的现状分析及优化对策——以广西电视台、南宁电视台为例[J].广西财经学院学报,2015,28(2):80.

(二)开展媒体合作

1. 请进来

从 2004 年开始,广西连续邀请东盟 10 国国家广播电视媒体到广西进行"聚焦广西"广播电视国际采访活动,均取得成功。活动形成了一整套完善的运行机制,即由广西方事先列出一批采访题材,供各国记者选择,由他们根据各自感兴趣或者有关联性的选题分组或集体到广西各地采访,节目制作完成后在各国电视台播出,并将播出后的节目寄回来给广西电视台重播。这种由东盟记者亲眼看、亲耳听、亲口说,客观地报道中国、报道广西的活动方式,更易于让东盟国家受众接受。

2. 走出去

2007 年 4 月 24 日至 6 月 10 日,广西广播电视媒体主动联合中国国际广播电台、香港凤凰卫视到东盟 10 国展开了一次历时 50 天、行程 2 万多公里的"中国—东盟合作之旅"广播电视联合采访活动。在采访团的主动邀请下,越南中央电视台、越南之声电台、老挝国家电台电视台、巴特寮通讯社、泰国国家广播电台、泰国国家电视台(第 11 频道)、泰国 ITV 电视台、马来西亚国家电视台、马来西亚新闻社及其电视新闻台、新加坡新传媒集团、文莱广播电视台、印尼国家电台、菲律宾电台电视台等东盟国家主流广播电视媒体都参与了采访团的部分采访活动,并对采访团进行了充分报道。其中,泰国国家广播电台、泰国国家电视台(第 11 频道)、泰国 ITV 电视台全程陪同采访团在泰国境内进行采访,马来西亚新闻通讯社派电视和通讯记者从马来西亚槟城到吉隆坡,跟踪报道了采访团的主要采访活动,马来西亚国家广播电视台跟随采访团在马六甲进行了专题节目的拍摄。采访团还在越南、泰国、马来西亚和菲律宾先后举办了四场形式不同的与东盟国家主流媒体记者交流的见面会,还到新加坡新传媒集团、文莱广播电视台访问,与东盟媒体同行就加强双方合作进行了交流。这次采访活动也为双方今后合作的制度化、常态化做了有创新意义的探索和铺垫。

3. 友好台

广西广电媒体以建立友好台关系为纽带,深化与东盟国家主流媒体合作的长效机制。近年来,广西广播电影电视局与泰国民联厅签署了友好合作协议,广西人民广播电台分别与泰国国家广播电台、越南之声广播电台、越南胡志明市人民之声广播电台、越南广宁省广播电台,广西电视台分别与泰国国家电视台、泰国 ITV 电视台、越南广宁省电视台、老挝国家电视台、缅甸国家电视台建立了友好台关系。双方电台、电视台根据签署的协议,开展了人员互访、技术交流、节目互播、信息共享等业务合作。这种与东盟国家主流媒体建立起来的友好台关系,为广西广播电视面向东盟国家的对外传播提供了长效的机制保障。

(三)联合制作节目

1. 合办文艺晚会

广西电视媒体不但把采访车队开到东盟,还把文艺晚会办到了东盟。例如,2007 年 5 月 15 日,广西电视台与印尼国家电视台在印尼巴厘岛联合举办了"山水之约·美在巴厘"大型直播文艺晚会,展现了中印两国的民族特色文化精粹,印尼国家电视台向全国进行了直播。再如,2017 年,广西电视台与越南国家电视台联合录制的晚会"梦中的河流·2017 中国—越南友谊晚会",展现了中越两国山水相连、友谊长存、携手共进的美好情谊。众多中越两国的优秀歌手、乐队以及舞蹈、杂技演员都登台献艺,表演了多个具有本国特色的代表性节目。[1] 晚会于 2017 年亚太经合组织(APEC)越南峰会前夕,在广西电视台和越南国家电视台播出,为习近平主席出席峰会营造了良好的舆论氛围。此外,泰国国家民联厅与广西广播电影电视局联合举办了中泰广播电视民族艺术综合晚会,以轮流举办的方式每年异地举办一次。广西电视台还成立了有东盟国家"金花"参加的"金花国际电视艺术团",让国内的电视文艺晚会也增添了"东盟元素"。自 2007 年起,南宁电视台每年都与东盟国家合作录制"春天的旋律"跨国文艺晚会,有时在国内录制,有时在国外录制,完成后分别在两国播出。

2. 合作专题节目

广西电视台重视内容生产,实施重点项目,以两国主流媒体联合策划摄

---

① 龙小军.做好广西精准外宣工作的有益探索[J].视听,2017(12):173.

制的合作模式,推动广西与东盟国家影视合作的不断加深,共创外宣精品。2016 年完成 5 个外宣项目,合作摄制了《海上新丝路·东盟万里行Ⅲ(教育篇)》和《寻梦中国·我在广西》两大系列专题片,以每年一季的进程持续发力,逐渐发展成为广西电视外宣的品牌节目。中老合拍纪录片《光阴的故事——老挝篇》、中泰合拍纪录片《家在青山绿水间》也顺利摄制播出。2017 年上半年与越南国家电视台联合策划、共同拍摄的纪录片《光阴的故事——中越情谊》,以 20 世纪 50 年代初越南在中国南宁、桂林两地开办越南育才学校为主线,讲述育才学子与母校半个多世纪血肉相连的光阴故事,展现了中越两国在争取国家独立和民族解放的斗争中并肩战斗、相互支持的深厚友谊。该片于当年 10 月 28 日、29 日在越南 VTV2 频道首播,11 月 4 日、5 日、6 日在中国中央电视台新闻综合频道、中文国际频道及纪录片频道、广西电视台卫星频道、国际频道分别播出。2018 年,中泰合拍的纪录片《暹罗追鸟》在广西电视台与泰国国家电视台分别播出。2018 年,中柬合作的《光阴的故事——柬埔寨篇》和《家在青山绿水间——柬埔寨篇》两部新的外宣纪录片已完成策划和踩点工作,开始进行实地拍摄,预计年底前可完成后期制作。这些合拍的电视专题节目堪称电视艺术的精品,获得了中国观众和东盟国家观众的高度评价。2017 年 11 月 13 日,国家主席习近平访问老挝时,在老挝《人民报》《巴特寮报》《万象时报》发表题为《携手打造中老具有战略意义的命运共同体》的署名文章,文章中专门提到:"中老合拍的纪录片《光阴的故事》网络总播放量达数百万次,深深撼动两国民众心灵。"

3. 译介影视作品

广西电视台还积极主动拓展广西对外宣传新渠道,将优秀国产影视剧进行东盟国家本土化语言的译配,并在当地主流媒体上推广播出,树立了国际传播新品牌。2015 年,广西电视台首次中标完成"丝绸之路影视桥工程——中国影视剧对象国本土化语言译配项目"越南语包、高棉语包共计 12 部影视作品的译配。2016 年,广西电视台第二年参与该项目投标并拿下印尼语包。2017 年,广西电视台国际频道继续开展国产影视作品的译制工作,涉及印尼语、泰语、越南语、英语等 4 个语种;泰语译制剧《我的经济适用男》和《青年医生》在泰国电视第九台连续播出,收视情况良好;完成"丝绸之路影视桥工程——中国影视剧对象国本土化语言译配项目"印尼语包 4 部国产影视作品的译配工作,这四部影视作品是——50 集电视剧《青年医生》、52 集动画片《围棋少年》、5 集纪录片《清真的味道》以及电影《孙子从美国来》。广西电视台译配的中国国产影视剧从泰国、越南、柬埔寨等邻近国家推广到东南亚人口最多、经济实力较强的国家印尼,这将为中国影视剧增加大量的海外观众,使他们通过影视作品更加了解中国。

(四)海外电视展播

广西电视台东盟电视展播周最早始于 2007 年,广西电视台通过越南胡志明电视台 HTV、广宁电视台、越南国家数字电视台和柬埔寨国家数字电视台展播中国的原创电视节目。十几年来,广西每年都在海外举行各种形式的电视展播活动。2017 年 9 月,广西台国际频道分别联合新西兰 TV33 华人电视台以及澳大利亚天和电视台,成功举办“中国广西电视(新西兰)展播周”和“中国广西电视(澳大利亚)展播周”,以精品节目推动中国文化走向世界。为扩大对东盟国家的外宣范围和影响,2018 年春节期间,广西电视台国际频道在柬埔寨、泰国、印尼、马来西亚四国分别举办了“中国广西电视展播周”[①],推出《美丽西江》《清真的味道》《潇贺古道》等中国优秀纪录片在印尼橙色电视、柬埔寨国家电视台、马来西亚国家电视台和泰国国家电视台播出。电视展播周适时营造了“一带一路”沿线国家民众共庆中国传统新年(春节)的喜乐氛围,通过在当地主流电视媒体播出中国的优秀影视作品,展现了真实、立体、全面的中国,扩大了中国在东盟国家的影响,提高了国家的文化软实力。

二、对外广播

(一)历史沿革

1982 年,中共中央批准并投资 178 万元筹建广西广播电台(当时的区台名为“广西人民广播电台”),这也是国内第一家省级对外广播电台,并于 1983 年 8 月开始转播中国国际广播电台的越南语节目。1984 年 12 月 1 日,广西

---

① 广西将首次在东盟国家举办“中国电视周春节特辑”活动[EB/OL]. 千龙网,2018-2-15：http://china.qianlong.com/2018/0215/2403146.shtml.

广播电台正式用越南语开始对越南广播。1989 年 2 月 1 日增加粤语对东南亚华侨、华人广播，10 月 1 日改称广西对外广播电台。2003 年 8 月 14 日，广西对外广播电台并入广西人民广播电台，对外仍称"广西对外广播电台"，内部称"广西人民广播电台对外广播编播部"。2009 年 10 月 23 日，由中国国际广播电台、广西对外广播电台联合开办的国际广播频率"广西北部湾之声"在南宁正式开播，节目采用英语、泰语、越南语、普通话、广州话 5 种语言播音。这是中国首个区域性国际广播频率。

（二）基本情况

为积极配合中国周边外交战略，大力推进中国—东盟战略伙伴关系的发展和中国—东盟自由贸易区的建设，进一步增强和提升中国对东盟地区广播电视外宣的影响力、吸引力，增进东盟和世界各国对中国的了解与认识，充分发挥广西在中国—东盟自由贸易区建设，特别是在北部湾经济合作中的独特作用，广西对外广播电台与中国国际广播电台共同打造了"北部湾之声"，于2009 年 10 月 23 日正式开播。"北部湾之声"开创了中央媒体与地方媒体合作的新模式，是中国第一家区域性国际广播媒体。另外，"北部湾之声"与中国国际广播电台联合广西北海、钦州、防城港、崇左、凭祥等地外宣部、海关、口岸办、海事局等单位连线报道中国—东盟自贸区建设情况及广西重大项目建设的宣传，并在"北部湾之声"开设专栏《跨境经济合作联播》。

"北部湾之声"由最初双语增加至普通话、广州话、越南语、英语、泰语 5个语种。节目的播出时间由过去 8 小时录播增至 17 小时多语种直播。目前，"北部湾之声"由过去单一的短波发射变为目前的调频和短波同时播出，调频信号有效覆盖广西北海、钦州、防城港、崇左和北部湾 12 万多平方公里的海域以及越南海防、河内、下龙、广宁、谅山、高平及河江一带，覆盖人口 3000 万。短波信号有效覆盖越南、柬埔寨全境、老挝大部以及泰国东部地区，覆盖人口6000 多万。"北部湾之声"具备的地缘优势及人文特点，便于与国外，特别是东盟国家媒体展开合作。近年来，广西充分发掘和发挥"北部湾之声"广播电台的资源优势，极大地提升了在越南以及东南亚地区的传播力和影响力。

（三）外宣举措

1. 与国外媒体合作拓展传播渠道

2005 年 1 月，广西对外广播（"北部湾之声"前身，以下统称"北部湾之声"）派出代表团访问了越南胡志明市人民之声电台，双方草签了建立友好台协议书。同年 9 月，越南胡志明市人民之声电台代表团访问"北部湾之声"，双方正式签署了建立友好台协议。这是"北部湾之声"首次与国外电台建立友好台关系。截至目前，"北部湾之声"已与"越南之声"、泰国国家电台、柬埔寨国家广播电台、越南广宁省广播电视台签订合作协议。协议规定，"北部湾之声"与友好台之间将通过节目互换、互派人员采访、共同采制节目等形式，进一步加大双方之间各方面的交流与合作，增进两地听众的互相了解，加深友谊，为促进广西与广宁、中国与越南在经贸、文化等方面的合作与交流营造良好的舆论环境。除与以上国家电台建立友好台之外，"北部湾之声"还初步与东盟其他国家的广播媒体建立了友好合作关系。例如，已经与越南广宁省广播电视台建立经常性的节目稿件交换制度，每周与对方台交换一组新闻节目，2008 年下半年，"北部湾之声"共传给广宁台有关广西的消息 90 条，平均每周约 5 条，共翻译广宁台提供给广西的消息 60 多条。2009 年，"北部湾之声"共传给广宁台有关广西的消息 140 条。2008 年的第五届中国—东盟博览会期间，"北部湾之声"联合柬埔寨国家广播电台、新加坡新传媒集团、泰国国家广播电台、越南之声广播电台、越南胡志明市人民之声广播电台等五国六家广播电台，对第五届中国—东盟博览会进行现场直播。此外，"北部湾之声"与胡志明市广播电台、越南之声广播电台进行不定期的节目交换。

2. 与国内媒体合作加强内容建设

"北部湾之声"还与国内广播媒体合作，丰富自身的播出内容。2010 年 4 月 15 日和 5 月 24 日，"北部湾之声"分别与安徽人民广播电台和吉林人民广播电台在南宁签署合作协议，按照资源共享、功能互补的原则，开展全方位外宣合作，进一步扩大安徽、吉林两省在东盟国家的影响力，助推国家广播电视"走出去"工程。[①] 根据协议，安徽人民广播电台将借助"北部湾之声"广播外

---

① 钟小凤.北部湾之声发展策略探析[J].中国广播电视学刊，2014(6)：69—70.

宣平台开办经济类板块节目《中国安徽之声》(东盟版),每期 30 分钟,周三、周五、周日 17:30—18:00 定期播出,并通过"北部湾在线"多媒体互联网平台向东南亚各国进行网上直播。两台还不定期开办连线节目,进行联合直播,互相组织艺术团体进行跨国演出或旅游活动,进一步提升安徽和广西的国际知名度及影响力。吉林人民广播电台在"北部湾之声"广播开办经济类板块节目《中国吉林之声》(东盟版),时长 30 分钟,每周二、四、六 11:30—12:00 播出。内容主要包括吉林省招商引资信息、面向东盟的吉林出口商品信息及相关经贸活动等。为增加可听性,该节目内设文艺和音乐板块,并通过"北部湾在线"向东南亚各国进行网上直播。广西、安徽、吉林三省区还在"北部湾之声"开设《跨区域经济合作联播》特别节目,与《中国安徽之声》和《中国吉林之声》进行链接,时长 30 分钟。通过这样的合作形式,"北部湾之声"丰富了自身的播出内容,而安徽、吉林两省广播电台则拓宽了自身的外宣渠道。

3. 使用外语和方言拉近受众距离

根据"北部湾之声"的定位,目前,广西对外广播在越南语、广州话节目基础上,增加普通话、英语和泰语三种语言广播节目,使其语言覆盖人口进一步增加,成为面向东盟的区域性外宣媒体。目前在东盟 10 国中,华人华侨人口仍占相当大的比重,而且华人华侨在这些国家的经济领域中占有很重要的地位。据相关资料统计,东盟国家华侨华人估计超过 2000 万,占全球华侨华人总数的 75% 左右,华裔拥有的资产总额大约在 1—2 万亿美元。华人上市公司占到整个股票市场上市公司的 70%。在东南亚地区,除部分马来西亚和新加坡华人通行普通话外,粤方言广州话仍是华人华侨主要的通用语言。"北部湾之声"广播还注意利用越南语版《学说中国话》来推广中国文化、普及汉语知识。随着中国—东盟自贸区的建成,东盟各国和中国之间的社会经济交流变得非常频繁,"北部湾之声"作为中国与东盟各国间文化桥梁的作用更为突出。2011 年,"北部湾之声"新增了一个创新度、融合力极强的节目《萨瓦迪卡》,用泰国音乐作为载体,以教授泰国语言的形式,深入浅出地介绍泰国的历史文化。不论是汉语方言,还是东盟国家语言,这类节目在"北部湾之声"的听众中都拥有广泛的影响力,很多听众因为听到熟悉的"乡音"而成为"北部湾之声"的忠实听众。

第四节　新媒体的对外传播能力建设

广西的主流媒体都有自己的新媒体传播渠道,在内、外宣一体化的今天,这些新媒体或多或少都会承担部分外宣的任务。广西专业的外宣新媒体主要有:

一、中国—东盟在线(http://asean.gxnews.com.cn/aseannews.html)

中国—东盟在线于 2004 年由广西新闻网创办,是沟通中国—东盟的综合类新闻网站。网站发布中国、广西和东盟国家的各类新闻,涵盖政治、经济、文化、会展等领域。同时,网站设有东盟旅游、东盟美食等栏目,大量介绍东盟国家的风土人情和历史文化。中国—东盟在线的报道文章基本来自《广西日报》东盟报道部,虽然更新的时间较为滞后,但胜在新闻报道比较有深度。内容除了日常的时政和社会新闻外,还有不少人物专访、分析调查性报道等。

二、北部湾在线(http://www.bbrtv.com/)

北部湾在线网站创办于 2010 年,是由广西人民广播电台主办的面向东盟的广西外宣重点新闻网站。网站有中文、英文、越南语和泰语四种语言网页。北部湾在线全面介绍中国及广西的政治、经济、文化等各个领域的情况,为东盟用户提供了内容丰富的资讯服务。网站通过整合广播、电视的多媒体资源,制作了丰富的、面向东盟的多媒体节目,实现了网上跨平台发布多媒体信息。北部湾在线开设了《新闻资讯》《新闻 910》《节目点播》《图频道》《视频道》《北部湾之声》《风尚调频》《广西广播联盟》等栏目,重点介绍广西北部湾经济区的区位优势、资源优势和改革发展状况,向东盟各国的客商介绍广西北部湾经济区的各项投资贸易政策和项目。

三、中国－东盟传媒网（http：//www.cacom.cn/list-42-1.html）

中国－东盟传媒网由广西《中国－东盟博览》杂志有限责任公司主办，是面向 21 世纪海上丝绸之路沿线地区，服务中国周边外交的重要新闻综合类网站。网站整合广西《中国－东盟博览》杂志有限责任公司旗下的《中国－东盟博览》杂志、手机"中国－东盟传媒网"及移动客户端，以助推经贸合作、促进国际交流为主旨，为关注中国与东盟合作的各界人士提供基于互联网和移动互联网的全媒体优质内容与广告服务。

四、中国－东盟博览会官方网站（http：//www.caexpo.org/）

中国－东盟博览会官方网站于 2004 年 4 月正式开通上线，它由中国－东盟博览会秘书处主办，南博国际信息有限公司承办。网站设置有中文、英文、印度尼西亚语、越南语和泰语版本。网站提供中国和东盟的各类贸易信息，统筹博览会在境内外的招商招展，为各类商贸企业提供参展服务。网站设有《走进博览会》《新闻中心》《参展指南》《参会指南》《投资合作》《赞助合作》《网上博览会》《展会服务》等固定栏目，除刊登中国与东盟国家的时政和社会新闻外，主要发布中国－东盟博览会的招商招展信息。

五、南博网（http：//www.caexpo.com/）

南博网创办于 2006 年，由南博国际信息有限公司创办，目前只设有中文版本。南博网以促进中国－东盟自贸区的双边货物贸易、扩大服务贸易为己任，通过多种传播手段，为从事中国－东盟双边贸易的国内外企业提供专业化的服务，帮助中国企业走进东盟、东盟企业进入中国。南博网也是中国－东盟博览会秘书处主办的网站，但传播内容以经贸信息为主。该网站的《出口》《进口》《数据分析》《金融》《东盟百科》《行业》《十国分站》《展会》等栏目，汇聚了中国与东盟 10 国的著名企业和商品信息,特别是中国—东盟自贸区的最新动态,为中国和东盟企业提供了及时、丰富、翔实的商务资讯。

六、"美丽湾"贸易平台(http://www.meiliwan.com/)

"美丽湾"贸易平台于 2013 年在广西南宁启动,由广西美丽传说股份有限公司创办。它是国内第一家专业服务中国与东盟间的 B2B2C 电子贸易平台。平台坚持源头采购的承诺,为个人用户和企业用户提供最正宗的东盟 10 国及广西的特色产品资讯。同时,也为东盟国家和广西的商品进入国内市场搭建一流的电子商务平台。2015 年中国—东盟博览会前夕,时任中共中央政治局常委、国务院副总理张高丽在广西调研,他专程来到美丽传说公司调研平台服务产业转移和开展跨境电子商务情况。

第五节　对外传播的问题与对策

广西的对外传播工作在中国边疆省区中开展得时间较早,效果较好,但也存在一些需要改进的地方。具体问题与对策如下:

一、细分传播对象,明确传播重点

广西很早就将外宣工作的重点放在东盟 10 国上,明确提出"广西对外宣传的主要目标是东盟 10 国,其次是日本、韩国,再次才是欧美"。但东盟 10 国的政治体制、历史文化和经济发展情况各不相同,广西同时针对东盟国家传播略显吃力,应该抓住重点进行传播。同时,广西和云南同属中国的西南地区,都跟东盟国家接壤,面临的对外传播任务也基本相近,但双方未就针对东盟国家传播进行必要的战略沟通和组织协调,从而未能形成一定的协同效应。因此,广西在立足对东盟传播的基础上,应该进一步确立自己的传播重心和重点,然后确定次重点和一般传播对象国,在此基础上制定自己的外宣战略并进行细致的战略规划和部署。广西应与周边省份如云南、广东、海南等省区建立外宣联席会议机制,形成协同效应,各自确立自己的主要传播对象国,由周边兄弟省区起辅助传播作用,从而形成"1+N"对"1"的对外传播战略格局。

二、完善舆情监控,及时回应引导

广西集民族地区和沿边沿海地区于一身,涉外舆情复杂。对外传播的信息控制方面,随着中国对外开放程度的逐步提高以及传播方式的日趋多元和社交化,传统的信息控制方式已经逐渐老化,控制效果逐渐下降,甚至一些国内的负面消息通过外媒报道产生"出口转内销"的现象。在这种背景下,广西外宣管理部门应加强对出入境信息的管理和统筹,加强舆情监控,不仅仅只监控国内的舆情,同时也要监测东盟国家关于广西甚至中国的舆情——包括历史形成的一般性常态化偏见和因突发事件引起的舆论危机,以便及时利用各种外宣渠道对相关舆情信息进行回应和引导。

三、完善渠道建设,善用网络媒体

广西目前建立了集报纸、杂志、广播、电视、网络新媒体的对东盟传播的媒体集群,但各媒体的传播力和影响力都有待加强和提高。例如,《广西日报》的《对接东盟》等专栏专版,名为外宣栏目,实则向国内读者宣传东盟,由"外宣"变成了"宣外"。广西电视台国际频道并没有进入东盟国家的有线电视网,也就无法进入当地观众的主流收视渠道,只能从理论意义上说通过卫星信号覆盖了东盟国家的部分地区。此外,广西目前针对东盟的传播主要以传统媒体为主,新媒体方面主要以传统媒体创办的新媒体为主,未能形成有实力的专业外宣新媒体。在这种情况下,广西首先应加强专业外宣媒体建设,拓展主流媒体的外宣渠道,增强主流媒体的外宣实力。例如,广西电视台国际频道可以通过合作的方式进入东盟国家的本地网和有线台,从而进入其本地收视主渠道。广西还应加强对新媒体建设的投入,充分利用新媒体跨越物理国界简单便利的特点,加强对东盟国家的新媒体传播。在新媒体手段的使用上,应充分考虑东盟国家受众,特别是年轻族群的接收习惯和接受特点。

四、加强文化传播，增加自采内容

广西目前对于东盟国家传播的内容涵盖政治、经济、文化等各方面的内容，从内容数量来看，以政治内容居多，文化和经济内容偏少。从内容的质量看，政治性的信息主要以硬新闻为主，缺乏可读性；文化内容主要以纪录片、影视剧或者传统文化为主，缺乏对当代文化的推介；经济内容主要以宏观经济介绍为主，缺乏对普通民众经济生活的反映。而且，广西电视台国际频道的节目内容自采量少，大多来自于本台其他频道节目的改编和译制。

因此，广西媒体在传播内容上，应适当增加经济和文化等方面内容的数量，提高内容的可读性和可看性。在传播内容的质量上，结合当前新媒体的特点，多制作和译介反映新时代中国民众现实生活的作品，从文化、经济、社会等多个方面反映新时代中国民众生活的变化。

五、进行受众分析，开展效果测量

根据广西制定的传播战略，广西对外传播的目标受众是东盟 10 国的民众。但不同民众的文化背景、知识水平、宗教信仰以及社会影响力存在差异，导致其媒介使用习惯、内容偏好也存在差异。广西外宣媒体应根据自身媒体的传播特点确立自己的传播对象，确定自己的重点受众、次重点受众和一般受众，并在此基础上进行信息的精准投放，从而提高传播的精准度。此外，目前广西的外宣工作还未开展必要的受众调查。外宣管理部门既没有针对广西整体外宣效果进行考察测量，各媒体也未就自身的传播内容进行效果监测。这里面的原因主要包含两个方面：一是对效果反馈的重要性认识不足，缺乏效果测量的意识；二是对境外受众的传播效果测量是一个复杂的过程，缺乏专业的指导。因此，广西外宣部门应该从全区层面投入人力、物力和财力，邀请社会学、心理学和传播学专家设计相应的外宣效果测量方法，在东盟国家扎扎实实地开展受众分析和效果测量。只有这样，才能用受众反馈来指导传播实践，及时调整传播战略和传播内容方式，真正提升对外传播的效果。

下篇

影响力提升的问题与对策

第九章　传播信息的发出与控制

一、问题的提出

无论是从"工具论"还是"社会责任论"的角度来看,"信息控制"都是大众传媒传播过程中的起始和重要的一环——信息控制的成功与否,直接关系到传播活动的开展和传播目标的实现。特别是在国际传播中,信息控制不当或失效,还会引起传播的负面效果,最终严重损害国家利益。

笔者 2016 年在对黑龙江、吉林、辽宁三省和广西壮族自治区开展调研时发现,当前,边疆省区周边传播的出境信息控制存在着诸多问题。透过纷繁的表象,一言以蔽之,就是——现有的信息控制理论,特别是关于控制机制和手段的论述已无法完全解释、预测和指导相关实践。这既有中央媒体和地方媒体环境差异造成的原因,但更多的,恐怕是新媒体冲击和国内外形势变化带来的理论滞后所导致的实践失范与失控。有鉴于此,本书将在分析出境信息控制"现实困惑"的基础上,展开"对策反思"的相关研究。

二、出境信息控制的现状分析

中国的国际传播学理论主要是在 20 世纪 90 年代以后引介美国相关理论的基础上,辅以对中华人民共和国成立以来外宣工作的经验总结。其中的信息控制理论,特别是关于信息控制机制的论述,主要来源于美国"二战"以来的国际传播实践和新中国外宣工作的经验。这方面较具代表性和较为系统的论述来自北京大学的程曼丽教授。她认为,国际传播的信息控制主要通过

"把关"和"协调"两个环节来加以实现。其中,"把关"主要是把"外宣媒介的设立"关和"出境信息的发布"关,也就是对传播媒介和传播内容的把关;"协调"指的则是"外宣"与"内宣"的协调,也就是在对同一事件的事实性信息和意见性信息的传播上,对(国)内传播和对外(国际)传播应协调一致,用"同一个口径"说话。

边疆省区周边传播的控制研究考察的是"对于跨越国界的那一部分信息的施控过程,施控主体是政府",客体是大众传媒。笔者通过对东北三省和广西的考察调研发现:这些省区正是按照以上相关理论的指引,来建立自身的信息控制机制和实施控制行为的。

(一)把关机制的理论与实践

按照现有理论,出境信息的控制"首先体现在专事对外传播的媒介机构的建立上","还体现在对传播主体信息发布行为的约束上"①,即媒介控制和内容把关。

1. 媒介控制机制

在国际传播中,大众传媒肩负着传播本国声音的职责和使命。在这样的前提下,政府对大众传媒具有某种强制性——要求其行为符合政府塑造国家形象、维护国家利益的诉求,这种强制性主要体现在对传播渠道的支配性要求上。东北三省和广西主要通过"审批制度、主管主办、行业管理、属地管理"等多种措施对外宣媒介设置准入制度和管理办法。

以黑龙江省对俄传播为例,截至目前,全省已建立了包括以一报(《远东经贸导报》俄文报纸)、一刊(《伙伴》俄文杂志)、一网("伙伴"俄语网站)、一台(黑龙江电视台"你好,俄罗斯"俄语电视节目)为主要媒介,以黑河、绥芬河等边境口岸为前沿阵地的对俄传播体系。其中,《远东经贸导报》由黑龙江大学主管、主办,并接受中共黑龙江省委外宣办的指导;《伙伴》杂志是由国务院新闻办主管、黑龙江省政府新闻办主办的边境外宣期刊;黑龙江电视台国际部外宣栏目《你好,俄罗斯》(俄语)由原国家新闻出版广电总局批准开设。

---

① 程曼丽.国际传播中的出境信息控制[J].上海师范大学学报(哲学社会科学版),2006(3):114.

以东北三省对韩传播为例,专事对韩传播的黑龙江通讯社由省外宣办直接设立管理;兼具对内对外传播的《吉林朝鲜文报》(朝文)和《辽宁朝鲜文报》(朝文)则分别由两省的党报集团主管主办。

新媒体方面,在笔者调研的四省区中,外宣新媒体都是由外宣办或对应的外宣媒体设置的。如,黑龙江省对俄传播的伙伴网由俄文边境外宣期刊《伙伴》杂志社主办,省外宣办通过对相关杂志的主管主办实现了对新媒体的控制。

2. 内容把关机制

各省区通过设置外宣媒介的主管和主办部门,从而实现了对于媒介机构的控制,这就为内容把关提供了坚实的基础。

首先是通过行政手段形成控制。这方面主要是指政府宣传主管部门通过管制、监督和协调媒体的传播行为来统一对外发布口径,形成主导性的舆论。以黑龙江省为例,专业的外宣媒体自采新闻较少,一般都采用国内媒体如新华社、《人民日报》或是《黑龙江日报》的新闻,经编辑翻译后对外传播。对于涉及国家层面的重点稿件,省外宣办一般要求各家外宣媒介采用新华社等央媒的通稿,以保证稿件立场观点的政治正确;本省的时政新闻稿件一般由省委宣传部统一审稿或采用《黑龙江日报》的通稿;新媒体转载的新闻则由主办的传统媒体把关。

其次是通过信息手段形成控制。主要是指政府通过其占有权威信息的优势,引导媒体进行传播以形成控制。以黑龙江省对俄传播为例,2015年以后,省委省政府强调对俄宣传的主要内容应当以宣传本省经济社会发展进程和推介本省文化旅游特色为主。省直相关部门利用其丰富权威的信息资源,通过新闻发布会、新闻通气会以及发放通稿的形式,向内宣和外宣媒体传递新闻信息。黑龙江电视台国际部据此专门推出了俄文版的全新宣传片,其传播目标就是为了使俄罗斯受众更加了解黑龙江省的特色优势资源和经济社会发展潜力,从而吸引俄罗斯有关方面加强与黑龙江的经贸合作与文化交流。

(二)协调机制的理论与实践

根据当前理论,当出境信息与国内信息不一致或相互矛盾时,政府对出境信息的控制也会失效。为此,目前从中央到各省区市,都通过机构设置的方法来完成协调任务。

从名称表述上来看,中央外宣办和国务院新闻办分属党政两个系统,但实际上都在中宣部的领导下开展工作,基本上是"两块牌子一套人马",这就从体制机制上保证了内宣与外宣的协调一致。黑龙江、吉林、辽宁和广西四省区的相关机构设置与中央是相同的。

以吉林省为例,外宣办属于省委宣传部的组成部门,对外则称政府新闻办,下设五个处室——一是秘书处,承担办公室的职能,负责财务、后勤、机要和文秘工作;二是新闻发布处,主要负责对国内的新闻发布工作;三是文化交流处,主要负责国际文化传播和交流的工作;四是事业发展处,主要负责外宣品的策划和制作工作;五是媒体联络处,主要负责境内外媒体的联系和服务工作。由于吉林外宣办本身属于省委宣传部的内设机构,因此,从运作机制上来说,很容易达到内外宣协调的目的。

三、出境信息控制的问题分析

笔者对东北三省和广西的周边传播信息控制实践进行调研后发现:现有的信息控制理论是对传统媒体(大众传媒)开展的对外传播活动的经验总结,在网络新媒体兴起的当下,原有的出境信息控制理论已无法完全解释、预测和指导控制实践,因而,也就无法避免地出现了控制上的诸多疏漏和问题。

(一)把关机制不完善的问题

1. 媒体外宣的失控

如前所述,现有的控制理论是从控制"外宣媒体"的设立,从而把住控制的第一关的。然而,在媒介融合的环境下,许多原来的所谓"内宣媒体"事实上成为了"外宣媒体",或者说,至少部分实施了"对外传播"的行为。

当前,传统媒体已实现了报网融合、台网融合,借助于互联网,国内信息已超越了物理国界。由于网络信息"无国界"的特点,其传播的媒介是内宣媒体还是外宣媒体已不再是区分国内传播与国际传播的标准,甚至由于经济的全球化,受众是否在国外也无关紧要,而受众国籍成了判断这种传播行为是国内传播还是国际传播的唯一依据。

以吉林省《延边日报》网页版的访客分析、地区分析和流量统计数据为例：2015 年 2 月 23 日，《延边日报》网页版被访问 2386 次，其中来自韩国的访问 535 次、日本的访问 45 次、美国的访问 20 次、俄罗斯的访问 14 次、加拿大的访问 7 次、法国的访问 1 次。《延边日报》是中共延边州委的机关报，是典型的内宣媒体，但借助于互联网的传播，被动地实施了"媒体外宣"的行为。

此外，在互联网背景下，边疆省区的企业、社会组织和个人也有可能成为周边传播的主体。例如，黑龙江通讯社网站的视频频道上，就有许多国内网民上传的 DV 自拍内容，这些网民事实上成为了对韩传播的主体。

由此可见，现有的"外宣媒体"准入制度，已无法控制事实上的"媒体外宣"行为了。

2. 外宣内容的失控

传统的把关方式主要依靠各级宣传部门对出境内容进行把关，从而有效地保证内容的正确性和一致性。由于互联网打破了以往周边传播的技术壁垒，周边传播不再是政府和外宣媒体的特权，传播内容的广度和容量都在急剧扩大，这给负责把关的外宣部门带来了严峻的挑战。由于历史与现实的原因，边疆省区在周边传播的内容上有许多禁忌，涉及政治、经济、文化等多方面，特别是对经济、文化等方面内容的审核把关，外宣部门的工作人员若存在一定程度的知识和政策盲点，很容易导致把关失控。

例如，笔者在广西调研时发现，每年冬春两季，是中越边境禽流感等卫生风险的高发期，两国间疫病的蔓延情况、防控的政策措施和经济的损失补偿等内容，必然成为广西、云南等边境省区周边传播的重要内容。如果仅仅只对传统主流外宣媒体进行把关，那么信息控制的有效性是可以预期的。但是，由于当前传播主体和传播渠道的多样化，相关内容的传播和传播方式五花八门、层出不穷，容易导致外宣部门对内容把关的失控，最终有可能引发两国边民的恐慌和邻国的误解。

（二）协调机制不健全的问题

如前文所述，当前信息控制理论中论述的"协调"，强调的是内宣与外宣的协调。然而，笔者在东北三省的调研却发现，边疆省区在周边传播的信息控制实践中还存在着与中央和地市之间"纵向协调"的问题，以及与承担着相同周边传播任务的邻省之间"横向协调"的问题。

笔者在黑龙江省委外宣办调研时了解到,中央外宣办至今未能对边疆省区的周边传播进行精准定位,以明确各省区的责任。省外宣办认为,在某些具体的问题上,特别是经济文化合作方面,省里的宣传口径与国家层面的考虑可能存在着微妙的差距。例如,在跨越黑龙江(阿穆尔河)的国际通道的修建方面,黑龙江省基于自身扩大开放的需求,本省媒体的宣传就相对比较积极,而中央媒体从国家层面考量,顾及俄方的一些安全担忧,相对就比较审慎一些。因此,黑龙江外宣办建议将对本省的对俄(远东地区)宣传纳入到统一的中央外宣战略中,明确宣传任务,统一宣传口径,安排专项经费,以充分发挥黑龙江省对俄的宣传优势,打造对俄宣传的"桥头堡"。

同样的问题也发生在黑龙江省与其边境口岸城市黑河之间。黑河广播电视台的《俄罗斯信息》是一档日播的电视外宣栏目,主要内容涉及对岸阿穆尔州布拉戈维申斯克市的经济、社会和法律法规等方面。每天片子播出后,文字稿都要传给市政府办公室和市委外宣办备案,每周还要将本周的节目刻成光盘送呈市委书记和市长。由于这档栏目主要以媒体自身的事前把关和市外宣办的事后审查为主,省外宣办并不掌握相关播出内容,一旦出现问题,后果相当被动。

边疆省区周边传播的信息控制还存在着一个省区之间"横向协调"的问题。以东北三省为例,这三个省都承担着对韩传播的任务,都办有相关朝文媒体——黑龙江有专司对韩传播的全媒体"黑龙江通讯社"和朝语广播;吉林、辽宁两省有体系完整的朝文传统媒体。这些媒体既肩负着为中国朝鲜族提供信息服务的责任,也承担着向在华和本土的韩国受众传播中国的重任。在时政新闻的报道方面,这三省的媒体很容易保持协调一致,但在经贸合作和文化交流的信息传播方面,由于三省在经济社会发展水平和历史地理资源禀赋上的差异,必然存在着不同的利益诉求,亟待在中央外宣办的统一领导下,协调各自的传播内容、传播方式和目标受众。

(三)反馈机制待建立的问题

现有的出境信息控制理论研究的重点是政府基于利益考量而对大众传媒施加的"约束型控制"和"利用型控制",而缺乏基于效果考量的"优化控制"。为了能够实现优化控制,控制系统必须能够提供及时的"反馈"信息,为控制主体提供做出控制决策的依据。从传播学控制论的角度来看,所谓"反馈",就是以机器的实际演绎而非以其预期演绎为依据的控制。[①]"实际演绎"是进行反馈所必须的信息,依据这些信息可以实现对受控对象动态化的控制。每个国家的对外传播都是为本国的国家利益服务的,塑造本国正面的国际形象是其出境信息控制的目的和动机。出境信息最终抵达的是对象国受众,受众的反应是出境信息控制结果的直接体现,是信息出境的"实际演绎",也就是进行"优化控制"所需要的反馈信息。

笔者调研发现,在黑龙江省的对俄传播中,由于在信息控制工作中缺乏相应的反馈机制,无法对俄罗斯远东地区的涉华舆情进行搜集和研判,致使省外宣办的信息控制工作常常陷入一种"以我为主""忽视受众"的主观盲目状态,最终严重影响了对俄传播工作的针对性和实效性。这种现象在东北三省的对韩传播和广西的对东盟传播中也十分典型和普遍。

由此可见,对外传播信息控制中建立"反馈机制",已成为一个在理论上和实践中都亟待解决的问题。

四、出境信息控制的对策研究

(一)完善把关机制

如前所述,边疆省区周边传播的"主体""渠道"与"内容"的失控是由于互联网传播的特性所导致的,这种全新的媒介环境导致了政府在对外传播中信息控制的失控与失效。因此,政府信息控制的对策也应做出相应的调整,以重建有效的把关机制。

1.统一把关外宣意识

所谓"统一把关外宣意识",是指:无论是否是专业的外宣媒体,都必须具有"外宣意识",而政府外宣部门必须对所有媒体"外宣意识"的培养进行把关。外宣部门只要"把"好了媒体的"外宣意识"关,外宣的内容自然可以由媒

---

① 林松涛.试论维纳控制论思想的哲学意义[J].复旦学报(社会科学版),1991(6):42.

体自身的"记者把关"和"编辑把关"来完成。

"意识"是指人们对外界和自身的觉察与关注程度。引申开来，媒体的"外宣意识"就是指媒体对自身有意无意的"外宣"行为应保持体察与关注。只有媒体自身养成了"外宣意识"，它在传播信息的时候才能自觉地进行"把关"。而政府外宣部门应该做的，就是通过"党对媒体的绝对领导"，不分媒体的性质任务和行政级别，一律加强"外宣意识"的培养。在具体的实践中，各级外宣部门应该对所有媒体的管理人员和编辑记者开展国际传播理论与实践的培训，使他们具有基本的外宣视野、观点、态度和方法，以此避免在信息传播工作中出现"内宣内行""外宣外行"的问题。

而对于"企业、社会组织和个人在互联网环境下成为对外传播主体"的问题，政府可以通过提高新闻发布门槛，把关其外宣内容。例如，国家网信办2017年5月2日出台了《互联网新闻信息服务管理规定》，《规定》要求，任何单位和个人通过互联网发布新闻信息必须获得中央和省级网信办的批准。由于网信办与外宣办同样隶属于党委宣传部，这样一来，政府把住了网络信息发布的入门"关"，也就把住了企业、社会组织和个人通过互联网开展对外传播的内容"关"。

2. 联合把关外宣内容

所谓"联合把关外宣内容"，是指：由外宣管理部门联合政府相关部门，共同对一些专业性强而又较为敏感的出境信息内容进行把关。

在互联网环境下，对外传播的主体已经由政府逐渐拓展为包括企业、社会组织和个人在内的多元主体，周边传播的内容也由传统的时政内容拓展到经济、文化、社会等多方面的内容，传播内容的类型和数量急剧扩大。即使在政府内部，各部门借力于新媒体，都开通了自己的网络传播渠道，具备了信息发布的自主性，而作为出境信息的控制主体，各级宣传管理部门的同志在经济、文化、社会等方面可能存在一定的知识和政策盲点，这就需要建立涉及政治、经济、文化、社会等多个方面内容的联合把关小组。这样做的好处，一是可以规范政府内部各部门的信息发布行为——各部门发布的信息可能进行了专业视角的把关，但是可能缺乏外宣视角的把关；二是联合外宣部门对需要发布的涉及经济、文化、社会等方面的内容进行共同把关。只有这样，外宣部门才能避免由于知识不足和政策疏漏而造成经济、文化、社会等多方面敏感信息的把关不当和失误。

（二）健全协调机制

如前文对问题的分析，边疆省区周边传播信息控制的"协调"机制还需增加"纵向协调"机制和"横向协调"机制。所谓"纵向协调"，指的是中央与省（区）的协调和省（区）与地市的协调；所谓"横向协调"，指的是承担相同周边传播任务的省（区）之间的协调。

1. 加强纵向协调

从中国的宣传管理体制来看，中宣部下辖的中央外宣办应是整个国家对外传播的控制中枢。中央外宣办应从国家战略高度出发，明确各个边疆省区在国家外宣工作中的地位和作用。在内容把关方面，中央外宣办应对边疆省区周边传播的内容划定一个相对明晰的界限，划定"红线"和"负面清单"，避免由于传播口径的不一致而产生不必要的"噪音"。当然，这条"红线"和这份"负面清单"应是动态调整的。

此外，中央外宣办应该积极推进周边传播的"阵地前移"，通过中央媒体与边疆省区媒体的合作，形成优势互补，共同打造周边传播的旗舰媒体。在保持基本口径一致的前提下，中央与边疆省区媒体还应存在一定程度的配合——如在朝核、"萨德"入韩等问题上，东北三省在不违背中央对朝韩关系基本阐述的前提下，可根据本省区对以上问题更具"现实接近性"的特点，适当提升对外舆论的强度，从而给对象国施压，以引起相应的重视。

边疆省区外宣办还应将作为"小边疆"的边境口岸县（市）的外宣工作纳入自身的工作议程，加强日常工作交流和业务指导，形成上下互动的大外宣格局。具体做法是：一是统一研究部署全省边境口岸的外宣工作，统一规划整合全省边境口岸的外宣资源，形成全省对外宣传的合力；二是建立健全各口岸之间的外宣信息报告、交流和反馈机制，密切上下级之间的纵向交流和同级之间的横向交流，使这种交流协调机制常态化，促进周边传播效果的提升。

2. 注意横向协调

从政治外交的角度来看，中国周边可以划分为东北亚、中亚、南亚、东南亚四个政治单元，各政治单元内部具有各自的区域特点和核心议题。而边疆省区分别与这四个政治单元的国家相邻,这就为面临同一政治单元的边疆省区之间的外宣合作创造了条件。面临同一政治单元的边疆省区应该建立横向的沟通和交流机制,就共同的周边传播议题开展交流与合作。

例如,在国务院新闻办和中国驻哈巴罗夫斯克总领事馆的支持下,自2011年起,由黑龙江省政府新闻办牵头,联合吉林、辽宁、内蒙古政府新闻办共同举办的"中国东北地区与俄罗斯远东地区媒体定期交流"活动,实现了中俄两个地区间媒体每年轮流互访交流机制框架。这种协作机制的建立,为东北三省共同开展对俄传播创造了制度条件。

这种协调还可以推广到整个边疆九省区。这些省区同样应该建立协作机制,建立周边传播联席会议制度,就周边传播等议题展开横向交流与合作。例如,吉林广播电视台曾经提议:由九个边疆省区的外宣媒体成立理事会机制,由当选的理事单位制定每年的宣传规划,内容涵盖三个方面:一是反映本省诉求;二是反映国家诉求;三是针对"一带一路倡议"等重大议题开展跨区域的联合宣传。

(三)建立反馈机制

在传播学的控制论中,反馈是以实际演绎为调整依据的动态控制。在国际传播的实践中,政府出境信息控制的实际演绎是由微观指标和宏观指标构成的。其中,微观指标主要表现为大众媒体的传播力——有利信息是否准确抵达受众,不利信息是否被有效过滤等;宏观指标主要表现为大众媒体的影响力——对外塑造与传播的国家形象是否正面等。这些指标信息需要政府外宣部门以及媒体机构对受众和效果进行科学的调查评估才能够获取。

建立反馈机制的第一要务是开展受众调查。

受众是出境信息的信宿,政府外宣管理部门对出境信息进行控制的出发点便是基于受众的考量。出境信息控制的核心是为了传播有利信息和过滤不利信息,从而在他国受众中树立正面的本国形象。受众调查重在了解对象国受众对于传播主体国及其所传信息的接收、满意程度,并以调查结果作为决策参考依据。而受众调查的前提是确立目标受众。确立目标受众解决的是信息对谁传播的问题,避免盲目性。

在边疆省区周边传播的实践中,目前,外宣管理部门和媒体在目标受众的选择上比较笼统,依然是采用"广撒网"的传播模式。这种传播模式虽然增加了信息抵达受众的规模,但却缺乏针对性,传播效果并不好。外宣部门和媒体应该将目标受众定位作为自己进行出境信息控制的前提,在确定目标受众后,再根据其特点进行内容生产、把关和传播。例如黑龙江俄文边境外宣期刊《伙伴》,由于它的传统媒体特性,其目标受众应该是俄罗斯政商界高端人士,那么,对它的信息控制标准就应该充分考虑目标受众的特点,有的放矢地进行内容的选择和把关,并定期对这些受众进行抽样调查,从而提升信息控制的效果。

建立反馈机制的第二要务是进行舆情分析。

信息出境后是否产生传播主体和控制主体的预期效果,是判断传播和控制是否有效的标准。中央和边疆省区的外宣部门应该设立舆情分析机构,健全研判机制,专门收集对象国政府、民众和主流媒体对出境信息的反应,根据这些反馈信息判断现有的出境信息控制机制是否有效,并以此为依据进行进一步的控制调整。新媒体的兴起给出境信息控制带来了巨大的压力和挑战,但同时也带来大数据运用等更为精准的反馈监测手段。舆情分析机构应注重对网络信息的抓取和监测,设立网络舆情监测中心和数据处理中心,对出境信息引发的网上舆论进行监测。

在这方面,黑龙江省外宣办一直呼吁建立国家级的远东涉华舆情监测中心,随时对俄日韩等国涉华舆情进行收集研判,在此基础上为国家和边疆省区的周边传播提出对策和建议,增强周边传播工作的针对性和实效性。由于经费和人员的问题,该计划尚未得到批准。其实,这正是解决边疆省区周边传播信息控制反馈问题的必由之路。

第十章 传播手段的使用与完善

一、问题的提出

在国际传播活动中,媒介的作用更为复杂而重要。从事国内传播的媒介只需将原始信息通过采编手段(一般性的编码、释码)变成可接受的信息,然后传播出去就可以了。而国际传播是跨越国界的信息传播,媒介不但需要进行一般性的编码、释码,还需要对信息进行二次处理,即进行跨文化的编码、释码,以实现传播者与受众之间的语言转换和文化对接。媒介的两次编码、释码工作成效如何,直接影响到国际传播的最终效果。

从 2016 年开始,笔者对西南、东北边疆省区的周边传播活动展开了实地调研,发现这些省区的周边传播活动在许多重要议题上都没能收到预期的传播效果。例如,云南省对湄公河流域国家在"地区安全风险防控"方面、广西对越南在"健康疫病风险防控"方面和黑龙江省对俄罗斯在"经济合作风险防控"方面的传播活动都没有达到预设的传播目标,最终导致双方在这些问题上未能达成共识和相互理解。个中的原因是多方面的。但是,毋庸置疑,这也与当前边疆省区周边传播显现的媒介困境息息相关。那么,媒介究竟陷入了何种困境? 又当如何突出重围呢? 本章拟在此进行初步的分析和探讨。

二、国际传播的媒介作用

在国际传播活动中,媒介的作用就是对"待传"的信息进行二次编码、释码,然后向国外受众进行传播。

按照传播过程的经典解释,媒介是传者将信息传递给受众必要和必需的载体,信息的编码和释码由媒介工作者承担。具体到国内传播,报刊、广播电视和网络新媒体等只需对信息进行一般性的编码、释码,也就是将信息以文字、图片、声音、画面等符号形式呈现与传输,受众便可进行相应的"译码",以理解和接受相关信息。但国际传播是跨国界的信息传播行为,针对的是国外受众,只经过一般性编码、释码的信息无法让国外受众成功译码。因此,有传播学者通过扩展传统"5W"模式,并借助奥斯古德与施拉姆"编码者、解释者、译码者"的概念进行分析,认为由于信息传播的完成需要进行意义的交换,而交换的前提是编码和解码的双方应当有共同的经验领域:一是对传播中所使用的语言、文字等符号含义的共通的理解,二是大体一致或接近的生活经验和文化背景。

按照国际传播的媒介"二次编码、释码"理论,第一次编码、释码是将原始信息转化为可被一般受众接受的信息的过程,也就是媒介机构日常工作中的信息采集、符号化和发布与传输的过程——报刊通过文字和图片、广播电视通过声音和画面将信息传播给受众。第二次编码、释码,也就是跨国界、跨文化的编码、释码,是指对已完成一次编码、释码的信息进行进一步的语言转换和文化对接。其中,"语言转换"简单地说就是翻译,解决的是受众"看得懂""听明白"的问题,这是实现文化对接的基础;而"文化对接"则是指更深层次的转化,也就是迎合受众的接收习惯和接受心理,解决的是受众"可理解""能认同"的问题。

三、媒介困境的表现与成因

如前所述,在边疆省区的周边传播实践中,媒介的作用就是将待传的信息进行二次编码,以期成功地跨越有形的物理国界和无形的文化鸿沟,将之传播给外国受众。对信息的第一次编码,有赖于外宣媒介的传播基础建设;对信息的第二次编码,则有赖于外宣媒介的跨文化传播能力。根据笔者的实地调研,当前,边疆省区的主流外宣媒介在这两方面都陷入了困境。

(一)传播基础建设的困境

从本质上说,边疆省区的周边传播属于狭义的国际传播,也就是"国家

(政府)通过大众传媒开展的国际传播",大众媒介包括报纸、广播电视和网络新媒体等。报纸的涉外发行数量、广播电视的跨境覆盖范围以及网站的国际点击率是对外传播"渗透力"的实际表现。对外传播的"渗透力"是对有形传播资源的概括性描述,即媒介基础建设所形成的传播能力。对外传播渗透力决定信息一次编码的数量、质量以及辐射的范围,这些是构成传播效果的主要部分,也是传播影响力生成的物质基础。令人遗憾的是,当前边疆省区周边传播的基础建设薄弱,直接影响了对外传播"渗透力"的形成。

1. 平台建设困境导致传播力不强

可信的传播平台是边疆省区开展周边传播活动的阵地和基础。就当前的整体状况而言,边疆省区周边传播的常设平台相对较少,现有平台建设相对落后,还无法适应和完成周边传播的要求和任务。

报纸是传统的主流媒体,也是边疆省区开展周边传播活动的首要政策发布平台。为此,有些省区专门开办了专业的外宣报纸。

例如,黑龙江省针对俄罗斯编辑发行了以介绍经济政策和商贸信息为主的俄文报纸《远东经贸导报》,该报每周 1 期,发行量 10000 份,采取赠送的方式,经中国对俄口岸工作站投送到俄远东及西伯利亚地区主要城市。由于未能实现精准投放和市场化发行,该报的传播效果难以评估。

由于民族和地缘的关系,东北三省都开办发行有专门的朝鲜文报纸。《吉林朝鲜文报》还于 2012 年 3 月 20 日在首尔推出"海外版",隔周出 1 期,一共 12 个版面,节日期间扩展到 16 个版面,是吉林省第一家在韩国正式发行的报纸。《吉林朝鲜文报》(海外版)现在每期的发行量是 5000 到 10000 份,主要在韩国的中国人聚居区发行,对于首尔以外的地区读者和订阅读者采用邮件托运等方式发行。该报的传播对象主要是中国在韩务工生活的 70 多万朝鲜族民众,目的是为他们传播来自故乡的信息。为了扩大在韩国的影响,该报还对青瓦台总统府、首尔市警察厅等国家和政府机关实行投递。由于其受众定位主要是本国或侨居国外的中国朝鲜族民众,该报的对韩传播效果同样难以达到预期目标。

在没有开办专业外宣报纸的省区,当地的主流报纸都定期或不定期地开设有外宣专版或专栏。

例如,《广西日报》设有专门的东盟报道部,定期开办"东盟视点"专栏,主要介绍东盟国家的经济社会发展状况和自然人文风光。《广西日报》的受众主要是广西的各级党政干部和各族各界群众，并不在东盟国家发行和寄售，难以对东盟国家的政府和民众形成影响。因此，所谓的东盟报道不可能是"外宣"，而只能是"宣外"。这样的情况，在其他边疆省区也十分普遍。

边境外宣期刊是由中央外宣办主管，各边疆省区外宣办主办的专业外宣媒体。黑龙江省委外宣办主办的俄文杂志《伙伴》，每月1期，每期5000册，已经在俄罗斯获得刊号并落地发行，发行方式主要以赠送和订阅为主，以俄罗斯境内媒体、企业、社团、院校及富人社区等为重点发行区域。新疆对中亚传播的《友邻》（哈文）杂志，每期印数10000份，传播范围为哈萨克斯坦的14个州和2个直辖市的图书馆、高等学府和政府机关以及中亚各国的哈萨克人，每期在南方航空公司国际航班（中亚航线）投放2000到3000份不等。内蒙古对蒙古国传播的《索伦嘎》（蒙文）、新疆对俄传播的《大陆桥》（俄文）、西藏对南亚传播的《布达拉》（藏文）、云南对东南亚传播的《湄公河》（泰文）《占芭》（老文）《吉祥》（缅文）、广西对越传播的《荷花》（越文）以及山东对韩传播的《金桥》（韩文）等外宣杂志，目前发行量基本都在5000到10000份。

截至目前，这些边境外宣期刊基本未能实现在传播对象国的落地发行，主要通过邮寄赠送给政府官员、企业家和专家学者等高端人群阅读。这种相对被动的发行方式并非来源于传播受众的客观选择，而是来自于传播主体的主观意愿。外宣期刊是否能够被阅读或者所传播的信息能否被接收，即能否实现传播主体的传播诉求，仍待检验。此外，现有的外宣期刊发行数量较少，经费主要来源于中央外宣办的拨款以及地方外宣办的资金配套——以《伙伴》杂志为例，每年中央外宣办的经费拨款都在60万到80万——根本无法满足其内容生产和发行的需要，其传播力自然大打折扣。

电视媒体凭借其跨越时空、声画俱现的特点成为现时国际传播的主力军。目前，边疆省区中仅有云南电视台和广西电视台开办有面向东盟国家传播的国际频道。

2015年，云南电视台国际频道通过与柬埔寨国家电视台合作开办无线数字地面电视公司在柬埔寨正式落地。云南广播电视台还将无线数字移动技术输出到老挝，用中国技术标准建立了当地电视网，通过这一方式，不仅使云南台国际频道覆盖了老挝全境,还有效传输了包括央视一套、四套、央视国际频道在内的 30 多套国内外电视节目。云南电视台国际频道目前还进入了缅北地区的电视网,并已和泰国签约进入泰国电视网,预计可覆盖一千万用户。广西电视台国际频道的东盟落地情况不如云南,目前还未能有效地进入当地的有线电视网。

现代的电视传播,大都采用卫星覆盖加有线传输的方式。广西电视台、云南电视台的卫星频道和国际频道虽然通过卫星理论上实现了对东南亚国家的覆盖,但是,由于无法大规模地接入当地主流有线电视网,其实际可信的收视率难以统计。

在没有开办国际频道的边疆省区,电视外宣以开办外宣栏目为主。例如,黑龙江电视台开办了俄语《你好,俄罗斯》和英语《这就是黑龙江》两档电视外宣栏目。《你好,俄罗斯》每期时长 20 分钟,每周日 6:30 在黑龙江卫视和黑龙江高清频道播出;《这就是黑龙江》每期 10 分钟,每周播出 6 期,周一至周六凌晨 3:20 分播出。由于没有切实可信的信号传输手段,这类外宣栏目的实际传播效果可想而知。

广播媒体是传统的国际传播利器。在边疆省区中,广西"北部湾之声"面向东南亚,使用英语、泰语、越南语、广州话、普通话 5 个语种播音;云南国际广播通过越语和华语等对东南亚国家进行广播。

其他边疆省区结合本地的语言特点,还开办有兼具对内对外传播功能的朝鲜语、藏语、哈萨克语、维吾尔语、蒙古语等语种广播。如内蒙古人民广播电台第九套节目蒙古语广播"草原之声"的节目信号通过卫星传输,在蒙古国首都乌兰巴托落地,全天播出 18 小时 15 分钟;新疆人民广播电台维吾尔语《中国之声》节目十年前就通过与土耳其"方向电台"合作实现落地。而这些少数民族语言的电台基本都是为了满足国内广播听众的信息需求,虽通过卫星信号以及媒体合作达到了"走出去"的目的,但并没有实现对对象国专业化的传播,传播能力和传播效果有限。

除了自办国际频率以外,有些边疆省区还通过相互之间借用渠道来实现对外传播。例如,若按照各边疆省区所在的区域来确定各自的周边传播对象,吉林省首先应该对东北亚国家特别是朝鲜和韩国传播。但吉林广播电视台则通过与其他边疆省区的广播媒体进行合作来进行对外传播,合作的广播电台包括广西人民广播电台"北部湾之声"、内蒙古广播电视总台"草原之声"、新疆人民广播电台维吾尔语"中国之声"。但是这种"借船出海"的方式往往存在"舍近求远"的弊端，未能发挥周边传播的优势，偏离了周边传播的初衷。

随着科技的进步，网络新媒体已成为国际传播的主力。周边国家受众由于地理上的接近以及语言文化上的相通，热衷于通过边疆省区的新闻网站了解中国信息。"中国吉林网·朝鲜文版"是《吉林朝鲜文报》通过报网融合打造的新媒体网站，本来主要是面对中国朝鲜族民众的，但在该网站超过 60 多万人次的日点击量中，来自国外的点击量超过三分之一，受众遍及朝鲜、韩国、美国、荷兰等 10 多个国家和地区及国内 10 多个省市，见下表。

表 10-1　中国吉林网·朝鲜文版点击量统计[①]

统计项目	统计数据(2016.01.01-2016.12.31)
平均日访问量	1877.09 次
平均周访问量	13121.94 次
平均月访问量	56388.88 次
本年访问量	774452.00 次
国外 IP 数：	381511 个
国内 IP[②] 数：	376606 个
无法识别 IP 数：	16335 个
累计 IP 数：	774452 个

表 10-2　国外点击量排名前 20 位的国家[③]

访问者位置	日访问量（次）	访问比率（%）
韩国	338324	88.68
美国	17848	4.68
日本	15578	4.08

---

① 数据由中国吉林网·朝鲜文版提供。

② 网站独立 IP 访问量（IP），24 小时内相同 IP 地址只被计算 1 次。

③ 地理位置分析以独立 IP 访问量和国家为单位。

访问者位置	日访问量（次）	访问比率（％）
加拿大	2436	0.64
澳大利亚	1107	0.29
越南	956	0.25
德国	505	0.13
俄罗斯	485	0.13
英国	381	0.10
印度尼西亚	373	0.10
新西兰	372	0.10
新加坡	305	0.08
法国	301	0.08
泰国	246	0.06
菲律宾	218	0.06
马来西亚	180	0.05
柬埔寨	125	0.03
巴西	103	0.03
蒙古	34	0.01
朝鲜	24	0.01

　　目前，外宣新闻网站日益成为周边国家民众获取中国信息的重要渠道，为此，边疆省区依托传统主流媒体开办了多个语种的外宣网站——黑龙江的俄语外宣网站"伙伴网"、韩语新闻网站"黑龙江新闻"以及英文"东北网"和日文"东北网"和广西的越语、泰语版的"北部湾在线"以及新疆的维文、斯拉夫维文、拉丁维文、俄文、英文、哈萨克阿拉伯文、土耳其语新闻网站等。但这些外宣网站基本未能实现自主的新闻采编和运营，其内容基本来自于翻译传统媒体的新闻稿件，无法适应新媒体受众的信息接收偏好。如"伙伴网"日均自译稿件8000字左右，其内容只能主要挑选国内媒体已发布的关于中俄经贸、科技、旅游等方面的信息。另外，这些外宣网站还未能适应媒介融合的新特点，开发出适合年轻受众接收习惯的版面和内容，对国外的年轻受众缺乏吸引力。

2. 媒体外交困境导致公信力不足

媒体公信力是决定国际传播效果的关键因素。[①] 边疆省区周边传播的效果如何,与所运用传媒在对象国受众中的公信力息息相关。要提升本国媒体在对象国受众中的公信力,最好的办法是开展媒体外交,通过与对象国极具公信力的主流媒体开展交流合作,以此来获得对象国受众的信任。

目前,边疆省区开展的媒体外交主要是人员互访和内容交流。

异地采访是边疆省区主流媒体每年与周边国家同类媒体开展媒体外交的主要形式。从 2007 年开始,广西日报社几乎每年都与越南广宁报社开展业务交流和互相采访活动。但是,这些活动和报道的内容往往只在本国媒体中以中文进行刊登,并未实现对国外受众的传播。这样的活动即便每年开展一次,又如何建立起媒体自身在国外的公信力呢?

举办电视周是边疆省区与周边邻国开展节目交流的一种重要方式,主要通过在传播对象国租用展厅或者某一时段的电视频道集中播放本国电视节目,来达到开展周边传播的目的。例如,吉林省从 2012 年到 2017 年,相继在日本、欧美、大洋洲、俄罗斯以及东盟国家举办了电视周。但是,像这种一阵风似的文化展演活动,每年针对不同的国家和地区,又如何能在特定的地区和特定的受众群中建立起长期的公信力,从而取得有影响的累积效果呢?

(二)跨文化传播能力的困境

在国际传播中,本国信息能够使外国受众看懂、读懂、听懂,就需要对本国信息进行第二次编码,即进行语言转换和文化对接。在这方面,边疆省区的外宣媒体也陷入了困境。

1. 语言转换困境导致理解障碍

在国际传播中,语言转换指的是将本国语言翻译成对象国的语言,使对象国民众能够听清、听懂的过程。在边疆省区,媒体的外宣内容有很多都是由现成的中文信息经过翻译而成的,这就要求翻译必须规范、地道和新鲜。

所谓语言翻译的规范,就是严格按照所使用语言的语法、句法和修辞方式来进行文字转换,避免不严谨、不标准的表达方式。通俗来说,就是避免

[①] 李杰锋.中国媒体国际传播公信力的"软建设"[J].青年记者,2016(11).

Chinglish,即"中国式英语"或"中式英语"的表达。但目前由于体制机制的限制,边疆省区的外宣媒体或者外宣栏目中基本没有外籍记者、编辑和主持人,外宣稿件主要依靠外语人才进行相应的语言翻译,而不是直接用外语写作,其结果往往导致翻译后的稿件出现用词、语法、语序等方面的不规范、不准确,甚至产生歧义和错误的现象。如黑龙江《远东经贸导报》,主要读者是俄罗斯商人,根据笔者在黑河口岸的实地访谈,许多俄罗斯商人反映该报存在许多语法错误,他们往往看得懂每个单词,而无法理解整个句子或整篇文章的意义。

语言翻译的地道精当,也就是保证语言翻译的"原汁原味",使对象国受众对传播内容产生亲近感和认同感。广西外宣办在电视剧《老马家的幸福往事》的译制过程中,花了近四千万元,邀请了40多位越南籍的配音演员参与电视剧的译制,从而使剧中演员的语气、语调都跟越南受众保持一致,避免了由于语言翻译过程中的不地道导致传播障碍或者隔阂的出现。据越南收视统计,该剧在越南国家电视台第11频道收视率位居越南全国同一时段的第一位。但这样做投资巨大,许多边疆省区的外宣媒体无法做到这一点,导致外宣内容语言翻译不够地道,难以使对象国受众真正理解。

随着社会的发展,语言的内涵及表达方式也在快速变化。国际传播需要跨越文化差异,就更加要对传播对象国语言环境和语言系统的变化给予密切关注,避免使用已被淘汰的传统用语,多使用与时代和当地社会发展合拍的新鲜语言。例如,从1957年开始,中国一直引用朝鲜的语法语序,而韩国和朝鲜在语言上已产生了很多差异,朝鲜相对比较封闭,语言变化较小,而韩国比较开放,首先接受西方的外来文化,语言更新较快。当代朝鲜语和韩语在表述、用词方面已有很大差异,而中国的翻译人员已经跟不上韩语词汇的更新。东三省的朝鲜文报经常受到旅华韩国读者的诟病,这是一个重要的原因。

根据笔者调研,媒介语言转换困境的形成是因为边疆省区缺乏复合型的外宣人才。所谓复合型外宣人才,就是既精通外语又通晓国际传播规律的编辑记者。以广西电视台国际频道为例,绝大部分记者编导为学新闻出身,语言能力仅限于交流,两名翻译承担了台里大量外事行政工作,无法全身心投入节目创作。这样的情况在其他省区的各类媒体中均普遍存在。

2. 文化对接困境导致认同困惑

如果语言转换解决的是"看得懂、听得明白"的问题,那么,文化对接的意义则在于获得对象国受众的内心认同,由清楚到接受。从大的方面来说,国际传播应该与国际通行的认知和规范体系对接,遵循人类共同的伦理和道德。具体到某一个对象国,传播主体应该与对象国的社会文化习俗对接,尊重其文化传统。

中国周边有四个政治单元,近三十多个国家,每个国家都有不同的政治体制、文化背景和宗教信仰,对周边任何一个国家的传播活动都应该将这些差异考虑进去。以黑龙江省对俄传播为例,长期以来,部分俄罗斯远东民众对中国有着怀疑和防范的心理,原因主要在于:一是中俄两国价值观不同,对中国的政治体制不认同;二是文化上的隔阂,东正教和西方文化对俄罗斯文化影响深远,与中国的文化传统迥异;三是近代以降,俄罗斯与中国存在复杂的边境领土纠纷,担心中国的和平发展有损俄远东利益。这些价值观、宗教信仰以及对待历史问题的看法上存在的差异,都需要黑龙江的外宣媒介在日常的对俄传播中谨慎对待,不管是负责内宣还是外宣的编辑记者,都应该注意避免触碰对象国的社会文化禁忌,以免产生不必要的误会。黑龙江黑河市的媒体在宣传跨越两国界河的大桥建设时,过分渲染大桥的通达性,引起了对岸布拉格维申斯克部分媒体和民众的疑惧,致使很长一段时间内,布市方面对大桥的建设一再拖延,直到最近中俄两国高层达成共识,才重新开始动工。这方面的传播教训值得认真汲取。

四、媒介困境的突围

站在研究者的立场,本章的主要目的在于运用成熟的国际传播理论来分析边疆省区周边传播面临的媒介困境。至于如何突围,主要是外宣管理部门和媒介自身的责任。本节在此仅尝试提出一些解决问题的原则思路。

(一)夯实传播基础

在媒介融合的背景下,报刊等印刷媒体的受众日益走向高端化。专业类外宣报刊需要明确自己的传播对象,努力实现在对象国本土出版发行,避免出现内外宣不分,甚至由"外宣"变成"宣外"的尴尬情况。

例如,黑龙江新闻社韩国支社创办的韩语版《黑龙江新闻》,2012 年 3 月更名为《中国周刊》,主要面向韩国政商界及新闻界,深入报道和介绍中国及黑龙江省的政治、经济、文化状况和社会发展成就。《中国周刊》由黑龙江新闻社负责内容采编,在韩国印刷厂印刷,由韩国支社负责发行。在受众定位上,该刊目标明确,把韩国政商界和新闻界人士确立为第一读者群,把包括朝鲜族和汉族在内的旅韩华人华侨确立为第二读者群。目前,该刊的广告市场占有率、订阅率以及读者认可度在韩国位于同类10多家报刊的首位。其他边疆省区的外宣报刊均可参照《中国周刊》的成功经验,大力推进在周边国家的落地生根,积极融入当地发行市场和广告市场,淡化自身的"异国"特色,真正做到传播方式的"随风潜入夜"和传播效果的"润物细无声"。

由于政策、技术和成本的限制,卫星广播电视频道和频率在中国目前还属于稀缺资源,边疆省区大规模开办开播国际频道和国际频率尚不现实。各边疆省区可以根据周边传播任务和邻国区域划分,联合开办相应的国际频道和频率,由处于各政治单元的边疆省区共同为国际频道、频率提供资金和内容,共同搭建广播电视外宣平台。

以东北三省为例,黑吉辽三省都负有面向俄罗斯传播的任务,如果东北三省能够共同依托本省对俄传播资源,创办对俄传播的广播电视国际平台,以与俄交往最密切的黑龙江省为主导,三方共同出资运营并提供传播内容,这样既缓解了某个省单独开办对俄广播电视国际平台的经济和内容生产压力,也满足了三省对俄传播的需要,实现周边传播的区域合作,可以更好地完成国家赋予的周边传播重任。

至于网络新媒体,重点在于充分利用国内媒介融合的最新技术资源,摒弃过去单纯依靠外宣网站的过时做法,开发出适合年轻人接收习惯的各种社交媒体和新闻客户端,吸引国外年轻受众通过网络了解中国和相关省区的经济社会发展状况,通过增强传播力的方式来树立中国媒体在国外年轻受众中的公信力,进而扩大自身的影响力。

除了常设平台的建设,边疆省区的外宣媒体还应创新开展媒体外交,在内容上通过"议程设置"聚焦我方关切,在形式上加强双方互动,共襄盛举。这样既可以有效提升我方媒体在对方国家的知名度和公信力,又可以利用对方媒体的既有渠道传播我方内容,以弥补我方常设平台的传播漏洞和死角,全面提升周边传播的水平和成效。

（二）提升传播能力

提高媒介的跨文化传播能力，也就是要增强媒介在国际传播中的第二次编码水平。媒介的编码水平来源于媒介工作者的编码水平。这就需要媒介机构大力培养既精通外语又掌握国际传播规律，并且熟悉对象国社会文化状况的复合型外宣人才。

精通外语是从事国际传播的编辑记者必备的工作技能，这一方面需要通过学校教育的方式进行基础培养，另一方面还需要在实际工作中进一步谙熟自身的语言文字运用，并通过语言的学习来掌握该国的社会文化状况，以提升自己的跨文化理解能力。

光精通外国语言和熟知国外文化是不够的，从事国际传播的人还必须通晓国际传播规律。边疆省区从事周边传播的编辑记者需要掌握中央的宣传纪律和国家的外交政策，同时具有娴熟的新闻业务技能，只有这样，才能真正"讲好中国故事，传播中国声音"。这一方面，边疆省区可以参照中央媒体与北京大学、中国人民大学、中国传媒大学等高校合作共建的做法，与本省、本地区的新闻传播院校开展跨学科的国际传播人才联合培养，将学历教育与职业教育有机结合起来，相信假以时日，一支外语水平高、新闻业务精、了解国外社情民意的高素质周边传播人才队伍就一定能建立起来。

第十一章 传播内容的选择与建设

以习近平同志为核心的党中央对外宣工作的要求可以归结为十二个字——讲好中国故事,传播中国声音。其中,传播中国声音是目的,讲好中国故事是手段。而讲好中国故事,指的就是国际传播的内容建设。

随着国际国内形势的发展变化,中国边疆省区在开展周边传播时如何讲好中国故事面临着许多新的挑战。第一,经过 40 年改革开放,中国的综合国力日益增强,中国在积极参与全球治理的同时,也在不同程度地影响着既有周边格局和世界秩序。这种影响,必然会引起周边国家的疑虑、担忧和排斥。第二,党的十八大以来,中国特色社会主义建设进入了新时代,社会主要矛盾也发生了显著变化。为适应实现"两个一百年"奋斗目标,实现中华民族伟大复兴中国梦的新要求,需要有针对性地向世界客观、清晰、全面地传递中国声音,表达中国立场。

对于中国的周边邻国,中国 40 年来在政治、经济、文化、社会、生态、国防和外交等各个领域的显著成绩是吸引它们的中国故事。通过讲述中国故事,为周边邻国提供国家经济社会发展的科学借鉴,进而提升中国的国际话语权和影响力,是边疆省区外宣工作的任务和使命。

一、中国故事的传播环境

中国的国家制度、意识形态和话语体系与多数周边邻国不同。在这样一个复杂多变的周边格局中讲述中国故事,难免被一些周边国家猜忌和误解。毋庸置疑,这将是边疆省区周边传播长期面临的现实环境。当前,中国的周边邻国对"中国故事"的理解和评价存在着两种不同的态度。其一是看到中国的发展势不可当，认为中国的发展给邻国带来难得的机遇。对于以粮食、能源、原材料等初级产品出口为主的国家来说，中国的发展会给他们提供巨大的市场。对于承接中国产业链转移的新型工业化国家来说，中国的发展经验和技术援助是它们持续发展的前提。其二是担心中国搞"新宗主国"和"新朝贡体系"，警惕和防范中国的发展。落后于中国的国家担心崛起的中国会危及他们的发展。领先于中国的国家担心中国会损害它们的既得利益。不同态度的国家对中国故事的接受与否存在明显差异。

所以，边疆省区的周边传播在讲述"中国故事"时必须区分传播对象。从中国周边来看，"中国故事"国际传播的对象可以简单分为三类：一是以日韩为代表的发达国家；二是以俄罗斯和东盟较先进国家为代表的新兴国家；三是中亚、南亚和东盟的发展中国家。这些不同发展阶段的国家，政治制度、文化宗教及与中国的关系存在很大差异，对中国故事的兴趣点和接受程度也存在较大差异，针对不同类别的国家采取相适应的传播内容与传播机制是边疆省区周边国际传播工作的题中应有之义。

二、中国故事的内容建设

加快中国故事内容建设，其实就是解决"讲什么故事、如何讲故事、谁来讲故事"的问题。

（一）中国故事的核心内容

总体来说，在边疆省区的周边传播工作中，中国故事的内容建设仍然远远落后于传播渠道的建设。这其中有两个主要因素：一是现有的"中国故事"依旧停留在政治宣传层面，内涵单一，吸引力和影响力十分有限；二是"中国故事"的内容建设和受众需求在实际传播过程中相对分离，导致传播内容受众不接受，受众需要的内容又没有的尴尬境地。其实，对于关心中国的周边国家受众来说，中国改革开放40年的发展成就就是"中国故事"的吸引力所在。因此，改革开放以来中国取得的各方面的伟大成就及其背后的制度因素和文化因素，应该是当代中国故事的核心内容。需要特别注意的是，真实的故事才是好故事。真实的故事、真诚的态度、真理的力量应该是中国好故事的原则和标准。

（二）中国故事的建构方法

讲实实在在的中国故事，摆事实、讲道理，既讲困难、又讲成绩，这是故事具有吸引力和说服力的基础。在议题设置上，讲述中国故事应跳出"以传者为中心"的局限，多回应"受众"的关注。从过程、成绩和困难多个维度出发，从制度、理念、实践多个层次讲述中国的经济建设故事、政治建设故事、文化建设故事、社会建设故事和生态建设故事。[①] 具体的建构工作，首先需要从理论上梳理清楚中国故事的发展脉络，即中国道路的规律性；其次是以科学的方法挖掘中国故事的传播价值，即中国故事的新闻性；再次是以国际通行的话语呈现中国故事，即中国故事的艺术性；最后是选用适当的传播渠道将中国故事传播出去，即中国故事的可读性（可看性、可听性）。

（三）中国故事的人才培养

在中国故事的实际建构工作中，应当秉持专业原则，让专业人士讲述通俗故事。故事要好听，需要有写故事和讲故事的人才。讲好中国故事的人才最重要的就是复合性的传播人才。所谓复合型的传播人才，指的是既懂新闻传播规律，又熟悉外国语言文化的传播工作者。这在笔者调研的各个省区，都是十分稀缺的人才。各省区应该创新培养从事国际传播内容生产的人才，建立健全多元化的人才选拔机制和培养机制。具体做法上，可以突破某一家外宣媒体的局限，扩大国际传播人才的培养范围，由省级外宣管理部门牵头实施，在全省乃至全国范围内跨部门、跨单位、跨专业、跨领域搭建"国际传播人才库"，建立人才档案，统一调配使用。此外，还要创新体制机制，使培养出来的国际传播人才能够留得住，用得上。

三、中国故事的传播策略

从国际传播的实践来看，要写好、讲好中国故事，必须从"注意讲故事的方式""研究讲故事的方法""拓宽讲故事的渠道"和"完善讲故事的维度"四个方面着手。

[①] 陈雪莲.治国理政经验的国际传播——兼谈中国故事内容多元化构建[J].对外传播,2018(7):8.

（一）注意讲故事的方式

中国故事的传播是在现行国际传播格局内进行的，为了争取有利于中国和平发展的周边环境，边疆省区的周边传播工作应更多地通过对象国熟悉的概念来表述事实。从传播效果的角度出发，讲好中国故事必须遵循国际传播规律，尊重传播对象国的话语体系，用它们的语言和表述方式去阐释中国的立场观点。只有做到"中国立场，国际表达"，才能更好地争取国际舆论对中国的理解与支持，也才能真正达到增信释疑的传播目标。当前的边疆省区周边传播工作存在着重渠道、轻内容的误区，如果任由中国故事的内容建设和受众需求在实际传播过程中继续分离和割裂，那么，就很难写"好"中国故事，也很难讲"好"中国故事。

（二）研究讲故事的方法

要讲好中国故事，首先要写好中国故事。各省区应该注意利用学术界的力量，组织新闻传播、文学艺术和政治外交等学科的专家学者联合开展"中国故事内容建设"的研究。当前，各省区的外宣工作大多由业界负责，学界介入不多。学界的研究成果一方面与业界实践脱节，另一方面也不受业界重视。这方面问题的解决可以借鉴美国"传播学"诞生的经验，由政府外宣部门资助，在高校成立有业界人士参加的国际传播研究课题组，打开业界与学界的壁垒，坚持"科研选题来源于外宣实际""科研成果服务于外宣实践"的原则，在学术上迅速产生一批"学"以致用的成果，只有这样，才能提高中国故事的生产能力。国际传播不仅是语言内容的国际化，更需要视野和观念的国际化。不能自说自话，要树立全球视野，遵循国际传播规律，采用共通的叙事手段。这是传播的专业素质，也是传播的国际策略。

（三）拓宽讲故事的渠道

根据广西外宣办提供的国家智库"2018 年度讲好中国故事问卷调查"的数据显示，中国故事传播效果最好的传播形式排在前三位的依次是：海外媒体报道、海外中国主题推介和新媒体传播，而官方传统媒体发布的效果最不显著。新媒体搭建的话语平台突破了传统广播影视、报刊图书等需要授权的公共媒体的限制,以新兴信息技术为基础的网络传播早已改变了国际传播的传统模式。因此,各边疆省区在拓展对外传播的渠道时,应该注意两点。一是加强媒体外交。所谓媒体外交,就是媒体机构开展的公共外交。通过媒体外交,可以使海外的媒体代替我们发出"中国声音",讲述"中国故事",这样对于国外受众的传播效果更好。第二,目前各省区国际传播渠道建设的投入重点依然是报纸、期刊、图书、广播、电视等传统媒介,传播成本高且传播的速度、效果十分有限。这方面问题的解决可研究借鉴西方政界人士借助社交媒体进行"推特治国"的经验,加大对投入成本低、传播效果直接的新媒体,尤其是社交媒体的投入。当然,基于中国的国情,这些工作可由外宣部门统一规划资助,委托传统媒体机构负责具体实施。

(四)完善讲故事的维度

中国故事的传播维度应当包括政治、经济和文化三个方面。当前,各省区的外宣工作在传播维度上存在着重政治、经济,轻文化的现象。文化是一个国家形象的名片,站在与世界对话的前沿,它的影响力代表了一个国家的软实力。正如法国汉学家白乐桑曾经说过,"我们所说的'中国',是经济的中国、政治的中国、文化的中国"。的确,三者合一才是完整的"中国故事"。中国当代文化的海外传播和中国传统文化的国际影响,与当代中国的政治地位和经济发展仍然存在着不小的差距。以影视产业为例,这些年,中国影视作品走进了周边的中亚、南亚、东南亚,但与国内如火如荼的影视产业相比,周边国家市场依然是需要开发的"蓝海"。影视作品是讲述中国故事的良好载体,目前,海外观众最欢迎的中国影视作品是纪录片和影视剧。纪录片被称为国家软实力中的硬通货,是展现真实、立体、全面中国的重要媒介。影视剧等文艺作品蕴含的历史文化及审美情感,往往是一个民族的根本价值所在。各边疆省区可以在既有文化"走出去"工程的基础上,与周边国家拉高合作层次,在文化美学、艺术呈现和市场格局方面进行交流探讨,在构建中国周边命运共同体的大格局下,实现中国文化周边传播的创新发展。这是一个双赢乃至多赢的局面,因为,只有通过文化的交流对话,才能获得彼此心灵的理解。

第十二章　传播受众的分析与定位

习近平同志强调："要适应分众化、差异化传播趋势，加快构建舆论引导新格局。"把握分众化、差异化传播趋势，是当前边疆省区提升周边传播能力的关键。分众化指的是在对外传播中，媒体应分清自己的目标受众和主要受众，牢牢把握他们的传播偏好。[①] 差异化指的是在对外传播中根据受众的不同需求和接受特点，注意把握对内报道和对外报道的区别，注意把握新媒体受众和传统媒体受众的差别。

一、对外传播受众的特点

国际传播是全球性的、开放性的、无区域阻隔的传播，其传播对象遍布世界各地，远比国内受众广泛。受众的广泛性，使传播主体面临的传播环境与国内相比有了很大的不同。国际传播的受众群体分布在不同的国家，这些国家与传播主体国在政治制度、法律体系、宗教信仰、文化习俗等方面均存在较大的差异。

(一)宗教信仰不同

辽宁、黑龙江、吉林周边的俄罗斯、蒙古受众大都信仰东正教、藏传佛教，新疆周边的乌兹别克斯坦、哈萨克斯坦、塔吉克斯坦等国家的受众大都信仰伊斯兰教，西藏周边的尼泊尔、印度等国受众信仰佛教、印度教等，云南、广西周边的缅甸、越南等国家受众大都信仰佛教。此外，过去几年来，美国主流媒

---

① 匡文波.区分受众采用多种手段 增强对外传播针对性实效性[EB/OL].人民网,2016-8-21：http://media.people.com.cn/n1/2016/0821/c40606-28652399.html.

体直接参与在中亚推行"民主"进程,中亚的新教和天主教徒也在不断增多,虽然目前的人口数量还不大。①

(二)文化环境不同

以中亚各国为例,20世纪90年代初,苏联解体后,随着中亚各国的独立,整个中亚成了全球现有强势文化力量北上南下、东进西出的集散地。俄罗斯文化的影响遗风犹存,美国是后来居上,不仅美国的电影、音乐、游戏等在中亚占有很大市场,电视、期刊等媒体也开始进入中亚市场,其大众文化对中亚青少年影响比较大。同时,由美国政府资助的交流项目已对中亚的公民社会的发展产生了深刻影响,包括著名的"富布赖特访问学者计划"和"未来领导者交流计划"。中亚各国虽力挺本土文化,但效果尚不明显,伊斯兰文化正在中亚的政治和宗教发展中扮演着越来越重要的角色。反观中国,依靠地缘优势,中华文化积极地走进中亚,然而目前其影响力"甚至都无法和俄罗斯文化在此的传统和历史渊源相比,也无法与美国文化在此的显而易见的吸引力相媲美"。②

(三)使用语言不同

中国周边,有的国家与中国有着相同的语系和语言表达,但更多国家是迥异复杂的语言系统。比如,中亚及西亚的一些国家都是多民族聚居的地区,多者有133个左右,如哈萨克斯坦、乌兹别克斯坦;少者有20多个,如阿富汗(外国学者认为有55个)。中亚地区民族、语言、人口结构十分复杂。③

表 12-1　中亚语种与民族分布情况

语种	占人口比例(%)	使用民族
突厥语族	64	哈萨克人、乌兹别克人、吉尔吉斯人、土库曼人
俄语	25	俄罗斯人、乌克兰人、波兰人、白俄罗斯人
波斯语族	8	塔吉克人、库尔德人、俾路支人、帕米尔人

① 刘红.全球传播生态环境中的新疆对外传播受众观[J].新疆财经大学学报,2011(3):55.

② 同上。

③ 同上。

语种	占人口比例(%)	使用民族
其他语种	3	德意志人、朝鲜人、东干人、希腊人、车臣人、亚美尼亚人

就算原来语系相同,在全球化背景下,由于各国、各民族间的信息交流频繁,语言文字都会受到外来语言的影响。以哈萨克语为例,新疆地区的哈萨克语中大量的外来介词,是从汉语翻译而来,居住在哈萨克斯坦的哈国哈萨克族,其外来词却是从俄语或英语翻译而来,因此对同一事物的描述,语言呈现出不同的形式。即使是"纯粹"的哈萨克语,在不同的文化结构下,也存在着表现形式的差别。

(四)媒介接触不同

笔者调研发现,国外受众获取中国信息时,一般更倾向于使用本国媒体,这说明中国媒体对外传播的影响力有待进一步提升。此外,周边国家受众对中国国家级媒体的认可度高于欧美国家的媒体,但却认为中国省(区)一级的地方主流媒体可信度相对较低。在使用社交媒体方面,越南、缅甸、尼泊尔、印度、俄罗斯、蒙古等国家的受众都使用推特(Twitter)、脸书(Facebook)等,几乎很少使用微信、QQ等中国的社交媒体,除了部分华侨、华裔群体。

二、对外传播受众的分类

国际传播受众因其广泛性、复杂性、多样性的特征而显现出巨大的差异性。在传播实践中,要了解、认识这些差异,采取对应的传播策略与方法,就必须首先对受众进行分类研究。

(一)受众的重要程度分类

从受众对传播者的重要程度出发,可以将对外传播的受众划分为重点受众、次重点受众和一般受众。所谓重点受众,是指与传播主体国存在特殊利益关系、对其所要达成的目标具有至关重要影响的那一部分受众。比如,从政治、经济地位、社会影响力而言,对外宣传应该将对象国的中上层人士作为重点受众,华侨、华人和中国留学生则是中国对外传播的另一重点受众。

所谓次重点受众,是指与传播主体国存在一定的利益关系、对其所要达成的目标具有较为重要影响的那一部分受众。比如,从政治、经济地位、社会影响力而言,对外宣传对象国的普通公民阶层人士作为次重点受众。

而所谓一般受众,是指不在传播主体国的战略区域之内,与传播主体国不存在直接的利益关系,对其生存、发展不具有决定性影响的那一部分受众。但是,对外传播的一般受众数量远远高于重点受众和次重点受众。对于这类受众,传播主体国仍然要尽告知的义务,凡有重大决策和重要行动及时通告,使其知晓,不致产生误解和偏见,不致形成负面舆论。应通过影响重点受众、次重点受众,在世界范围内产生影响力从而间接影响一般受众。①

(二)受众的接受态度分类

从受众对传播者的态度出发,可以将国际传播受众划分为顺意受众、逆意受众和中立受众。顺意受众有两种情况:一种是与传播主体国有着长期友好关系或处在同一联合体中的受众;一种是在某一重大事件中与传播主体国具有相同态度和立场的受众。比如,在中国周边,老挝、朝鲜、巴基斯坦、哈萨克斯坦、尼泊尔等国的受众属于顺意受众的居大多数。与顺意受众相对应,逆意受众也存在两种情况:一种是与传播主体国长期处于敌对状态的受众;一种是在具体事件中与传播主体国持不同态度、立场的受众。比如,周边的越南、印度等国的受众属于逆意受众的居大多数。所谓中立受众,是指介于顺意与逆意之间,对传播主体国既不友好,也无敌意的受众。周边国家中的缅甸、尼泊尔、蒙古、俄罗斯、阿富汗等国受众属于中立受众的居大多数。

一般情况下,针对以上受众展开的传播活动,应有两个层面的考虑,即战略层面的考虑和战术层面的考虑。所谓战略层面是指国家关系层面。如前所述,由于历史的原因,一些国家长期处于友好状态,另一些国家则长期处于敌对状态。维护友好状态相对容易,而要扭转敌对状态,使对方由逆意受众转变为顺意受众,就不那么容易了。比如,中国对越南、印度等国的外宣活

---

① 王葳.对外宣传受众分析与传播策略[J].记者摇篮,2004(6):51.

动,它首先需要国家关系的调整与改变,同时离不开强有力的国际传播攻略。没有国家关系的调整、改变,对外传播就会无的放矢;即使国家关系已经改变,没有对外传播的配合,也不能取得令人满意的效果。所谓战术层面是就具体事件而言。一般来说,具体事件都是在短期内发生的,持续的时间不会太长。与国家关系的改善、国民态度的转变需要长期的国际传播战略的配合不同,具体事件的发生与平息,需要采取快速灵活的应急传播策略。危机事件发生后尤其如此。

(三)受众的接受行为分类

从受众行为的发展过程出发,可以将国际传播受众划分为潜在受众、知晓受众和行动受众。所谓潜在受众,是指与传播主体国暂无直接的利益关系,但在某种因素的作用下,有可能成为其传播重点的那一部分受众。比如,那些喜爱中国传统文化,渴望了解中国发展变化的海外友好人士,或者希望通过我们外宣传递的各种信息,研究、关注中国人的生活现状与所思、所想、所需,并从中找出市场和商机的海外受众。所谓知晓受众,是指经告知对传播主体国自身或与之相关的事件有所了解,并已形成积极或消极的态度,但尚未采取行动的那一部分受众,比如,想要到中国工作、学习、旅游的海外受众等等。所谓行动受众,是指在知晓与态度形成的基础上产生积极或消极行为的那一部分受众,比如部分海外华人、华侨和留学生,通过外宣报道学习汉语,了解中国的经济、文化、教育和工作、生活环境以及自然景观的外籍人士等等。

三、对外传播的受众分析

(一)目标受众的内涵意义

在边疆省区的对外传播实践中,分众化传播的前提是做详尽的受众分析。首先需要确定目标受众。所谓目标受众,就是"与自己相关度最大、最需要影响的那一部分受众"。根据这一界定,目标受众既有可能是前述分类中的重点受众、次重点受众、一般受众,也有可能是顺意受众、逆意受众、中立受众,还有可能是潜在受众、知晓受众和行动受众。这些受众都是与一定的"目标"相对应的。应当指出的是,目标受众不是固定不变的群体,随着"一带一路"倡议的目标(包括总体目标和阶段性目标)调整和与之相应的传播目标的调整,它们也处在不断的调整与变化中。根据国家倡议目标和传播目标的需要,确定自己的目标受众,了解其分布范围、群体特征与接受心理,一方面可以使传播者有的放矢地开展传播活动,影响直达"靶心",同时可以减少不必要的铺张与浪费,降低成本,提高效率。

(二)目标受众的确定原则

1.国际关系优先原则

国际传播是建立在国际关系基础上的传播,要与政府在国际关系方面的大方针相吻合。边疆省区的对外传播一定要配合中国的总体外交战略,配合构建人类命运共同体的宏伟蓝图,以此为原则来确定传播的目标国家受众。必须注意的是,如果对外传播的内容在政治、经济、外交、文化等层面出现有损于国际关系和目标受众国尊严、荣辱的事件,必须立即纠偏,进行整改反思。

2.主体利益相关原则

国际关系是国际利益主导下的关系,国际传播也是国际利益主导下的传播。各边疆省区应选择与本省区利益密切相关、对本省区发展具有较大影响力的那一部分国家受众作为自己的目标受众,通过传播强化其顺意倾向,消除其误解与偏见,营造对本地发展有利的舆论环境,以求国家利益和本省区利益的最大化。[1] 当然,各边疆省区在对外传播时应该将自身的利益同目标受众的需求结合起来,以达到双赢的有利局面。

3.传播手段裁量原则

各边疆省区应根据国家(中国)和本地的传播实力选择适当的传播途径。国际传播的辐射力,在很大程度上取决于国家的经济实力。发达国家可以凭借先进的传播技术和二次传播(被转载、转播等)的优势,将信息扩散到世界

---

[1] 陈清华.关于海外受众接受心理的外宣策略[J].江苏社会科学,2010(4):223—226.

各地,发展中国家则不具备这样的实力。近年来,中国的国际传播辐射力正在强起来,国家文化软实力和中华文化影响力已在全球大幅提升,中国在国际舆论场上的态势正在由被动转为主动,国际社会越来越关注中国的说法,越来越重视中国的声音。

4.紧急事件定位原则

紧急事件一般是指突发性的危机事件。在确定目标受众时需要考虑的问题是:事件发生有可能危及哪一部分人,有可能波及哪一部分人,哪一部分人的损失有可能最大,其中又有哪些人可能采取负面的态度与行为等等。中国的外宣媒体由于种种限制,不能在时效上抢占有利先机,从而有可能错失对国外目标受众的舆论引导能力。在边疆省区的对外传播实践中,一些民族、宗教问题引发的突发事件,往往就出现这样的局面,代价沉重。

四、受众分析的问题与对策

长期以来,各边疆省区的外宣媒体对传播受众的分析严重不足。一方面忽视了国外受众在心理、信仰、文化背景、思维方式上的特点,简单地将他们和国内受众等同起来,导致国外受众很难理解传播内容;另一方面说教味十足,中国故事讲述得不生动,国外受众不乐于接受。解决的对策如下:

(一)精准定位受众群体

对外传播要获得传播实效,必须对受众群体有精准定位。例如,中国周边的国家中,中亚、南亚、东南亚国家的媒体力量相对比较薄弱,民众对中国媒体的态度较为中性,较少排斥和抵触的心理。因此,各边疆省区应加强对这些国家受众的传播,促进中国在区域内的传播优势。再如,新媒体的出现使原有受众在信息终端的接收上出现了变化,新的传播终端意味着受众的再次分化,新媒体环境下受众在信息的接收和传播上又出现了新特点。因此,要把握不同终端用户的使用偏好,有针对性地进行对外传播。

(二)采取不同传播策略

首先,在传播区域上把握差异化。各边疆省区的外宣工作对发达国家、发展中国家和周边国家要采取有区别的传播策略,着力构建地区性媒体机构或联盟。[①] 其次,在传播内容上把握差异化。不同受众对同一传播内容的理解往往不尽相同,应避免忽略不同国家、民族的受众在内容理解上的差异性。[②] 习近平主席访问老挝时专门撰文提到,广西电视台国际频道摄制的"中老合拍的纪录片《光阴的故事》网络总播放量达数百万次,深深撼动两国民众心灵",这充分说明,要善于运用中外文化中的共通元素,架构起与目标国家受众沟通的桥梁,这样才能实现良好的对外传播效果。再次,在传播媒介上把握差异化。新媒体时代的受众往往更在意能否同传播者进行互动和双向传播。因此,应注意在不同媒介上进行差异化传播,特别是对于新媒体用户增加互动内容,这样传播效果会更好。各边疆省区应充分发挥新媒体的作用,推动媒介融合、优化战略布局,着力打造具有较强国际影响力的外宣旗舰媒体,形成有影响力的媒体集团。

(三)创新开展受众分析

新媒体环境下,受众的媒体接收习惯发生改变,传统的调查方法依赖于受众的自我回忆,导致采集到的数据误差较大,而大数据能准确记录受众对于新媒体的接收习惯,为多维度受众分析提供了更准确的数据。[③] 对外传播所面临的一个重要问题就是受众的异质性,因此把握其认知心理在传播过程中尤为重要。互联网时代,传统意义上的广泛传播已经捉襟见肘,而针对受众进行精细化分类的传播才能保障大众传播的有效进行。为了应对这种趋势,媒体需要通过数据来描绘自己的受众画像,从而找准自己的定位。同时还需要了解到受众所关切的问题,以受众利益为导向,否则我们的传播都是"答非所问",无法和受众达成真正意义上的交流。[④]

多维度的受众分析,首先要了解不同受众的媒体接收习惯,以便在传播渠道的选择上更能迎合受众。其次是对受众所感兴趣内容的量化分析,把握其心理需求。同时还要关注其传播行为,比如不同受众会转发什么样的内

① 孟威.对外传播不能忽视受众心理[J].人民论坛,2017(35):123—125.
② 吴海燕.受众本位视角下当代中国价值观念国际传播策略研究[J].云南社会主义学院学报,2016(3):99—102.
③ 匡文波,张晗煜.大数据视角下的对外传播[J].对外传播,2017(9):4.
④ 罗成.广播电视外宣节目的受众定位[J].中国广播电视学刊.2015(7):32—35.

容,热议什么样的话题等等。在了解到受众的渠道偏好和信息需求之后,就可以对自身的传播行为做出适当调整,以实现传播效果最大化。

第十三章　传播效果的测量与反馈

当前,各边疆省区的对外传播工作还停留在"传出去"的层次,对传播效果进行评估并用以优化传播工作的机制还未形成。总体来看,当前边疆省区对外传播效果测量还比较薄弱,这已经成为制约对外传播工作提升的重要因素。对外传播工作由党委政府统筹推进,投入了大量的人力、物力资源,不论是作为工作推进的手段,还是工作改进的工具,建立国际传播项目的绩效评估机制都具有很强的必要性和紧迫性。

一、传播效果测量的现状

(一)效果测量没有得到应有的重视

检测传播效果的最好方法是对目标受众影响程度的测量。[①] 但是,在对外传播实践上,中国长期以来更多的是"只问耕耘,不问收获"式的单向传播多,互动交流并评估效果的双向传播少。边疆省区在开展对外传播工作中也是如此,普遍存在不重视传播效果测量的问题,因而对外传播工作成效如何也缺乏科学的定论。

东北三省在开展对外传播工作中,极少关注传播效果测量。访谈中只有吉林省外宣办关注了重大活动对外传播效果评估问题,提出了对重大外宣活动效果评估应考虑的要素和指标、评估的主要步骤和方法等,有较为深入的思考。在黑龙江、辽宁对外传播领导机关、媒体等单位调研中,并没有获得重视传播效果测量的信息。

[①]　戴元初.大数据时代对外传播效果的评估与提升[J].对外传播,2014(10):38.

（二）效果测量的手段科学性比较差

边疆省区在对外传播中，即使关注到了效果测量等，但由于多方面条件制约，往往缺乏科学的手段，或手段比较单一，测量效果科学性较差。比如，在当前传播环境下，对外传播越来越关注新媒体渠道的运用，但有些边疆省区在测量新媒体对外传播效果时往往只能通过点击量、独立 IP 访问等手段，显然比较单一，结论缺乏较强的说服力。吉林朝鲜文网站是国内 20 多个朝鲜文网站中，开创最早、访问量最高的网站。目前，朝鲜文版日点击量已超越 100 多万人次（独立 IP 数达到 1.5 万），其中省内占 35.31％，省外占 31.35％，国外占 33.34％。国外独立 IP 访问虽然比例超过三分之一，但具体传播效果如何，缺乏科学的结论。

（三）效果测量的经费技术条件欠缺

在传播效果实际测量中，如果要像国内受众研究那样开展大规模的国外受众连续跟踪调查，不管是费用还是测量技术等都是严重制约因素。边疆省区在中国往往都属于经济欠发达地区，对外传播工作又需要长期的投入，而且一般不能给地方经济社会发展等带来及时明显的回报。对外传播效果的测量往往需要较大的经费投入，对外传播工作虽然有国家经费的支持，但很大程度上还是需要地方的更多投入。边疆省区由于自身经济能力有限，往往在对外传播经费投入方面捉襟见肘，加上测量技术方面的不足，不少边疆省区能做好国家规定的对外传播工作已是不易，还要花费较多经费、解决不少技术难题等去做传播效果测量等，确实勉为其难。

二、传播效果测量的问题

边疆省区由于传播效果测量方面的不足，随着对外传播工作的发展，已经影响到对外传播管理者思想、传播渠道以及传播内容的进一步提升与发展。

（一）反馈不足导致传播意识不强

近年来，虽然不少边疆省区对外传播工作取得了一定的成绩，但很多是为了完成国家交办的任务,工作被动性较多。对外传播在不少地方并未引起足够重视,有些边疆省区特别是有些边境城市往往既无专项经费保障,也无专人负责,致使该项工作经常处于一种自发状态。一些地方和部门对外传播意识淡薄,缺乏一定的国际视野,对外传播的主动性不够。这些都导致了当地对外传播缺乏宏观指导和统筹协调的问题。存在这些问题的原因有多方面,但效果不能及时反馈是其中的重要方面。对外传播一般需要较大的人力、物力等资源,但效果一般无法及时反馈出来,极大影响了部分边疆省市对外传播工作的积极性。如果能够改进对外传播效果的及时反馈,或许能够更好地支持具体的工作部门和人员争取到更多的资源投入到对外传播工作中,提升边疆省区对外传播的积极性。目前,边疆省区有影响、有特色、具有国际影响力的对外传播品牌缺乏,项目还较少,稳固的对外文化交流渠道还很有限,新的形式与载体还不多。近几年来,吉林省针对朝鲜、韩国、俄罗斯、日本的对外传播品很少,涉外经济部门制作的宣传品多是招商引资项目和投资指南。边境地区有针对性的外宣品更是匮乏,虽然有经费不足的问题,但主要还是思想理念的问题。

(二)受众不明导致渠道拓展不足

新媒体技术的迅速发展,尤其是全球性社交媒体平台的出现,冲击了传统国际传播的格局,为中国媒体打破西方主流媒体对国际话语渠道的垄断、提升自身国际传播竞争力带来了发展机遇。目前全球性媒体公司都在扩展其国际新媒体平台,国内媒体也在积极借助新媒体"走出去"。以新华社、《人民日报》、CCTV 等为代表的主流媒体从 2009 年开始陆续入驻包括 Facebook、Twitter、YouTube 等在内的国际社交媒体平台和视频分享网站。新华社还在 Twitter、Facebook、YouTube、LINE、VK 等海外社会化媒体平台开设了英、法、西、俄、阿、葡、日、缅、越、泰等 15 个语种的 30 多个账号。[①] 这为边疆省区开展对外传播提供了很好的机遇,可以借机充分发挥语言、文化等优势,利用新媒体平台,加强对外传播工作。在这方面,黑龙江新闻社、吉林新闻网朝鲜文频道已尝试取得了较好的对外传播效果。但纵观边疆省区对外

---

① 朱鸿军,刘向华."走出去"到"走进去":对外传播新境界的新媒体作为[EB/OL].人民网,2018-8-2:http://media.people.com.cn/n1/2018/0802/c40628-30192062.html.

传播工作,利用新媒体开展对外传播还做得远远不够。各边疆省区必须通过传播效果调查,了解境外受众的接触媒介习惯,把传统媒体与新媒体传播渠道建设结合起来,打好"组合拳",才能更好地面向境外不同受众群体进行传播。

(三)效果难测导致内容难以接受

近年来,随着对外传播工作的不断推进,中国对外传播内容已有较大的改善,但在实际工作中,由于缺乏对境外受众更多的了解,对外传播内容还是有不少问题。比如对外传播的语气政治化很难改变,有些报纸杂志以及广播电视节目外语内容翻译过于干涩、生硬,让国外受众难以读懂,更难以理解。有些边疆省、市、州印制的省、市情介绍,对外传播画册、折页等基本上就是在汉语版的基础上简单地翻译一下,校对时只要没有单词和语法错误就印刷了。由于对外国的语言习惯、文化背景、阅读习惯了解不够,制作的作品不能满足国外受众的需要,不适合国外受众的"胃口"。有些边疆省区对外传播新媒体平台在对外传播的过程中,民间交流传播元素还不够,对外传播的新媒体主体身份依然是官方居多,来自普通民众和组织的声音较少。内容建设上,以新闻类和专题类节目为主,通常是一些宏观的正面内容。一味叫好的宣传性的内容很难满足海外受众的需求,甚至会进一步固化中国媒体为官方宣传的刻板印象。这些不足都有待改进,只有改进了,才能充分利用新媒体做好对外传播工作。

三、传播效果测量的对策

在对外传播实践上,由于多方面的原因,中国边疆省区对外传播工作很长一段时间苦于没有有效的测量手段,长期以来都是"只问耕耘,不问收获"式的单向传播多,互动交流并评估效果的双向传播少。这种工作方法既不利于对外传播的目标实现,也不利于工作的改进。检测传播效果的最好方法是对目标受众影响程度的测量。对外传播效果实际上有三个维度的测量与评估需求:一是传播广度,就是对外传播的声音所能辐射的范围;二是传播深度,就是对外传播的声音能够被对象国受众关注并讨论的热度;三是传播向度,就是受众对我们的意见和价值观赞同或反对的程度。边疆省区对外传播效果的研究需要借鉴一般对外传播效果的测量方法,同时必须结合边疆对外传播的特点,才能有的放矢,收到较好的效果。

(一)采用互联网问卷调查

传统的问卷调查采用面对面、纸笔问卷以及电话访问的方式,它能够很好地调查传播广度、传播向度等内容。境外受众调查采用传统问卷调查很困难,在互联网时代,采用最多的是网络调查。网络调查的主要缺陷是回复率低,调查对象信息不可靠等。但是网络调查的优势是调查对象范围广泛,这一点刘于国际范围的问卷调查尤其重要。传统问卷调查方法难以接触国际传播受众开展国际范围的调查;网络问卷调查不受地域限制,在调查国际受众方面不再有障碍。网络调查的一个局限是随机抽样困难,因为缺少抽样需要的总体人群框架,随机抽样往往难以实现。但是因为传播效果调查并不局限于考察单一信息,例如受众对于某个问题的态度,而是注重检测多种内外在因素与受众信息接触及其结果之间的关系,即使问卷调查使用的是非随机样本,例如便利样本,依然能够提供调查对象接触媒体信息后有关某个主题的观念、态度和行为变化的重要数据,为国际传播效果提供有用的实证依据。边疆省区对外传播国际受众调查面临不同国家的政治环境、文化差异等挑战,需要克服实际操作困难以获得有价值的调查结果。

(二)开展全媒体内容分析

要更好地了解掌握边疆省区对外传播效果,必须把主流媒体与网络媒体内容结合起来分析,才能更好地掌握传播的广度、深度和向度。衡量边疆省区对外传播效果,首先可以通过内容分析了解与对外传播的主要任务、议题、传播策略和方法对应的传播内容,分析涉及某个主题的传播内容在多大程度上与对外传播的主要任务、议题、传播策略吻合,在信息发布环节上是否达到预定目标。这部分的内容分析主要集中于对信息发布媒体内容的解析。内容分析的主要部分可以着眼于境外主流媒体有关某个主题的报道。了解边疆省区媒体有关某个主题的对外传播内容在多大程度上被境外主流媒体关注并吸纳,以及通过何种方式吸纳。境外主流媒体对于边疆省区媒体对外传播主要问题的反应是衡量对外传播效果的一个重要组成部分，也是国际传播内容到达部分目标受众的一个重要渠道。在当前网络媒体蓬勃发展的趋势下，研究边疆省区对外传播效果，只关注境外主流媒体是不够的，还必须关注境外网络媒体的报道内容。这对于掌握境外年轻受众群体对传播内容的反馈更重要。他们作为边疆省区对外传播有关信息接收方的关注与反应是对外传播效果的直接体现。这方面的内容分析可以通过网络内容分析与网络媒体信息大数据分析结合，尤其是大数据分析方法，为发掘海量网络媒体内容中包含的有关国际传播效果的信息提供了高效工具。内容分析研究对象包括网络国际媒体、网络论坛以及网络社交媒体对边疆省区对外传播有关主题的关注与反应。

（三）运用大数据测量效果

"没有测量，就没有管理"，管理学大师德鲁克的经典名言在对外传播方面也有重要的现实意义。对于对外传播工作，很长一段时间我们苦于没有有效的测量手段，凭感觉做事的时候多，经过可靠论证的时候少。这种状态既不利于对外传播的目标实现，也不利于工作的改进。因此，借助大数据时代的便利，将对外传播效果评估纳入国际舆论竞争的大工程中，并依据科学有效的评估结果，调整对外传播的策略和方法，是提升对外传播效果和效率的必由之路。与本土受众研究相比，对外传播的受众研究重点是对不同文化和政治形态背景下的人们，对来自中国的信息的心理期待重心和媒体接触习惯与中国观众的差异研究。这一点，现在的数据获取手段已经可以提供非常坚实的支持。通过对目标区域的受众调查，我们可以获取受众对中国相关信息的心理需求以及他们通常的获取渠道，同时也可以充分了解他们对中国媒体在本地传播情况的满意度和未来期待。而通过对当地受众在网络平台上的相关信息获取行为轨迹的梳理，可以对他们的实际信息消费行为，特别是跟中国相关联的信息消费行为有一个准确的了解。在此基础上，将受众调查的数据与互联网平台上获得的行为数据进行对比挖掘，就可以较为清晰地把握目标传播对象的信息需求和信息接收偏好，从而调整中国媒体对外传播过程中的内容结构方式、语言表达方式以及渠道传播方式等，以实现传播效果的最大化。

四、结语

边疆省区对外传播效果研究是新闻传播学界、对外传播媒体与外宣管理部门面临的共同任务。随着边疆省区对外传播活动的扩展，如何衡量对外传播效果成为亟待解决的问题。对外传播效果不能依靠对传播态势及其预期效果展开的主观评判，而需要用科学方法对传播过程与结果开展实证研究，包括网络问卷调查、主流媒体与网络媒体内容分析相结合、积极运用大数据开展边疆省区对外传播效果研究等，以此来客观评估境外媒体传播的信息与边疆省区对外传播战略与策略是否吻合。通过对目标受众对有关信息的接触程度、认知反应、与信息发布者的互动以及对有关问题的观点与态度等信息的收集，可以了解媒体信息给受众带来的观念、态度、行为的变化，也为衡量边疆省区的对外传播实效，提供了真实可信的依据。

附件

中国边疆省区对外传播能力
建设的现状、问题与对策

引　言

　　当前，由于"一带一路"倡议的深入实施，边疆省区对中国国际传播的战略价值和重要性进一步凸显。本课题由中宣部资助，课题组用近 3 年的时间，完成了对 8 个边疆省区外宣管理部门、主流外宣媒体和主要边境口岸的实地调研。鉴于特殊的地理和行政状况，本课题选择性忽略了甘肃省。

　　本课题着重考察以边疆省区党委、政府为传播主体，以大众传媒——包括报纸杂志、广播电视以及新媒体——为传播媒介，面向周边及重点国家开展的"对外传播"活动，即所谓"狭义的、单向的国际传播"。本课题的研究对象是黑龙江、吉林、辽宁、内蒙古、新疆、西藏、云南和广西 8 个边疆省区的主流外宣媒体——报纸、期刊、图书、广播电视以及新媒体，考察它们在对外传播能力建设方面的现状及问题，并在此基础上提出相应对策。

　　关于媒体的"对外（国际）传播能力"，学界和业界一般认为大致由传播力和影响力两部分构成。其中，传播力是指大众传媒将信息向全球扩散的能力，主要指传播基础和渠道的建设；而影响力则指传播效果，主要由传播过程中的信息控制、媒介手段、内容建设、受众选择和效果调查等各个环节综合决定。基于此，本报告将主要分为三个部分来讲述：一是边疆省区对外传播的形势与任务，二是各省区对外传播能力建设的现状与问题，三是对外传播效果的影响因素与改进策略。

一、边疆省区对外传播的形势与任务

各省区中,西藏和新疆对外传播面临的形势与任务最为复杂。

西藏与缅甸、印度、不丹、尼泊尔等国以及克什米尔地区毗邻。西藏对外传播的总体目标是维护国家安全,稳定西藏社会,打击"藏独势力"和抵制西方的恶意舆论。为此,西藏媒体瞄准全球涉藏舆论制高点,选择美、英、法、德、意和瑞士等涉藏西方大国为主要传播对象,充分利用地缘优势针对印度、尼泊尔、不丹等国家开展周边传播工作,同时利用藏传佛教的影响针对蒙古国、中亚各国及俄罗斯部分信教地区来拓展国际传播的空间和层次。

新疆地处亚欧大陆腹地,与俄罗斯、哈萨克斯坦、吉尔吉斯斯坦、塔吉克斯坦等八个国家接壤,跨界民族较多。新疆对外传播对象以中亚国家为主,传播目标是抵制"三股势力"和西方舆论的消极影响,维护国家安全和边疆安宁。

东北三省对外传播面临的形势与任务大体一致,但又各有侧重。黑龙江省的对外传播以俄、韩为主,努力打造中国对俄传播的"桥头堡"。吉林省在对外传播实践中将韩国作为主要传播对象。辽宁省既沿海又沿边,是中国东北及内蒙古东部地区对外开放的门户,对外传播的主要对象是韩国和日本。

在北方,内蒙古自治区作为连接俄罗斯、蒙古国的边疆省区和"草原丝绸之路"的重要节点,在对外传播实践中把蒙古和俄罗斯作为自己主要的传播对象。

在南方,云南是中国面向东南亚、南亚传播的前沿门户;而广西对外传播的定位主要是在中国—东盟友好合作中发挥"沟通信息,搭建桥梁、推动合作、促进发展"的作用。

二、各省区对外传播能力建设的现状和问题

(一)印刷媒体的对外传播能力建设

印刷媒体的传播能力建设主要有两种方式——一是自办报刊,自建传播渠道;二是借船出海,借助外媒传播。

1.自主创办外宣报刊,对外传播可控可信

自办外宣报刊和外宣版面是印刷媒体对外传播能力建设的通行做法,这其中又有两种具体方式:其一,在国内创办,主要面向境内外的外籍受众传播;其二,在国外创办,直接面向国外受众传播。

1)国内办报办刊,传播内容可控

东北三省中,黑龙江的外宣报纸数量最多。《黑龙江经济报》是东北亚地区最具影响力的中文专业财经媒体,目前在俄罗斯、东欧、独联体、东南亚等国家和地区颇具影响;《远东经贸导报》是由黑龙江大学主办的俄文报纸,采编人员以专家学者为主;《图们江报》是全国唯一一家同时拥有中、俄、朝三种文字、三个独立刊号,面向国内外公开发行的报纸。目前,《辽宁日报》的主要外宣渠道是《辽宁日报海外专页(韩文版)》。由于朝鲜族是跨境民族,东北三省的朝鲜文报纸兼具内、外宣的功能。《黑龙江朝鲜文报》是中国规模最大的朝鲜文报纸。《吉林朝鲜文报》(海外版)的发行范围为韩国全境。《辽宁朝鲜文报》的外籍读者主要是在沈阳、丹东等地从事贸易工作的韩、朝籍人士,约5万人左右。

《西藏日报》(藏文版)是世界上规模最大的藏文报纸,读者群遍及美、德、法、印度和尼泊尔等国家,是国际上认可的西藏主流媒体的代表。内蒙古索伦嘎新闻中心是隶属于内蒙古日报社的专业外宣机构,由内蒙古日报社和蒙古国商报社合作创办的《索伦嘎报》发行范围覆盖蒙古全境,每期的发行数量超过2000份。

外宣期刊方面,黑龙江的《伙伴》(俄文)目前已实现了在俄本土印刷发行;新疆的《大陆桥》拥有俄文和塔吉克文两个版本,根据规划,《大陆桥》还将创办多个中亚国家语种版本;云南省拥有4份外宣期刊,分别为缅文的《吉祥》、泰文的《湄公河》、老挝文的《占芭》和柬文的《高棉》;《荷花》是广西的对越外宣期刊;中国—东盟博览会秘书处主办的《中国—东盟博览》是中英文双语杂志,致力于服务中国—东盟博览会和中国—东盟自贸区建设,在东盟国家开设了4个分社和6个记者站,发行范围覆盖东盟10国。

2)国外办报办刊,传播渠道可信

相较于在国内办报办刊,直接在国外注册发行外宣报刊,其传播渠道更为可信。这方面较为突出的是新疆媒体。

新疆经济报社主办的《哈萨克斯坦华侨报》在哈萨克斯坦正式注册发行,有俄文和中文两个版本;《中亚侨报》是新疆经济报社与吉尔吉斯斯坦中亚华侨华人友好协会合作创办的双语版报纸,在吉尔吉斯斯坦申请了注册刊号。新疆维吾尔自治区对外文化交流协会主办的《友邻》杂志有两个语种的版本,其中,斯拉夫哈萨克文版在哈萨克斯坦出版发行,英文版在巴基斯坦出版发行,读者主要是两国中上层人士。

其他省区在国外创办的报刊主要还有:西藏日报社主办的《今日西藏》周报,由尼泊尔天利公司负责采编、营销和发行,是尼泊尔藏胞信赖的报纸;西藏英文双月刊《喜马拉雅故事》拥有尼泊尔正式刊号,是尼泊尔发行量最大的刊物之一;内蒙古《索伦嘎》(蒙文)杂志在蒙古国合法注册、印刷,每期发行量1万份;云南日报社在金边出版的《柬埔寨之光·美丽云南》柬文周刊,是全国省级党报首家在国外出版的新闻周刊。

2. 对外合作借船出海,借助外媒开展外宣

通过媒体外交"借船出海",也是印刷媒体开展对外传播的一种有效方式。这方面云报集团表现突出。

云南日报报业集团与美国《国际日报》合办《国际日报·云南日报美国版》;与法国《欧洲时报》合办《欧洲时报·中国云南版》;与马来西亚星洲传媒集团签署合作协议;与印尼《国际日报》合作推出《美丽云南》新闻专刊;与《印尼新闻报》和《印尼国际报》合作出版英文、印尼文版《美丽云南》专刊;与缅甸《金凤凰》报社合作出版《金凤凰·美丽云南》新闻专刊;与老挝《人民报》和孟加拉国《独立报》合作发行《美丽云南》新闻专刊。云南信息报社还与广东南方报业传媒集团独创"中中外"模式,合作开展对东盟的传播,2013年3月,两报与泰国华文报纸《星暹日报》联合推出了每周1期的《云南信息报泰国版·今日云南》专版,凭借这种合作关系,南方报业传媒集团正式签约入股《星暹日报》。

其他省区的类似合作主要还有:西藏日报社不定期在国外主流媒体刊登西藏专版,积极影响当地主流社会的涉藏舆论;广西日报社与越南广宁报社、吉林日报社与韩国江原道主要报社经常性开展交流互访活动,并通过互相报道和互换版面开展对外传播活动。

（二）图书出版的对外传播能力建设

目前,图书出版"走出去"主要有对外"开展版权贸易"和"文化展示交流"两种方式。

1.开展版权贸易

东北三省中,辽宁是对外版权贸易强省,辽宁出版传媒集团目前下辖4家国际出版公司,每年的版权输出和实物出口数量大概在200种左右,金额在2000万到3000万之间。黑龙江开展版权贸易的主要对象是俄罗斯。吉林开展版权贸易主要依靠国际展会和电子平台,韩国是其版权贸易的重点国家。延边出版社的朝鲜语出版物在韩、朝两国有一定市场。

内蒙古对外版权交易的主要对象是蒙古国,主要依托"纳荷芽中蒙出版交流工程""蒙古族文化精品出版工程"开展版权贸易。

新疆版权贸易的重点是中亚和西亚市场。新疆民族文字出版和数字新媒体基地每年译制的图书达600种。截至2017年,新疆各出版社与国外出版机构达成了超过200种出版物的版权输出协议、合作出版协议或意向性协议。新疆出版机构与哈萨克斯坦、巴基斯坦、美国等多家新闻出版机构合作出版图书有40余种。

西藏版权贸易的主要对象国是尼泊尔,目的是占领尼泊尔涉藏文化舆论阵地,打击、控制并瓦解境外"藏独势力"。西藏出版机构下一步还计划开拓印度图书市场。

云南省版权贸易的亮点是翻译出版了一批传播中国文化、讲好中国故事的重点出版物。例如云南大学出版社面向东南亚、南亚、西亚的"系列小学汉语教材"等。云南省还大力推进数字出版产品"走出去",以文献学术创新内容、少数民族原创作品、网络游戏产品等为重点,构建面向东南亚、南亚的国际数字出版检索平台。

截至2017年,广西出版传媒集团共向越南、泰国、印尼、马来西亚、新加坡等东盟国家输出版权400多种,成为全国向东盟国家输出版权最多的出版集团之一。同时,广西出版传媒集团及时跟进国家"一带一路"倡议,在埃及、突尼斯、土耳其、南欧开拓了新的图书版权输出市场。

2. 文化展示传播

各省区图书出版发行单位还通过文化展示和交流开展对外传播活动。

黑龙江出版机构致力于打造中俄文化交流的平台,主要行动如下:一是在俄设立中国语言文化中心,二是在俄开办"果戈里书店""普希金书店",三是与俄方共同创办"中俄青少年阅读联盟"。黑龙江各地新华书店也充分发挥对俄传播优势,积极打造各种类型的国门书店和汉语教育教学基地。

内蒙古出版系统通过在俄罗斯边境城市图书馆设立"中国之窗——内蒙古之窗"图书角开展对俄文化传播活动;通过"蒙古文互译专业人才培训工程"开展与蒙古的文化交流。

西藏出版发行机构通过建立加盟书店、组织文化交流活动等举措,进一步提高涉藏出版物在周边国家的市场占有率,不断挤压十四世达赖集团反动出版物和宣传品的渗透空间。

云南新华书店集团通过推进"境外教材教辅发行项目"、建设"对外文化贸易中心项目"和开办"国门书社项目",积极探索文化"走出去"新路径,开辟了面向东盟国家的文化产品流通渠道。

(三)广电媒体的对外传播能力建设

各省区广电媒体的做法主要有"扩大境外覆盖落地""自办外宣栏目节目""开展对外交流合作"和"译制输出影视作品"四种方式。

1. 技术先行,扩大境外覆盖与落地

电视媒体实现对外传播的前提条件是播出信号能够覆盖传播对象区域,如果要确保传播对象区域的受众能够确定接收,还必须实现信号"落地",意即进入当地有线网。对外广播只要信号覆盖即可视为落地入户。

1)电视信号的覆盖和落地情况

总的来说,目前只有云南省和内蒙古自治区通过帮助外国建设有线电视网的技术援助和输出方式,实现了本国电视信号的有效覆盖与落地。

云南电视覆盖格局是"天上三颗星,地上八张网,跨屏新媒体",在泰国、老挝、柬埔寨三国已经直接实现了卫星节目落地入网。云南无线数字电视文化传媒有限公司为云南广播电视台(集团)全资子公司。云数传媒借助东南亚各国广播电视数字化的契机,以推广中国 DTMB 标准为桥梁,与老挝、柬埔寨的国家电视台开展项目合作,通过商业运营的模式将中国的外宣渠道深入到对象国的千家万户之中。目前,云数传媒正加快对南亚尼泊尔、巴基斯坦、孟加拉和斯里兰卡等国的业务拓展。

中蒙合资的桑斯尔有线电视公司网络覆盖乌兰巴托 90% 的街区,全天接收转播中央电视台和其他省台的 12 套节目,入网用户已达 8 万多,是蒙古国的百强企业之一。中俄合资的贝加尔有线电视信息网络有限公司用户数量已超过 4 万,俄罗斯观众可收看到中央电视台和内蒙古电视台的 4 套节目。

其他省区电视台的卫星频道和国际频道,如黑龙江卫视、吉林卫视、延边卫视、新疆卫视维吾尔语、哈萨克语频道,以及广西卫视和广西国际频道,理论上信号可以覆盖传播对象国区域,但落地情况普遍不佳。

2)广播频率的覆盖情况

广播媒体的传播特性决定了只要有频率覆盖,就可实现有效传播。

俄罗斯人喜欢听广播,黑河电台每周两次通过 103.8 兆赫广播向俄罗斯播出黑河新闻。黑龙江朝鲜语广播是全国唯一的省级朝鲜语广播,频率覆盖朝鲜半岛、俄罗斯远东等地,短波覆盖美国和澳洲。

吉林延边朝鲜语广播是中国首个用朝鲜语播音的广播频率,信号覆盖朝鲜、韩国、日本和俄罗斯远东地区,最远可波及澳大利亚。

西藏对外广播经国务院和中央军委批准于 1964 年 2 月 14 日正式开播,节目当时名为"对流落国外的藏族同胞广播",现名"中国西藏之声",每天通过中波、短波和调频方式向周边国家及地区覆盖传播。

云南广播电台香格里拉之声是经中央批准成立的独立发射覆盖的国际广播,信号可覆盖中越、中缅、中老边境县(市)和以越南河内、泰国曼谷为中心的 7 个东南亚、南亚国家和地区,覆盖越语对象听众约 8000 万人,华语对象听众(华侨华人)约 1700 万人,信号还可影响南亚、西亚、亚太及部分欧美国家和地区。香格里拉之声广播主要用越南语、华语对越南语族群及东南亚、南亚华人华侨广播。

广西北部湾之声是由中国国际广播电台、广西对外广播电台联合开办的国际广播频率,节目采用英语、泰语、越南语、普通话、广州话 5 种语言播音。这是中国首个区域性国际广播频率,其前身可以追溯至"广西对越广播"。

2. 自主发声,自办外宣栏目和节目

自办的外宣栏目和节目是广电媒体对外传播的主阵地。自办栏目和节目的好处是传播内容完全可控,不足之处是传播渠道完全依赖本国媒体的覆盖与落地情况,传播效果难以保证。

西藏电视台自办外宣栏目《西藏诱惑》,还与中央电视台和上海东方卫视合作推出涉藏外宣专题节目。目前,西藏对外广播自办的藏语、英语节目日播出时长达 240 分钟。

新疆电视台外宣中心专门针对吉尔吉斯斯坦受众制作了 60 分钟的吉尔吉斯语《今日中国》电视节目,《走遍中国》是其子栏目,每天播出一部纪录片。

内蒙古电视台在蒙古国乌兰巴托成立了工作站,现场采制的蒙古语卫视节目在乌兰巴托的收视率稳步上升。

黑龙江电视台开办了《你好,俄罗斯》(俄语)、《这就是黑龙江》(英语)等外宣栏目,还以国际通行的方式采制纪录片,用英文作品传递中国声音,表达中国态度。

辽宁广播电视台的外宣栏目主要有电视专栏《中国辽宁》和广播专栏《精彩辽宁》,还通过向境外媒体供片的方式开展对外传播活动。

吉林、广西和云南也开办有常规的广播电视外宣栏目和节目。

3. 借筒发声,开展对外交流与合作

与国外的广播电视机构联合制作播出节目是我方广播电视媒体对外传播的另一有效方式,好处是传播渠道可信,收视、收听效果较好,但不足之处是传播内容上或多或少地必须受到外方的制约。

改革开放以来,各省区广电媒体与境外媒体基本上都建立了不同形式的合作关系。进入 21 世纪,按照原国家广电总局的统一部署,各省区电视台基本上每年或隔年都会在境外举办"电视周"等宣传推广活动。近年来,边疆省区广电媒体通过节目制播充实了与外方合作的实质内容。这方面,新疆、内蒙和广西各有建树。

新疆广播电影电视局与吉尔吉斯斯坦 ELTR 电视公司合作播出柯尔克孜语电视节目《走进中国》,每天 1 小时,同时,向乌兹别克斯坦传送播出 15 分钟的维吾尔语《走进中国》电视节目。新疆人民广播电台对外广播节目总称《中国之声》,其中,柯尔克孜语节目在吉尔吉斯斯坦国家电台每天播出 2 小时;哈萨克语节目每天通过蒙古国巴彦乌列盖省 GCMM 广播电视公司播出 10 小时;维吾尔语《中国之声》节目在土耳其 YON 广播交流公司调频上星广播中每天播出 1 小时;维吾尔语节目通过乌兹别克斯坦国家广播公司每天播出 30 分钟。

内蒙古广播电台通过合作、租用频率等方式,将本台蒙古语广播和中央人民广播电台、中国国际广播电台的蒙语广播节目整频率在蒙古国首都乌兰巴托落地。内蒙古草原之声广播通过蒙古国毕力格萨那有限责任公司所属 FM107.5 在蒙古国每天播出 8 小时,网上播出时间长达 18 小时 15 分钟,同时也面向俄罗斯蒙语地区播出。

广西电视台主要通过"走出去"和"请进来"的方式拓展对东盟国家的传播渠道。其中,走出去的代表作是联合中国国际广播电台、香港地区凤凰卫视共同举办的历时 50 天行程 5 万里的"中国—东盟合作之旅"广播电视联合采访活动;"请进来"的代表作是从 2004 年开始连续举办的邀请东盟 10 国国家广播电视媒体"聚焦广西"的国际采访活动。

此外,西藏电视台藏语卫视通过尼泊尔太空时代网络公司在尼泊尔落地并入(有线)网播出;吉林电台通过与俄罗斯地方电台的合作实现了对俄传播。

4. 文化先导,译制和输出影视作品

利用跨境民族语言文化相通的优势,译制和输出中国优秀的影视作品,这也是边疆省区广电媒体对外传播的有效路径。

新疆广播影视译制中心每年译制影视剧类节目达 1 万集,新闻时政专题类节目达 1702 小时,自制生产维吾尔、哈萨克语言电视节目有 2220 小时,动漫节目译制量达到 4 万分钟。新疆文艺译制中心每年译制大、中、小型优秀剧目 4 台,优秀歌曲 100 首,优秀相声、小品、曲艺类作品 20 部,优秀舞蹈作品 10 部,还有优秀器乐作品、优秀杂技节目、优秀诗朗诵作品等。

内蒙古广播电视台在蒙古国设立影视剧译制工作室,依靠"丝绸之路影视桥工程"和"中宣部译制工程"的资助,向蒙古观众译制播出汉语学习节目和优秀国产影视剧。

云南和广西的广播电视媒体也承担了大量面向东盟国家传播的影视作品译制工作。

(四)网络媒体的对外传播能力建设

网络媒体的做法主要包括"建设重点外宣网站""传统媒体网络传播""打

造新型全媒体"和"办好专业新媒体"三种方式。

1. 建设重点外宣网站

中国西藏新闻网是西藏自治区的门户新闻网站,网站除了以汉、藏、英 3 种语言发布信息外,还开通了《西藏日报》(汉、藏文版)数字报。中国西藏首页(网)是自治区党委外宣办所属的大型资料性外宣网站。

云南省政府新闻办主办,云南日报报业集团承办的云桥网是专门负责外宣的多语种网站,目前可用中文、英语、泰语、缅语等 6 种语言进行浏览,未来将逐步扩展更多周边国家语种。云桥网还在海外社交媒体 Facebook、推特、谷歌、Pinterest、instagram 等七八个平台开设账号,拓宽传播渠道。

"北部湾在线"网站是由广西人民广播电台主办的面向东盟的自治区重点外宣新闻网站,有中文、英文、越南语和泰语四种语言网页。"中国—东盟在线"是广西新闻网创办的沟通中国—东盟的综合类新闻网站,虽然更新的时间较为滞后,但胜在新闻报道比较有深度。

东北网是黑龙江省重点新闻网站,定期向俄新社、国际文传电讯社提供俄文稿件。其他省区也建设了其省区的重点外宣网站。

2. 传统媒体网络传播

由于语言文化相同,一些国外的跨境民族往往通过网络版关注国内的传统主流媒体。据 2017 年的统计,延边日报朝鲜文网站平均每天 IP 访问量和 VP 访问量均已突破上万人次,其中 40％为国外读者,网民遍布世界五大洲 70 多个国家。《辽宁朝鲜文报》网站已经成为韩、朝等国使领馆、民间团体和新闻媒体关注的热门网站。内蒙古电视网蒙语频道作为蒙语卫视的新媒体延伸,在传播资讯的同时积极增强与蒙古国受众的互动。新疆人民广播电台"新疆新闻在线"网站联手中国国际广播电台"国际在线"网站,共同推出了维吾尔语、哈萨克语、柯尔克孜语和蒙古语 4 种语言网站。

专业外宣期刊的网络版也深受读者关注。黑龙江《伙伴》杂志主办的"伙伴网"以俄汉双语发布中俄经贸、科技和旅游信息,受众遍及全俄和世界各大洲的 30 余个国家和地区。新疆外宣期刊《大陆桥》和《友邻》的网络版是中亚各国受众喜爱的电子阅读物。云南的外宣"四刊"、广西的《荷花》也开通了网络版。

3. 打造新型全媒体

媒介融合是新闻传播事业发展的必由之路。黑龙江新闻社已经形成"三报一网"的全媒体结构,正努力打造中国对韩国传播的最大媒体。

新疆天山网是自治区重点新闻宣传网站,包括中(汉语和维吾尔语)、俄、斯拉夫维吾尔、拉丁维吾尔、英、哈萨克文等 8 种文字,已搭建了互联网、手机报、手机 APP、数字报刊 4 大平台,实现了阿拉伯文字、斯拉夫文字和拉丁文字的 3 种维吾尔文字的网上自动转换,使世界各地的维吾尔族网民都能及时了解新疆信息。天山网还将《大陆桥》(俄文)杂志所有内容以电子期刊形式在线刊登,方便了网友查找阅读。天山网还与巴基斯坦"你好萨拉姆"网站开展了稿件互换合作。

内蒙古《索伦嘎报》目前已成为集数字报 PC 版、手机报(WAP 版)、报纸客户端、网站等全媒体融合的外宣平台,所属索伦嘎新闻网是中国首家斯拉夫蒙古文新闻网站,与蒙古国 MGLnews. mn 网站实现了编辑互联互通,可及时准确地传播两国新闻信息。

中国西藏之声网开通了藏语版 APP,客户端访问用户覆盖印度、瑞士、法国、加拿大、德国、意大利、日本等全球 180 多个国家。"新西藏 Tibet"是西藏日报社第一个英文微信公众号,是西藏重要的社交媒体外宣窗口和平台。

4.办好专业新媒体

广西中国—东盟传媒网整合《中国—东盟博览》杂志旗下的《中国—东盟博览》杂志、手机"中国—东盟传媒网"及移动客户端,以助推经贸合作、促进国际交流为主旨。中国—东盟博览会官方网站由中国—东盟博览会秘书处主办,网站设置有中文、英文、印度尼西亚语、越南语和泰语版本。

内蒙古都市类媒体《北方新报》与蒙古方面联合打造微信公众号,在经贸文化等内容方面积极满足蒙古国受众的需求。内蒙古"蒙古音乐网"在蒙古国乌兰巴托和新西兰设立了境外工作站。

新疆亚心网(中亚网、俄文网)是面向中亚的全媒体电子商务平台。

(五)各省区对外传播能力建设的突出问题

在对外传播能力建设方面,各省区除面临资金、技术和人才等共性问题外,也存在各自的突出问题。

1.云南省、广西壮族自治区

总的来说,云南与广西都是目前对外传播工作开展得较好的边疆省区。

近年来,云南、广西主流外宣媒体的国际传播能力建设都取得了长足进步,基本建立了切实有效的对外传播渠道,并积极开展对外传播活动。但两省区也面临一些亟待解决的问题。

1)细分传播对象,明确各自重点

两省区同属西南地区,都跟东盟国家接壤,面临的对外传播任务也基本相近,但双方从未就针对东盟国家传播进行必要的战略沟通和组织协调,从而未能形成协同效应。广西、云南应与周边省份如广东、海南等省区建立外宣联席会议机制,形成协同效应,各自确立自己的主要传播对象国,由周边兄弟省区起辅助传播作用,从而形成"1+N"对"1"的对外传播新格局。

2)推进媒介融合,加强网媒建设

目前广西、云南对东盟的传播主要以传统媒体为主,新媒体方面主要以传统媒体创办的新媒体为主,尚未形成有实力的专业外宣新媒体。广西和云南首先应加强对新媒体建设的投入,充分利用新媒体跨越物理国界简单便利的特点,加强对东盟国家的新媒体传播。在新媒体手段的使用上,应充分考虑东盟国家受众,特别是年轻族群的接收习惯和接受特点。

3)重视效果测量,优化传播策略

广西与云南目前的外宣工作还未开展制度性和长期性的受众和效果调查。外宣管理部门既没有针对两省区整体外宣效果进行考察测量,各媒体也未就自身的传播内容进行效果监测。两省区外宣部门应该从全省区层面投入人力、物力和财力,邀请社会学、心理学和传播学专家设计相应的外宣效果测量方法,在东盟国家扎扎实实地开展受众分析和效果测量。只有这样,才能用受众反馈来指导传播实践,及时调整和优化传播的战略与策略。

2.黑龙江省、吉林省、辽宁省

东北三省面临的传播环境和对象基本相同,存在的主要问题也大体一致。

1)出入境信息控制问题

出境信息方面,东北亚各国均有严格的境外媒体准入制度,朝鲜根本不允许外国媒体进入本国市场,俄罗斯和韩国则主要通过法律和政策对国外媒体的进入设置了重重障碍;入境信息方面,由于区域内局势敏感,三省接收到的美国、日本、韩国、俄罗斯等国的各类信息内容多元,形式多样,针对性强,一些请进来的外媒以"合作交流"为名,行抹黑中国和朝鲜以及中朝关系之实,此外,韩方对我朝鲜族地区的文化输入问题也值得我方重视。

2）传播基础建设的问题

由于近年来经济发展疲弱、经费短缺,东北三省对外传播的物质基础相对薄弱,各专业外宣媒体由于待遇偏低,导致人才流失严重。由于缺少资金,黑河电台与中国国际广播电台计划合作开办的"东北亚之声"双语广播,至今未能落实。吉林全省9个边境县市区,有6个没有专门的外宣机构,珲春、龙井、集安虽然保留了专门的外宣机构,但却没有专职的外宣干部。

3. 内蒙古自治区

内蒙古媒体在对外传播实践中存在着传播内容结构不合理,民族文化资源利用不足的问题。区直外宣媒体对外传播的议程设置能力不足,宣传性框架成为报道主流,缺乏对于民族文化和民族地区社会发展之间内在关系的深层观照。传播渠道方面,内蒙古对外传播仍然主要依靠传统媒体,仅有的几个新媒体传播平台普遍缺乏影响力,信息更新频率低,互动性差,内容缺乏原创性。

4. 新疆维吾尔自治区

新疆媒体对外传播的对象国较多,语言繁杂,国情、民情各异,传播环境极为复杂。国际传播需要二次编码,即语言转换和文化对接。许多从业人员新闻实践经验丰富,但二次编码能力欠缺,导致传播效果受到影响。此外,中亚各国深受"俄罗斯化""美国化"和"伊斯兰化(土耳其)"的影响,新疆在对外传播实践中既要与俄罗斯、美国和伊斯兰文化同场竞技,还要化解关于"中国威胁"的各种声音,这是极大的挑战。

5. 西藏自治区

西藏媒体对外传播主要面临渠道建设滞后和专业人才匮乏两大问题。目前,除西藏电视台藏语卫视外,区内其他主流媒体尚未建立对外发声的有效平台,例如,西藏人民广播电台至今未在境外开通广播频率。西藏电台藏语、英语播音员、主持人及采编专业人才十分紧缺。由于西藏的工作和生活环境比内地艰苦,加上引进人才的学历要求搞"一刀切",致使西藏外宣人才长期"断档",导致对外传播原创内容不足,传播技巧不高。

三、传播效果的影响因素与改进策略

(一)信息的发出与控制

传统上,中国对外传播的信息控制主要通过"把关"和"协调"两个环节来实现。其中,"把关"主要是把"外宣媒介的设立"关和"出境信息的发布"关,也就是对传播媒介和传播内容的把关;"协调"指的则是"外宣"与"内宣"的协调,也就是在对同一事件的事实性信息和意见性信息的传播上,对(国)内传播和对外(国际)传播应协调一致,用"同一个口径"说话。当前,在网络新媒体兴起的当下,各省区原有的出境信息控制机制无可避免地出现了诸多疏漏和问题。

1.影响因素

1)媒介和内容的把关机制不完善

在媒介融合的环境下,许多原来的"内宣媒体"事实上成了"外宣媒体",或者说,至少部分实施了"对外传播"的行为。由于网络信息"无国界"的特点,受众的国籍成了判断这种传播行为是国内传播还是国际传播的唯一依据。此外,在互联网背景下,边疆省区的企业、社会组织和个人也有可能成为周边传播的主体。现有的"外宣媒体"准入制度,已无法控制事实上的"媒体外宣"行为了。

而且,由于互联网打破了以往对外传播的技术壁垒,对外传播不再是政府和外宣媒体的特权,传播内容的广度和容量都在急剧扩大,这给负责把关的外宣部门带来了严峻的挑战。由于历史与现实的原因,边疆省区在对外传播的内容上有许多禁忌,涉及对经济、文化等各方面内容的审核把关,外宣部门同志难免存在知识和政策盲点,容易导致把关失控。

2)纵向和横向的协调机制不健全

边疆省区在对外传播的信息控制实践中还存在着与中央和地市之间"纵向协调"的问题,以及与承担着相同或相近传播任务的邻省之间"横向协调"的问题。特别是在经贸科技和文化旅游的信息传播方面,由于各省区在发展水平和资源禀赋上的差异,必然存在着不同的利益诉求,亟待在中央外宣办的统一领导下,协调各自的传播内容和目标受众。

3)受众和效果的反馈机制待建立

从传播学控制论的角度来看,所谓"反馈",就是以机器的"实际演绎"为依据的控制。每个国家的对外传播都是为本国的国家利益服务的,塑造本国正面的国际形象是其出境信息控制的目的和动机。出境信息最终抵达的是对象国受众,受众的反应是出境信息控制结果的直接体现,是信息出境的"实际演绎",也就是进行"优化控制"所需要的反馈信息。由此可见,对外传播信息控制中"反馈机制"的建立,已成为一个在理论上和实践中都亟待解决的问题。

2. 改进策略

1)完善把关机制

首先要统一把关外宣意识。媒体的"外宣意识"是指媒体对自身有意无意的"外宣"行为应保持体察与关注。只有媒体自身养成了"外宣意识",在传播信息的时候才能自觉地进行"把关"。在具体实践中,各级外宣部门应该对所有媒体的管理人员和编辑记者开展国际传播理论与实践的培训,使他们具有基本的外宣视野、观点、态度和方法,以此避免在信息传播工作中出现"内宣内行""外宣外行"的问题。

其次要联合把关外宣内容。而作为出境信息的控制主体,各级宣传管理部门的同志在经济、文化、社会等方面可能存在一定的知识和政策盲点,这就需要建立涉及政治、经济、文化、社会等多个方面内容的联合把关小组。这样做的好处,一是规范政府内部各部门的信息发布行为——各部门发布的信息可能进行了专业视角的把关,但是可能缺乏外宣视角的把关;二是联合外宣部门对需要发布的涉及经济、文化、社会等方面的内容进行共同把关。而对于"企业、社会组织和个人在互联网环境下成为对外传播主体"的问题,政府可以通过提高新闻发布门槛来对其外宣内容加以把关。

2)健全协调机制

纵向协调方面:中央外宣办和边疆省区外宣办以及边境口岸县(市)外宣办应加强日常工作交流和业务指导,形成上下互动的大外宣格局;建立健全各口岸之间的外宣信息报告、交流和反馈机制,使这种交流协调机制常态化。此外,中央外宣办应该积极推进周边传播的"阵地前移",通过中央媒体与边疆省区媒体的合作,优势互补,共同打造周边传播的旗舰媒体。在保持基本口径一致的前提下,中央与边疆省区媒体还可存在一定程度的配合,适当提升对外舆论的强度,从而给对象国施压,提升传播的效果。

横向协调方面:中国周边可以划分为东北亚、中亚、南亚、东南亚四个政治单员,各政治单元内部具有各自的区域特点和核心议题,面临同一政治单元的边疆省区应该建立横向的沟通和交流机制,就共同的周边传播议题开展交流与合作。这种协调还可以推广到所有的边疆省区,各省区都应该建立周边传播联席会议制度,就周边传播等议题展开横向交流与合作。

3)建立反馈机制

第一是开展受众调查。受众调查重在了解对象国受众对于传播主体国及其所传信息的接收、满意程度,并以调查结果作为决策参考依据。而受众调查的前提是确立目标受众。确立目标受众解决的是信息对谁传播的问题,避免盲目性。边疆省区的外宣部门和媒体应该将目标受众定位作为自己进行出境信息控制的前提,在确定目标受众后,再根据其特点进行内容生产、把关和传播。

第二是进行舆情分析。边疆省区的外宣部门应该设立舆情分析机构,健全研判机制,专门收集对象国政府、民众和主流媒体对我们出境信息的反应,根据这些反馈信息判断现有的出境信息控制机制是否有效,并以此为依据进行进一步的控制调整。舆情分析机构应注意对网络信息的抓取和监测,设立网络舆情监测中心和数据处理中心,对出境信息引发的网上舆论进行检测。

(二)传播手段的使用与完善

在国际传播的过程中,媒介的传播手段就是将经过"二次编码"的信息向国外受众进行传播。第一次编码是指媒介机构日常工作中的信息采集、符号化和发布与传输的过程;第二次编码是指对已完成一次编码的信息进行进一步的语言转换和文化对接。其中,"语言转换"简单地说就是翻译,解决的是受众"看得懂""听明白"的问题;而"文化对接"则是指信息要符合受众的接收习惯和接受心理,解决的是受众"可理解""能认同"的问题。

1.影响因素

1)可信可用的传播渠道不多

报纸是传统的主流媒体,也是边疆省区开展对外传播活动的首要政策发布平台。有些省区开办了专业的外宣报纸,但是,由于未能在对象国实现精准投放和市场化发行,这些报纸的传播效果难以评估。有些省区的主流报纸定期或不定期地开设外宣专版或专栏,但这些报纸并不在目标国家发行和寄售,难以对目标国家政府和民众形成实质影响,造成这类专版不可能是"外宣",而只能是"宣外"。

边境外宣期刊是由中央外宣办主管,各边疆省区外宣办主办的专业外宣媒体。截至目前,这些边境外宣期刊基本未能实现在传播对象国的落地发行,主要通过邮寄赠送给政府官员、企业家和专家学者等高端人群阅读。此外,现有的外宣期刊发行数量较少,经费主要来源于中央外宣办的拨款以及地方外宣办的资金配套,根本无法满足其内容生产和发行的需要,其传播力自然大打折扣。

电视媒体凭借其跨越时空、声画具现的特点成为现时国际传播的主力军。目前,边疆省区中仅有云南电视台和广西电视台开办有面向东盟国家传播的国际频道。云南台除了通过技术输出的方式实现了在老挝、缅甸和泰国部分地区的落地,其余对象国和广西电视台一样,只是理论上实现了卫星覆盖,而无法大规模接入当地主流有线电视网,在东盟国家实际可信的收视率难以统计。在没有开办国际频道的边疆省区,电视外宣以开办外宣栏目为主,由于没有切实可信的信号传输手段,这类外宣栏目的实际传播效果可想而知。

广播媒体是传统的国际传播利器。由于技术成熟,广播媒体的对外传播渠道建设相对有效,但目前国家批准的对外广播数量还稍显不足,多个省区的广播外宣节目还面临着只能"借船出海"的困境。

随着科技的进步,网络新媒体已成为国际传播的主力。但各省区外宣网站基本未能实现自主新闻采编和运营,其内容基本来自于翻译传统媒体的新闻稿件,无法适应新媒体受众的信息接收偏好。另外,这些外宣网站还未能适应媒介融合的新特点,开发出符合年轻受众接收习惯的版面和内容,对国外年轻受众缺乏吸引力。

2)媒介跨文化传播能力太弱

在国际传播中,媒介的作用除了完成信息的传播,还必须具有跨文化的传播能力,即能完成语言转换和文化对接。

语言转换指的是将本国语言翻译成对象国的语言,使对象国民众能够听清、听懂的过程。目前各省区媒体的外宣稿件主要依靠外语人才进行简单的语言翻译,而不是直接用外语写作的,其结果往往导致翻译后的稿件出现用词、语法、语序等方面的不规范、不准确甚至歧义和错误。并且,随着社会的发展,语言的内涵及表达方式也在快速变化。国际传播应当避免使用已被淘汰的传统用语,多使用与时代和当地社会发展合拍的新鲜语言。各省区的少数民族语言新闻报道经常受到国外跨境民族受众的诟病,这是一个重要原因。

如果语言转换解决的是"看得懂、听得明白"的问题,那么,文化对接的意义则在于获得对象国受众的内心认同。从大的方面来说,国际传播应该与国际通行的认知和规范体系对接,遵循人类共同的伦理和道德。具体到某一个对象国,媒介工作者在内容生产上应该与对象国的社会文化习俗对接,尊重其文化偏好,应该注意避免触碰对象国的社会文化禁忌,以免产生不必要的误会。

2.改进策略

1)多措并举拓宽传播渠道

在媒介融合的背景下,报刊等印刷媒体的受众日益走向高端化。专业类外宣报刊需要明确自己的传播对象,努力实现在对象国本土出版发行,避免出现内、外宣不分,甚至由"外宣"变成"宣外"的尴尬情况。

由于政策、技术和成本的限制,卫星电视频道和对外广播频率在中国目前还属于稀缺资源,边疆省区大规模开办开播国际频道和对外广播尚不现实。但各边疆省区可以根据周边传播任务和邻国区域划分,联合开办相应的国际频道和对外广播,共同搭建广播电视外宣平台。

至于网络新媒体,其重点在于充分利用国内媒介融合的最新技术资源,摒弃过去单纯依靠外宣网站的过时做法,开发出适合年轻世代接受习惯的各种社交媒体和新闻客户端,吸引国外年轻受众通过网络了解中国和相关省区的经济社会发展状况,通过增强传播力的方式来树立中国媒体在国外年轻受众中的公信力,进而扩大自身的影响力。

除了常设平台的建设,边疆省区的外宣媒体还应创新开展媒体外交,在传播内容上通过"议程设置"聚焦我方关切,在传播形式上加强双方互动共襄盛举。这样既可以有效提升我方媒体在对方国家的知名度和公信力,又可以通过对方媒体的既有渠道传播我方内容，以弥补我方常设平台的传播漏洞和死角，全面提升对外传播的水平和成效。

2）多管齐下提升传播能力

媒介的跨文化传播能力来源于媒介工作者的跨文化传播能力。这就需要媒介机构大力培养既精通外语又掌握国际传播规律，并且熟悉对象国社会文化状况的复合型外宣人才。

精通外语是从事国际传播的编辑记者必备的工作技能，这一方面需要通过学校教育的方式进行基础培养，另一方面还需要在实际工作中进一步熟练化自身的语言文字运用，并通过语言的学习来掌握该国的社会文化状况，以提升自己的跨文化理解能力。

光精通外国语言和熟知国外文化是不够的，从事国际传播的人还必须通晓国际传播规律。边疆省区从事周边传播的编辑记者需要掌握中央的宣传纪律和国家的外交政策，同时具有娴熟的新闻业务技能，只有这样，才能真正"讲好中国故事，传播中国声音"。各省区可以参照中央媒体与北京大学、中国人民大学、中国传媒大学等高校合作共建的做法，与本省、本地区的新闻传播院校开展跨学科的国际传播人才联合培养，将学历教育与职业教育有机结合起来，假以时日，一支外语水平高、新闻业务精、了解国外社情民意的高素质周边传播人才队伍一定能建立起来。

（三）传播内容的选择与建设

中国媒体对外传播的重任就是讲好中国故事。当前，边疆省区对外传播工作中存在着重渠道、轻内容的误区。如果任由中国故事的内容建设和国外受众的实际需求在传播过程中继续分离和割裂，那么，就很难写"好"中国故事，也很难讲"好"中国故事。

1. 影响因素

1）中国故事的传播环境复杂

中国的国家制度、意识形态和话语体系与多数周边邻国不同。在这样一个复杂多变的周边格局中讲述中国故事，难免被一些周边国家猜忌和误解。当前和今后一个时期，中国的周边邻国对"中国故事"的理解和评价存在着两种不同的态度——其一是看到中国的发展势不可当，认为中国的发展能给邻国带来难得的机遇;其二是担心中国搞"新宗主国"和"新朝贡体系",警惕和防范中国的发展。不同态度的国家对中国故事的接受与否存在明显差异。落后于中国的国家担心中国崛起会危及他们的发展,领先于中国的国家则担心中国崛起损害他们的既得利益。

2)中国故事的内容建设乏力

总体来说,在边疆省区的周边传播工作中,中国故事的内容建设仍然远远落后于传播渠道的建设。这其中有两个主要原因:一是现有的"中国故事"依旧停留在政治宣传层面,内涵单一,吸引力和影响力十分有限;二是"中国故事"的内容建设和受众需求在实际传播过程中相对分离,导致传播的内容受众不接受,受众需要的内容又没有的尴尬境地。

3)中国故事的传播方式僵化

中国故事的传播是在现行国际传播格局内进行的,为了争取有利于中国和平发展的周边环境,边疆省区的对外传播工作应更多地通过对象国熟悉的概念来表述事实。从传播效果的角度出发,讲好中国故事必须遵循国际传播规律,尊重传播对象国的话语体系,用它们的语言和表述方式去阐释中国的立场观点。只有做到"中国立场,国际表达",才能更好地争取国际舆论对中国的理解与支持,也才能真正达到增信释疑的传播目标。

4)中国故事的传播维度失衡

中国故事的传播维度应当包括政治、经济和文化三个方面。当前,各省区的外宣工作在传播维度上存在着重政治经济,轻文化的现象。文化是一个国家形象的名片,站在与世界对话的前沿,它的影响力代表了一个国家的软实力。中国当代文化的海外传播和中国传统文化的国际影响,与当代中国的政治地位和经济发展仍然存在着不小的差距。

2. 改进策略

1)讲述"中国故事"必须区分传播对象

从中国周边来看,"中国故事"国际传播的对象可以简单分为三类:一类是以日韩为代表的发达国家;二是以俄罗斯和东盟较先进国家为代表的新兴国家;三是中亚、南亚和东盟的发展中国家。这些不同发展阶段的国家,政治制度、文化宗教与中国的关系存在很大差异,对中国故事的兴趣点和接受程度也存在较大差异,所以,针对不同类别的国家采取相适应的传播内容与传播机制是边疆省区周边国际传播工作的题中应有之义。

2)讲好"中国故事"必须注重内容建设

从内容上来说,改革开放以来中国取得的各方面伟大成绩及其背后的制度因素和文化因素,应该是媒体讲述当代中国故事的核心内容。需要特别注意的是,真实的故事才是好故事。真实的故事、真诚的态度、真理的力量应该是中国"好"故事的原则和标准。

具体的建构工作,首先需要从理论上厘清中国故事的发展脉络,也就是中国道路的规律性;其次是以科学的方法挖掘中国故事的传播价值,也就是中国故事的新闻性;再次是以国际通行的话语呈现中国故事,也就是中国故事的艺术性;最后是选用适当的形式与方法将中国故事传播出去,也就是中国故事的可读性(可看性、可听性)。

3)讲好"中国故事"必须依靠文化传播

讲好中国故事应当注意"文化传播"。这里面有两层意思。

其一,传播文化内容,通过文化的交流对话,获得彼此心灵的理解。各省区可以在既有文化"走出去"工程的基础上,与周边国家加深合作层次,在文化美学、艺术呈现和市场格局方面进行交流探讨,在构建中国—周边命运共同体的大格局下,实现中国文化周边传播的创新发展。这是一个双赢乃至多赢的局面。

其二,运用文化载体,通过各种文化的形式,传播当代中国的声音。以影视文化为例,影视作品是讲述中国故事的良好载体。目前,海外观众最欢迎的中国影视作品是纪录片和影视剧。纪录片被称为国家软实力中的硬通货,是展现真实、立体、全面中国的重要媒介。而影视剧等文艺作品蕴含的历史文化及审美情感,往往是一个民族的根本价值所在。

(四)传播受众的分析与定位

国际传播的受众群体分布在不同的国家,这些国家与传播主体国在政治制度、法律体系、宗教信仰、文化习俗等方面均存在较大的差异。长期以来,各省区的外宣媒体对传播受众的分析严重不足——一方面忽视了国外受众在心理、信仰、文化背景、思维方式上的特点,简单地将他们和国内受众等同起来,导致国外受众很难理解传播内容;另一方面说教味十足,中国故事讲述得不生动,国外受众不乐于接受。

1.影响因素

1)文化背景不同影响接受效果

中国周边,有的国家与中国有着相同的语系和语言表达,但更多的是迥异复杂的语言系统。就算原来语系相同,在全球化背景下,由于各国、各民族间的信息交流频繁,语言文字都会受到外来语言的影响。以哈萨克语为例,新疆的哈萨克语中大量的外来介词是从汉语翻译而来,居住在哈萨克斯坦的哈国哈萨克族,其外来词却是从俄语或英语翻译而来,因此对同一事物的描述,哈萨克语呈现出不同的形式。

边疆省区中,辽宁、黑龙江、吉林周边的俄罗斯、蒙古受众大都信仰东正教、藏传佛教,新疆周边的乌兹别克斯坦、哈萨克斯坦、塔吉克斯坦等国家的受众大都信仰伊斯兰教,西藏周边的尼泊尔、印度等国受众信仰佛教、印度教等,云南、广西周边的缅甸、越南等国家受众大都信仰佛教。此外,过去几年,美国主流媒体直接参与在中亚推行"民主"进程,中亚的新教和天主教徒也在不断增多,虽然目前的人口数量还不大。

中国的周边邻国文化环境复杂。以中亚各国为例,苏联解体后,随着中亚各国的独立,整个中亚成了全球现有强势文化力量北上南下、东进西出的集散地。俄罗斯文化的影响遗风犹存,美国后来居上,不仅电影、音乐、游戏等在中亚占有很大市场,电视、期刊等媒体也开始进入中亚市场,美国大众文化对中亚青少年影响力比较大。此外,伊斯兰文化正在中亚的政治和宗教发展中扮演着越来越重要的角色。

2)媒介依赖不同影响接收习惯

课题组调研发现,国外受众获取中国信息时,一般更倾向于使用本国媒体。这说明中国媒体对外传播的影响力有待进一步提升。

此外,周边国家受众对中国国家级媒体的认可度高于欧美国家的媒体,但却认为中国省(区)一级的地方主流媒体可信度相对较低。

在社交媒体的使用方面,越南、缅甸、尼泊尔、印度、俄罗斯、蒙古等国家的受众都倾向使用推特、脸书等,几乎很少使用微信、QQ 等中国的社交媒体,除了部分华侨、华裔群体。

2. 改进策略

1）精准定位受众群体，区别使用不同媒介

对外传播要获得传播实效，必须对受众群体有精准定位。例如，中国周边的国家中，中亚、南亚、东南亚国家的媒体力量相对比较薄弱，民众对中国媒体的态度较为中立，较少有排斥和抵触的心理。因此，各省区应加强对这些国家受众的传播，发挥中国在这些区域的传播优势。再如，新媒体的出现使原有受众在信息终端的接受上出现了变化，新的传播终端意味着受众的再次分化，新媒体环境下受众在信息的接受和传播上又出现了新特点。因此，要把握不同终端用户的使用偏好，有针对性地进行对外传播。各省区应充分发挥新媒体的作用，推动媒介融合、优化战略布局，着力打造具有较强国际影响的外宣旗舰媒体，形成有影响力的媒体集团。

2）创新开展受众分析，采取不同传播策略

新媒体环境下，大数据能准确记录受众对于新媒体的接收习惯，为多维度受众分析提供更准确的数据。要进行多维度的受众分析，首先要了解不同受众的媒体接收习惯，以便在传播渠道的选择上更能迎合受众。其次是对受众所感兴趣内容进行量化分析，把握其心理需求。同时还要关注其传播行为，比如不同受众会转发什么样的内容，热议什么样的话题等等。了解受众的渠道偏好和信息需求之后，就可以采取不同传播策略，实现传播效果的最大化——首先，在传播区域上把握差异化，对发达国家、发展中国家和周边国家受众要采取有区别的传播策略；其次，在传播内容上把握差异化，要善于运用中外文化中的共通元素，架构起与目标国家受众沟通的桥梁；第三，在传播媒介上把握差异化，应注意在不同媒介上进行差异化传播，特别是对于新媒体用户增加互动内容，这样传播效果会更好。

（五）传播效果的测量与反馈

当前，各省区的对外传播工作还停留在"传出去"的层次，对传播效果进行评估并用以优化传播工作的机制还未形成。总体来看，当前边疆省区对外传播的效果测量还比较薄弱，这已经成为制约对外传播工作提升的重要因素，建立国际传播项目的绩效评估机制具有现实的必要性和紧迫性。

1. 影响因素

1）对效果测量重视不够

检测传播效果的最好方法是对目标受众影响程度进行测量。边疆省区媒体在开展对外传播工作中普遍存在不重视传播效果测量的问题，因而对外传播工作成效如何缺乏科学的定论。边疆省区在中国往往都属于经济欠发达地区，对外传播工作又需要长期的投入，而且一般不能给地方经济社会发展等带来及时明显的回报。对外传播效果的测量往往需要较大的经费投入，各省区由于自身经济能力有限，所以往往在对外传播经费，特别是效果测量的投入方面捉襟见肘。

2）效果测量的科学性差

有些省区的媒体在对外传播中即使关注到了效果测量问题，但由于多方面条件制约，往往缺乏科学的手段，测量效果的准确性较差。比如，在当前传播环境下，对外传播越来越关注新媒体渠道的运用，但有些省区在测量新媒体对外传播效果时往往只能通过点击量、独立 IP 访问量等手段进行评估，结论缺乏说服力。在传播效果的实际测量中，如果要像国内受众研究那样开展大规模的国外受众连续跟踪调查，不管是费用还是技术都是严重的制约因素。

2. 改进策略

1）采用互联网问卷调查

网络调查的主要缺陷是回复率低，调查对象信息不可靠等。但是，网络调查的优势是调查对象范围广泛，这一点对于国际范围的问卷调查尤其重要。传统问卷调查方法难以接触国际传播受众，网络问卷调查不受地域限制，在调查国际受众方面不再有障碍。网络调查的又一个局限是随机抽样困难，因为缺少抽样需要的总体人群框架。但是因为传播效果调查并不局限于考察单一信息，而是注重检测多种因素与受众信息接触及其结果之间的关系，即使问卷调查使用的是非随机样本，依然能够提供调查对象接触媒体信息后有关某个主题的观念、态度和行为变化的重要数据，为国际传播效果提供有用的实证依据。

2）开展全媒体内容分析

境外主流媒体对于我方主要传播议题的反应是衡量对外传播效果的重要组成部分，也是国际传播内容到达目标受众的重要证据。在当前网络媒体蓬勃发展趋势下,研究边疆省区媒体的对外传播效果,只关注境外主流媒体是不够的,还必须关注境外网络媒体的报道内容。这对于掌握境外年轻受众群体对传播内容的反馈更重要。这方面的内容可以通过网络内容分析与网络媒体信息大数据分析结合,尤其是大数据分析的方法来掌握,这就为发掘海量网络媒体内容包含的有关国际传播效果的信息提供了有效依据。内容分析研究对象包括网络国际媒体、网络论坛以及网络社交媒体对边疆省区对外传播有关主题的关注与反应等。